PSICOSSOMÁTICA E TEORIA DO CORPO

Blucher

PSICOSSOMÁTICA E TEORIA DO CORPO

Christophe Dejours

Tradução
Paulo Sérgio de Souza Jr.
Saulo Krieger
Rubens M. Volich

Psicossomática e teoria do corpo
© 2019 Christophe Dejours
Editora Edgard Blücher Ltda.

1ª reimpressão – 2020

Imagem da capa: iStockphoto

Este livro é composto de alguns artigos inéditos e outros que já foram publicados como capítulos de livros ou em revistas científicas. Eles foram selecionados pelo autor, Christophe Dejours, e pelo coordenador da série, Flávio Ferraz, para compor esta edição em português.

Blucher

Rua Pedroso Alvarenga, 1245, 4º andar
04531-934 – São Paulo – SP – Brasil
Tel.: 55 11 3078-5366
contato@blucher.com.br
www.blucher.com.br

Segundo o Novo Acordo Ortográfico, conforme 5. ed. do *Vocabulário Ortográfico da Língua Portuguesa*, Academia Brasileira de Letras, março de 2009.

É proibida a reprodução total ou parcial por quaisquer meios sem autorização escrita da editora.

Todos os direitos reservados pela Editora Edgard Blücher Ltda.

Dados Internacionais de Catalogação na Publicação (CIP)
Angélica Ilacqua CRB-8/7057

Dejours, Christophe
   Psicossomática e teoria do corpo / Christophe Dejours ; tradução de Paulo Sérgio de Souza Junior. – São Paulo : Blucher, 2019.
   320 p.

   Bibliografia
   ISBN 978-85-212-1449-6 (impresso)
   ISBN 978-85-212-1450-2 (e-book)

   1. Medicina psicossomática 2. Corpo humano (Psicanálise) 3. Psicanálise 4. Corpo e mente I. Título. II. Souza Junior, Paulo Sérgio de.

19-0417   CDD 616.08

Índice para catálogo sistemático:
   1. Medicina psicossomática

Conteúdo

Prefácio — 7

1. O corpo erógeno entre delírio e somatização — 11
2. As doenças somáticas: com sentido ou sem sentido? — 31
3. A interpretação psicossomática da esquizofrenia e a hipótese da somatização cerebral — 55
4. O corpo entre biotecnologias e psicanálise: a propósito das reproduções medicamente assistidas (RMA) — 75
5. O corpo na interpretação — 97
6. Psicossomática e metapsicologia do corpo — 113
7. Causalidade psíquica e psicossomática: da clínica à teoria — 145
8. Biologia, psicanálise e somatização — 175
9. O corpo como "exigência de trabalho" para o pensamento — 189
10. Os ferimentos do corpo — 223
11. Uma fórmula da clivagem estabilizada: a submissão — 259
12. Psicossomática e teoria sexual — 297

Prefácio

O contexto científico no qual esta obra foi concebida talvez mereça ser precisado. A psicossomática constitui, com efeito, a base clínica a partir da qual comecei a trabalhar a psicanálise e a metapsicologia, visto que minha prática teve início em hospital geral – mormente, naquela época, num serviço de diabetologia no hospital do Hôtel Dieu, em Paris, em 1974. Em 1978, passei a integrar o Instituto de Psicossomática, onde trabalhei sob a direção de Pierre Marty. Com os colegas desse instituto, organizei um seminário que deu à luz um livro: *O corpo entre a biologia e a psicanálise* (1986) – livro que foi traduzido para o português brasileiro por Doris Vasconcellos. Ali, eu havia realizado uma primeira formulação da terceira tópica (ou tópica da clivagem), que, oriunda da abordagem psicanalítica de pacientes que sofrem de doenças somáticas, era uma tentativa de deslindar as implicações no nível tópico, bem como a gênese do segundo corpo (o *corpo erógeno*) a partir do primeiro (o *corpo biológico*). No princípio dessa gênese, um lugar determinante era conferido à "*subversão libidinal*" das funções fisiológicas. Era uma tentativa de sair da curva com relação à teoria psicossomática de Marty. Nessa teoria, o déficit da mentalização era o principal operador de inteligibilidade do funcionamento psíquico dos pacientes acometidos de doenças somáticas. Déficit que recai, antes de mais nada, no recalcamento e, portanto, nos retornos do recalcado (em particular, a pobreza onírica), justificando um deslocamento do método analítico: renunciar ao trabalho de análise *stricto sensu* (voltado para o desligamento), em prol de uma técnica polarizada pelos movimentos econômicos.[1] Mas, ao insistir no déficit do recalcamento e em sua consequência tópica – a "fragilidade" do pré-consciente –, a dimensão psicossexual era, de certa forma, marginalizada, tanto na prática quanto na teoria. Tendo sempre estado, de minha parte, convencido da centralidade da sexualidade na psicanálise – diferentemente das tendências pós-freudianas criticadas por Adorno[2] sob o nome de "revisionismo", que hoje chegam até mesmo a abandonar a teoria freudiana das pulsões –, a ideia de "subversão libidinal" me permitia recolocar a sexualidade no centro da teoria psicossomática.

Uma década mais tarde, comecei a trabalhar com Jean Laplanche. Tomei, então, conhecimento da Teoria da Sedução Generalizada e da Teoria Tradutória do Recalcamento elaboradas por Laplanche em sua leitura da obra de Freud, cujas principais etapas estão consignadas nas *Problématiques* [Problemáticas]. Retoquei, então, a minha primeira formulação da tópica da clivagem. Ela foi publicada em 2001 na França (*Le corps, d'abord* [O corpo, em primeiro lugar]) numa obra reconstruída a partir do livro de 1986 (*O corpo entre a biologia e a psicanálise*). Por fim, Laplanche adotou

---

[1] Marty, P. (1976). *Mouvements individuels de vie et de mort. Essai d'économie psychosomatique*. Paris: Editions Payot.
[2] Adorno. T. W. (2015). A psicanálise revisada. In *Ensaios sobre psicologia geral e psicanálise* (pp. 43-69). Trad. V. Freitas. São Paulo: Ed. Unesp. Publicado originalmente em 1946.

essa tópica em 2003.[3] Uma das principais questões que interessa aos psicanalistas hoje em dia, no que se refere à Teoria da Sedução Generalizada, assenta-se, de um lado, nas incidências dessa metapsicologia na *prática* da psicanálise com os pacientes que sofrem de psicoses e de doenças somáticas; e, de outro, na *metapsicologia* das afecções psicóticas, limite e somáticas.

Todavia, se Laplanche adotou a terceira tópica – fazendo, ademais, com que ela sofresse modificações[4] –, não procurou construir uma teoria do corpo. Pessoalmente, acho que com as patologias não neuróticas é útil, até mesmo necessário, na prática, poder apoiar-se numa metapsicologia do corpo. Por quê? Porque, para poder experimentar afetos, para poder experimentar a sensualidade, para poder ter acesso à experiência erótica e gozar da sexualidade, primeiro é preciso habitar o próprio corpo. E creio ser possível, na clínica, localizar e monitorar as vicissitudes que o corpo atravessa ao longo da análise. E creio também ser útil, a esse respeito, acusar recebimento ao paciente.

A retomada do movimento de subversão libidinal graças à análise está no princípio do acesso a novos jogos do corpo, de um aumento do poder do corpo de experimentar a vida em si, e de uma "neogênese" (para retomar o termo de Laplanche) da sexualidade.

Como, no campo da psicossomática, realizar um trabalho entre prática e teoria? É o que esta obra tenta tornar inteligível, ou até

---

3 Laplanche, J. (2015). Três acepções da palavra "inconsciente" no âmbito da teoria da sedução generalizada. In *Sexual: A sexualidade ampliada no sentido freudiano [2000-2006]* (pp. 190-206). Trad. M. Marques; V. Dresch. Porto Alegre: Dublinense. Publicado originalmente em 2003; Laplanche, J. (2015). Incesto e sexualidade infantil (Conferência de Viena). In *Sexual: A sexualidade ampliada no sentido freudiano [2000-2006]* (pp. 265-279). Trad. M. Marques; V. Dresch. Porto Alegre: Dublinense. Publicado originalmente em 2006.
4 Ribeiro, P. C.; Carvalho, M. T. M. de; Cardoso, M. R. (2017). *Por que Laplanche?*. São Paulo: Zagodoni Editora.

transmissível. Ela retoma, para tanto, textos (em grande maioria clínicos) escritos nos últimos trinta anos. À exceção de três deles, nenhum havia sido publicado em português brasileiro, e alguns tampouco o haviam sido em francês.

Gostaria aqui de agradecer a Flávio Ferraz, coordenador da série; a Paulo Sérgio de Souza Jr., Rubens Marcelo Volich, Saulo Krieger, tradutores; e à editora Blucher por terem, com tanto afinco, trabalhado comigo na construção deste livro.

1. O corpo erógeno entre delírio e somatização[1]

Introdução

Macha tem cabelos longos e pretos, olhos pretos, usa um vestido preto e sapatos pretos. No meio do peito, traz pendurada uma enorme joia de ouro representando um homenzinho agachado, de inspiração pré-colombiana. Macha é reticente: ela me estende só a ponta dos dedos ao cumprimentar; entra na sala como que avançando a todo custo; ajeita-se, sem hesitar, na minha poltrona e fala, evitando meu olhar.

Macha veio falar comigo porque recentemente pariu um filho morto. O parto foi tão difícil que, por um momento, ela de fato desejou a morte daquela criança para se ver livre das dores. Tem medo de seus desejos porque sabe que seu pensamento é capaz de matar. No entanto, ela insinua, com a mesma segurança, que se o filho está morto é por causa da vontade da mãe dela, que lhe rogou uma praga determinando a sua morte bem como a do seu feto.

---

[1] Traduzido por Paulo Sérgio de Souza Jr. do original "Le corps érogène entre délire et somatisation". *Psychiatries*, (80-81), 13-20, 1987.

Com a mesma convicção, ainda, ela acredita que asfixiou o filho durante o parto. Detesta a psicanálise e os psicanalistas, mas vai se consultar mesmo assim porque quer, de todo jeito, ter outro filho. Além disso, é gravemente asmática e, segundo alguns médicos, poderiam ter sido os corticoides os responsáveis pela morte da criança. Macha é corticodependente há muito tempo. Atualmente, com 25 anos, tornou-se asmática aos 11. Outros médicos pensam que a criança, nitidamente hipertrófica, foi asfixiada pela insuficiência respiratória de Macha.

Em Macha, o delírio e a somatização caminham tão lado a lado que seria impreciso falar em alternância. Tudo era pretexto para o delírio ou a dispneia. Especialmente as sessões. Se estou me propondo a falar desse caso, é porque acredito que delírio e somatização nem sempre são antagônicos, contrariamente à convicção de alguns autores – a qual, para dizer a verdade, outrora compartilhei com eles. Hoje em dia, eu me sentiria tentado a acreditar que delírio e somatização, para além de suas reais especificidades, são equivalentes aos olhos do inconsciente. A outra razão que me fez escolher esse caso em meio a uma série de pacientes que também apresentam a dupla reatividade psicótica e somática é o contato tipicamente reticente, distante, frio, opositor e desconfiado de Macha, que coloca problemas singulares para a prática psicoterápica que a técnica da paraexcitação desenvolvida na Escola Psicossomática de Paris não permite solucionar. A posição paraexcitante do analista é, com efeito, vivida por seus pacientes como uma aproximação insustentável que desencadeia a perseguição e a ruptura, ou então uma crise aguda de descompensação somática.

A propósito de Macha, gostaria de dizer como o delírio é uma esperança, na medida em que ele pode, às vezes, esconjurar a somatização mortal. Mas, num segundo momento, desejaria dizer o quanto o delírio captura o analista e o quanto, então, ele parece desolador. Tentarei isolar, em seguida, a partir do caso de Macha, uma das modalidades pelas quais alguns pacientes chegam a se encaminhar, eles próprios, na direção do delírio ou da somatização. Encaminhamento que eu diria se fazer quase que deliberadamente – voluntariamente, até. Por fim, tentarei dizer aos senhores por que cheguei, agora, a considerar que o delírio e a somatização estão, na minha prática de analista, situados ao lado do desespero. Digo "para mim" e "na minha prática" porque pode não ser o mesmo para todos os analistas. Nesse contexto que me é singular, portanto, tentarei dizer que direções tenho tomado, atualmente, para tentar vencer o desespero.

O delírio

O delírio de Macha é difícil de avaliar porque ela é muito reticente em liberar seu conteúdo. Só oferecerá suas linhas gerais progressivamente, ao longo dos seis anos que essa análise durará. É um delírio de influência e o principal perseguidor é sua própria mãe. No entanto, muitos outros perseguidores surgem no decorrer da sua vida e no transcorrer da própria análise. O analista vai, por sua vez, tornar-se perseguidor.

A mãe de Macha, portanto, quer a sua destruição. Ela pratica magia negra e magia branca. Envia ondas e vibrações, chega a introduzir no cérebro de Macha uma engenhoca infernal que a impede de pensar e de ser ela mesma, que deturpa a sua atividade intelectual e o seu julgamento, e que a impele às piores e mais desastrosas escolhas. A mãe introduziu-se nela quando era criança, ressurgindo toda vez que Macha chega a ganhar alguma forma de autonomia. Essa mãe sente as coisas a distância, mesmo quando as duas estão separadas pelo Oceano Atlântico. A mãe telefona ou envia uma carta – que sempre chega no momento certo –, na qual descreve de forma trágica sua situação, seu sofrimento, sua miséria material, sua solidão, e na qual intima Macha a intervir a seu favor, a fazer com que volte para perto dela. Ela insinua que vai morrer e que Macha será responsável por sua morte. Essas intervenções são irresistíveis. Macha se vê tomada por um sentimento de ódio, mas o faz; e, na sequência, ou tem um ataque asmático ou uma baforada delirante.[2] Macha pensa estar dividida em duas, e que uma parte dela própria desfruta da doença da outra. Às vezes, acontece de Macha ter como que a revelação, a evidência absoluta de que esse outro nela é a sua mãe. Então, ela nunca reconhece nesse outro uma parte dela mesma que se identificaria com a mãe. Ela pensa não ter culpa nenhuma e ser habitada pela mãe – a qual está em seu corpo como um exército de ocupação num país dominado.

O mal se agarra em Macha como um gato com suas garras. No fim do dia, quando ela quer dormir, três sombras surgem na escuridão. Uma delas carrega uma vela, mas que não ilumina. Para deter as sombras, ela tem de se imobilizar e prender a respiração. Também se ouvem barulhos, como o de um quadro balançando, em seu prego, na parede. Ou o de um tecido pesado sendo arrastado pelo assoalho. Ou, ainda, como o de um corpo sendo arrastado sobre o chão. "Esses barulhos também desencadeiam imagens e assombrações", diz ela.

> *Tenho a impressão de que é o gato que faz os quadros virarem, mas não é. Ele fica noutro lugar e está dormindo. Durou o dia inteiro depois da sessão. É terrível, é atroz! Há pessoas. Elas chegam e encostam no meu*

---

[2] Termo introduzido em 1886 por Paul Maurice Legrain [1860-1939] e promovido por Valentin Magnan [1835-1916], a "baforada delirante" [*bouffée delirante*] consiste numa condição psicótica aguda e transitória associada com turvação da consciência, excitação psicomotora e comportamento agitado, seguida de amnésia anterógrada. [N. T.]

peito. É isso que acontece. Antes, eu teria tido uma crise de asma. Antes, era fácil. Não que eu pudesse provocar a asma, mas era fácil. É como se agora [quatro anos e meio depois do começo da terapia] a asma estivesse mais longe, mais difícil de atingir, por causa da psicoterapia. Em vez disso, vejo as assombrações.

Em seguida, no decorrer dessa sessão, Macha pensa em sua mãe e nas suas práticas mágicas. Pouco a pouco, sua angústia vai crescendo, até atingir o pânico. E, como isso acontece de forma não excepcional, ela demanda, aterrorizada, o direito de partir antes da hora.

Para lutar contra as influências maléficas e a perseguição, Macha se retira em casa, na penumbra, a janelas fechadas, numa espécie de antro superpovoado por objetos diversos sobre os quais reina e – isso é o mais importante – o *seu gato*. O gato a protege das más vibrações. Ele é malvado, arranha, mas a protege. Ele protege a casa quando ela está fora. Tem asma, como ela. Quando o pegou na Sociedade Protetora dos Animais, foi preciso tratá-lo com corticoides. A vida dela sempre tem histórias inacreditáveis envolvendo gatos. No decorrer da análise, ela faz amizade com uma senhora que vive num pequeno apartamento em meio a centenas de gatos. Essa mulher parece fisicamente com um gato. Ela está investida de uma espécie de missão: castrar todos os gatos, tanto machos como fêmeas. Pois eles são tão infelizes nessa terra que é preciso impedi-los de se reproduzir. Então ela castra, primeiro, depois adota.

Sua mãe detesta a sexualidade e os homens. Desde a relação sexual que deu origem a Macha, ela nunca mais teve outras relações, e nem quis. Quando Macha ficou grávida, sua mãe desejou novamente a morte da criança e a castração de sua filha. Na ocasião, para lutar, Macha consome maconha; e se droga, sobretudo, com medicamentos – especialmente Teofilina e Ventolin[3] –, até ficar intoxicada e entrar num estado confusional. Além disso, consome chá em escala industrial. Macha também pinta, mas desenvolve uma alergia à tinta a óleo. Pinta coisas esotéricas. Às vezes, tenta pintar suas alucinações, porque um mestre hindu lhe disse que era preciso dar forma a suas assombrações. Mas então ela acaba ficando com medo de suas próprias telas. Por fim, quando a psicoterapia avançou suficientemente, ela se engaja na análise literária e escreve uma tese esotérica sobre Baudelaire, a qual lhe vale os maiores imbróglios em suas relações com suas sucessivas orientadoras – seguidos de crises terríveis de insuficiência respiratória. Até então, ela se recusava a trabalhar e se opunha a toda e qualquer integração social neste país que ela detesta, nesta cidade de Paris que lhe causa asma e que ela odeia visceralmente. Ela quer ir para o Leste, onde já viveu. Mas acaba indo trabalhar como professora e defendendo uma tese na Universidade.

Seis anos de psicoterapia permitiram trazer à luz as origens infantis do seu delírio de influência. Sua mãe é provavelmente psicótica, mas nunca foi internada. Ela praticava magia, de fato; trancava-se por dias inteiros num cômodo da casa, onde ficava queimando produtos de todo tipo, degolando frangos e outros animais – cheirava a ovo podre; havia fumaças pretas que passavam por debaixo da porta. Macha ficava aterrorizada, passava horas chamando pela mãe, utilizava os diminutivos mais carinhosos. O pai era inacessível. Ele passou muitos anos morando do outro lado da rua, numa outra casa. Os pais não eram casados. Ele era um funcionário público do alto escalão, muito mais velho que a mãe. Tinha filhos com três mulheres, como fazem os gatos, e reconhecia todos eles. Dava a todos quase os mesmos nomes, mas nunca cuidava deles. A mãe praticava magia para recuperar esse homem

---

3 Princípio ativo: salbutamol. [N. T.]

e para fazer com que ele morresse, entre outras coisas. Ela o vigiava. Ele recebia moças em casa, com as quais tinha relações sexuais perversas e violentas; depois, as jogava pela porta de trás, de onde saíam acabadas e cambaleantes.

A violência, aliás, era algo difundido em toda a família. A irmã do pai havia organizado o assassinato do sogro para ficar com o dinheiro dele. Em seguida, conseguiu internar o marido; e, antes de ele sair, doze anos depois, fugiu para os Estados Unidos com toda a fortuna. O marido – que tinha efetivamente assassinado o pai – acabou, por fim, se matando.

A mãe de Macha tinha tido um filho de outro homem, e a avó materna enclausurou a criança para fazer dela seu empregado doméstico – ou melhor, seu escravo. Ele nunca saía da casa da família. Não falava e parecia obedecer feito um robô.

Quanto a Macha, era mística desde a infância. Ela queria ser freira e ficou anos no convento; depois, passou por uma iniciação na Índia e acabou em Paris, na casa de um de seus inúmeros meios-irmãos. O concubino dela, pai da criança morta, era filho justamente de um desses irmãos – isto é, um sobrinho da mesma idade que ela.

Tudo o que pôde ser progressivamente reconstituído e elaborado – insisto nisso – me dava, toda vez, a impressão de que uma etapa determinante tinha sido atravessada e que, dali em diante, Macha estaria em condições de resistir à sua mãe e de se livrar do delírio e da asma. Houve, de fato, longos períodos sem atividade delirante. Mas eu sempre me desiludia, pois o processo voltava a ficar ativo. Essa alternância entre esperança e decepção me parece totalmente típica do trabalho analítico com esses pacientes.

A doença somática

Macha era asmática. Das graves. Corticodependente, passava mal e muitas vezes teve de ser internada depois de uma sessão na qual eu não captara nenhum sinal particularmente significativo antes da crise aparecer. É preciso reconhecer que, em razão da reticência da paciente, não era fácil. Ela sempre chegava muito atrasada; com frequência, exigia ir embora antes do final da sessão e, às vezes, não dizia nada – contentando-se apenas com soltar risos discordantes, totalmente enigmáticos.

No entanto, ela sempre voltava. Com frequência, chegava muito dispneica e, às vezes, respirava melhor ao final da sessão – me fazendo acreditar que estávamos progredindo. Durante alguns períodos, chegou inclusive a parar completamente com os medicamentos: nada de infecção, nada de antibiótico, nada de corticoide, nada de Ventolin – e nada de crise. Mas então, durante sessões inteiras, eu não entendia absolutamente nada do que ela me dizia. A ponto de eu ser perfeitamente incapaz de transcrever ou reproduzir aqui essas palavras. Fluía sem interrupção, era totalmente esotérico e desordenado; era sobre as suas pinturas e suas pesquisas poéticas e literárias. Nesse sentido, o delírio era uma esperança em relação ao risco de morte por insuficiência respiratória. A única coisa que eu sabia era que ela estava vindo, que estava investindo com muita seriedade em suas sessões, mas que me impunha categoricamente duas coisas: eu não devia compreender nada; e, sobretudo, eu não devia fazer nenhuma pergunta – tinha de ficar mudo e completamente imóvel, e aceitar, no final da sessão, só tocar a ponta dos seus dedos da mão, que ela logo recolhia. Eu era totalmente mineralizado. O menor movimento desencadeava uma catástrofe. Ela tinha medo de toda e qualquer manifestação que viesse de mim. Para oferecer aos senhores uma ilustração desse poder que ela exercia sobre mim, eu nunca consegui reaver minha poltrona.

Fiquei no lugar do paciente durante seis anos! Eis um exemplo das dificuldades técnicas: certa vez, ela queria ir embora depois de dez minutos de sessão; eu me opus e pedi que me explicasse por que estava querendo fugir. Ela ficou, mas não deu em grande coisa. Na sessão seguinte, ela falta e telefona. Está internada! Acha que não vai voltar nunca mais. É pesada demais essa psicoterapia. Ela não quer me ver. Aceita, no entanto, ao final da conversa por telefone, uma sessão de reposição. E, para ir até lá, deixa o hospital assinando um termo de revelia. Daí, me conta que a sua mãe lhe escreveu uma série de cartas assinando "Macha", de propósito, para deixá-la doente. Falamos da mãe durante toda a sessão. No dia seguinte, ela se encontra passando mal e internada, de novo.

Por pouco, esses dois ataques não a derrubam de vez; a cólera dos médicos – os quais consideram que ela é louca, indisciplinada, e que vai morrer – dirige-se também contra mim: eles mandam que ela largue mão dessa bobagem de psicanálise. Não obstante, ela consegue, depois de algumas sessões, encarar a mãe; aceitar o pneumologista e seguir o tratamento que ele prescreve. Alguns dias depois, ela me envia uma carta para me revelar o segredo que está, sem dúvida, por trás de todas essas catástrofes somáticas recentes. Não consegue me dizer isso pessoalmente. Ela nutre sentimentos de grande ternura e amor por mim, e – acrescenta ela – talvez devesse me pedir desculpas, mas não tem vontade. Na sessão seguinte, ela me pergunta se recebi essa carta. Como respondo afirmativamente, ela engata outro assunto. Essa carta nunca mais esteve em questão, nunca mais pude voltar a ela, mas tampouco houve outro ataque até o fim da terapia, dois anos mais tarde.

Gostaria de insistir aqui nesta dificuldade técnica: não compreender nada; deixar-se utilizar sem resistir; ser a causa de um estado de terror ou de um amor, de um delírio ou de um ataque asmático; aceitar sua impotência; estar sempre insatisfeito tanto com o próprio silêncio quanto com as próprias intervenções. Como os senhores veem, se o delírio pode ser elucidado, isso não soluciona os problemas; e se as somatizações ocorrem nesse contexto, tampouco se pode fazer grande coisa.

Delirar – Somatizar

Macha acabou me fazendo compreender como ela havia conseguido esconjurar sua asma. Ela se trancava em casa, pegava livros esotéricos ou se punha a pintar. Quando a asma começava, afundava-se voluntariamente em sua atividade esotérica de maneira a criar a angústia, a dúvida, a hipersensibilidade e as alucinações. Quando delirava, então, a crise se atenuava. Logo, havia um truque. Alguns livros, alguns quadros – que ela conhecia como particularmente propícios ao desencadeamento da angústia – permitiam que ela fosse inconscientemente ao encontro do gabinete negro e do mundo mágico de sua mãe, para delirar, não sem certo prazer – seu meio sorriso era testemunha disso. A dificuldade era que era preciso que o delírio não fosse demasiado grave, demasiado intenso; e que ela não perdesse a partida nesse duelo com a mãe – sem o que isso redesencadeava a asma. Para dizer a verdade, nunca compreendi verdadeiramente as mediações mentais que estavam em ação ali. Talvez alguns dos senhores possam me esclarecer sobre esse ponto.

Ocorria outra coisa com o movimento inverso. Dessa vez, recebi, das mãos de Macha, a chave da passagem do delírio à somatização. Eis como ela procedia: quando sua mãe se trancava no cômodo, Macha ficava aterrorizada. Ela tinha a impressão de estar separada do corpo da mãe. Pensava que a mãe sumia porque estava furiosa com ela. Sozinha, por vários dias, Macha ficava tomada pelo pânico. Certa vez, engoliu um peixe para se suicidar, para fazer com que a mãe saísse do cômodo e para aplacar a sua cólera. Mas quando atingiu a idade de 10 ou 11 anos, elaborou um estratagema: uma estratégia de purificação. Ela se trancava num cômodo durante vários dias. Fazia jejum completo. Ajoelhava-se para rezar, durante horas, e para ficar com os joelhos doendo. E então recitava as suas orações. Mas isso não era o suficiente: era preciso saturar suas possibilidades de pensar com uma carga cognitiva maciça. O jogo consistia, então, em recitar as orações, o mais rapidamente possível, contabilizando essas orações com o auxílio de um rosário. Daí, ela complicava o jogo, prescindindo do rosário. Era preciso, a todo instante, que ela soubesse exatamente a que altura estava no número de repetições – sem, todavia, abandonar a cadência. O sistema implementado é, portanto, elucidável. Para deter o pensamento delirante, Macha saturava seu aparelho psíquico de tudo quanto era forma: jejum; fome; sede; dores nos joelhos e na coluna; recitações galopantes em cadências infernais, dia e noite fazendo sua contabilização. Ao cabo de certo tempo, ocorria a crise de asma: Macha estava liberta – estava purificada e ia oferecer a sua doença para a mãe, de modo a lhe dar algo com o que se acalmar. Era o único momento em que a ruga de cólera que essa última tinha entre as sobrancelhas se distendia.

Saturação perceptiva, cadências e repetições compulsivas são, efetivamente, um bom meio de paralisar a atividade de pensamento. Pude observar isso em várias situações psicopatológicas que encontrei noutros momentos e que têm, todas elas, a particularidade de facilitar as somatizações. Vejo nisso o mecanismo mesmo da famosa "repressão pulsional" (*Unterdrückung*), que deve ser distinguida do recalque (*Verdrängung*).

Mais uma vez, quando esse protocolo foi trazido à luz pela análise, fiquei pensando justamente que haveria uma melhora do estado de Macha. Mas não foi nada disso; e creio ter sido sobretudo o que descrevi do poder de Macha sobre mim que teve, no fim, um impacto em sua economia psíquica.

Delírio e somatização: equivalência e desespero

Outras psicoterapias e análises que conduzi há uma dúzia de anos me incitam, portanto, a duvidar da eficácia do trabalho analítico tanto com o delírio quanto com as somatizações. Vou explicar. Não estou querendo dizer que esse trabalho seja inútil. Penso apenas que ele é insuficiente para ter um impacto determinante na reorganização mental desses pacientes e em seu prazer de viver.

Ainda que Macha tenha conseguido, durante sua análise, ter um filho saudável; ainda que ela tenha, por fim, conseguido engrenar uma carreira docente e de pesquisa, até mesmo de artista, duvido que ela se encontre – ao fim dessa psicoterapia – duradouramente liberta de suas angústias, de suas baforadas delirantes e de suas crises de asma.

Resta, com efeito, ao que me parece, uma questão não resolvida por essa análise – questão que hoje me surge de forma gritante. Nunca esteve em questão, por assim dizer, a sexualidade, nem a vida erótica de Macha.

Sua mãe, é verdade, não gostava do corpo dos homens e só sonhava com castrações. Ela pensava, como a velha dos gatos, que a vida na Terra é dura demais para as crianças, e que mais vale não ter relações sexuais. Não gostava nada do seu próprio corpo e recusava, desde a concepção de Macha, toda e qualquer relação sexual. Também não gostava do corpo de Macha; não gostava de crianças, não desejava ter dado a vida a Macha e não queria que Macha fosse mãe.

Não é nada surpreendente, nesse contexto, que o corpo de Macha seja desconjuntado. A função erótica está fora do alcance. Seu sexo de mulher permanece fora do corpo. O gato de Macha é seu substituto. Todos os gatos em questão são, alternadamente, objeto de angústia e meio de proteção contra a perseguição. Mas olhem só! Tudo isso se passa na realidade, não se trata de uma fantasia certificando um retorno do recalcado no pré-consciente. É, ao contrário, uma percepção recusada, rejeitada para fora. Quando Macha carrega um bebê em seu ventre, seu gato torna-se imediatamente perseguidor. Ela acredita que os gatos podem asfixiar os recém-nascidos. Trata-se, certamente, da reiteração do seu medo de ser destruída pelo sexo da mãe; e, no parto subsequente, por sua vez, ela vai acreditar ter asfixiado o filho dentro da sua própria vulva.

O que ela faz com o gato, então, quando decide se separar dele? Ela o dá. Para quem? Para um amigo, o qual, no decorrer de uma crise, já jogou o próprio gato pela janela, como sua mobília. Por pouco, um pedestre não foi morto por um gravador. O relato, na época, fez Macha rir um bocado. Então, ela dá o seu gato protetor, malvado e asmático, também ele, a esse amigo que assassinou o seu próprio gato. Algum tempo depois, esse amigo assassinará a si mesmo, e não vai errar a mão. Todos esses gatos fadados à destruição ou à castração são justamente o sexo de Macha recusado pela mãe. A mãe, evidentemente, detestava os gatos; é por isso que Macha nutriu, quando bem pequena, uma predileção por esses animais. Qual será o destino desse filho que vai nascer de um corpo materno cujo sexo não é simbolizado? Ele pode ser outra coisa além de um substituto de gato?

O que está em causa aqui? Por que o ódio da mãe leva Macha a buscar a salvação rejeitando seu sexo para fora do próprio corpo?

Depois de algumas pesquisas teóricas sobre as somatizações e o delírio, eu me perguntei se, no fim, o problema fundamental não deveria ser buscado do lado dos processos implicados na construção do corpo erógeno, tão deteriorado no caso de Macha. A minha hipótese consiste em retomar o conceito de *apoio*[4] da pulsão sobre a função, e em colocá-lo em ação sistematicamente para elaborar uma concepção do corpo em psicossomática e, para além dela, em psicopatologia. O apoio funciona como uma operação de derivação da energia da função biológica para colocá-la a serviço da sexualidade. Derivação, desvio, "perversão" – diz Laplanche (1985) – que, atracando-se aos próprios movimentos do instinto, deles se descolam pela tangente e impõem outra trajetória a essa energia. Nesse processo de apoio, a energia é derivada; mas, para pegar seu embalo tangencial, a pulsão se escora numa zona do corpo, que então lhe serve como zona erógena. O apoio concerne, portanto, à função e à pulsão, mas ele implica um órgão como pivô, como trampolim. De zona erógena em zona erógena, ou de funções em pulsões, é todo o envoltório corporal que, aos poucos, participa desse apoio – não somente a pele, os fâneros, os esfíncteres, as mucosas, mas também algumas vísceras e alguns órgãos do sistema nervoso central. Pouco a pouco, é todo o corpo que se encontra colonizado pelo apoio – processo que resulta, no fim das contas, na construção de um segundo corpo, *o corpo erógeno*, distinto do corpo fisiológico. É esse longo processo que eu quis designar por meio da expressão: "subversão libidinal do peso biológico".

Mas esse processo se efetua entre a criança e seus pais, num jogo de grande delicadeza. Quando as regras do jogo são barradas pela psicopatologia e pelas dificuldades sexuais dos pais, algumas funções permanecem insuficientemente subvertidas e há zonas do

---

4 Do francês, *étayage* – tradução do termo alemão *Anlehnung*. Também traduzido para o português, sob influência da versão inglesa (James Strachey) das obras de Sigmund Freud, como "anáclise". [N. T.]

corpo que permanecem sob o primado do fisiológico, desprovidas de toda e qualquer erogeneidade. Nesses lugares, cristaliza-se uma animalidade que servirá, ulteriormente, de ponto de partida para a pulsão de morte. Voltarei a isso.

Como é que a mãe de Macha fazia com o corpo da filha? Quando Macha era criança, a mãe lhe dava banhos e, às vezes, entrava com ela na banheira. Mas, nesses casos, ao sair do banho, ela enrolava uma toalha molhada e batia na filha com a maior brutalidade. Macha ficava aterrorizada. O que ela fazia para acalmar seu medo? Dormia na cama do lado da mãe. Eram essas as condições que Macha tinha de aceitar para que seu corpo acabasse sendo suportado pela mãe. O contato das peles, no entanto, permanecia explosivo o suficiente para que Macha se tornasse eczematosa. Seus dois braços ficavam em carne viva, por causa da dermatose, até a altura dos ombros. Sua mãe se recusava a tocá-la, é claro. Ela ficava com nojo, achava aquilo de uma imundície repugnante.

É a partir dessa configuração psicopatológica que Macha foi habitada pela obsessão por purificação e por desinfecção. Mesmo no final da terapia, tinha medo de me apertar a mão, embora já não temesse a contaminação por micróbios. A purificação aparecia justamente nessa representação de um indiano que ela havia visto certa vez. Ele pegou uma faixa de pano branca, muito longa, e começou a engoli-la devagarinho, até o final, metros e mais metros. E aí, antes de chegar ao fim, quando Macha estava esperando vê-lo engolir o último segmento, ele começou o movimento contrário: regurgitou progressivamente todo o pano. Era para limpar o estômago: "os indianos são particularmente limpos", dizia Macha. Aí está, portanto, o fruto dos golpes de toalha molhada da mãe em seu corpo de criança, resultando na condensação do coito com a purificação.

O que acontece com o corpo biológico quando a sua energia foi demasiado mal subvertida pela sexualidade? Nessa zona do corpo, no nível dessa função, cristaliza-se em alguma forma de animalidade, isto é, numa função de tipo instintual, automático, estereotipado e repetitivo. Os instintos de conservação – a princípio destinados, pela filogênese, à conservação do corpo fisiológico –, quando emergem como tais no homem, na falta de subversão libidinal, dão-se a conhecer na forma da *compulsão*, da *necessidade* e da *violência*. Violência destrutiva no sentido de que as emergências dessa compulsividade provocam, de certa forma, um colapso do aparelho psíquico e ocasionam uma crise que, de uma forma ou de outra, destrói a organização mental, quer isso passe por uma dissociação psíquica, por uma passagem ao ato compulsivo hétero ou autoagressivo, ou pela repressão do afeto e uma inibição do pensamento – da qual acabei de falar – com, no fim, o risco de uma somatização.

Macha vivia, assim, num mundo onde a animalidade não estava suficientemente contrainvestida. A subversão libidinal da função de reprodução havia sido barrada pela mãe, e seus órgãos sexuais encontravam-se rejeitados para fora e situados nos gatos – tornando-se, por conta disso, perseguidores, como todos os seus sucessivos proprietários. Então, Macha estava condenada ao dilema entre animalidade e loucura delirante e somatizante.

Quando criança, ela havia ficado um tempo no exterior com uma mulher que tinha os olhos e os ouvidos bastante sensíveis. Escutava ruídos que ninguém conseguia perceber, e os ruídos ordinários lhe causavam dores de cabeça. Ela vivia na penumbra; tinha também uma criada. Esta tomava conta das cabras. Era surda e muda, e fedia a cabra. Ela era animalesca, caprina e insensível. Macha não deixou de oscilar, como um pêndulo, entre estes dois extremos: o gato hipersensível que escuta e enxerga de noite e a cabra ruminante e grosseira. A ordem da animalidade do corpo fisiológico não havia sido convenientemente subvertida pelo corpo erótico. Como isso teria sido possível? Afinal, sabemos que a mãe de Macha caçava borboletas enormes para seus experimentos mágicos. Ela as prendia, vivas, em caixas de fósforo. Quando ficava brava com Macha e queria puni-la, abria uma caixa e jogava nela uma borboleta moribunda.

O preço a pagar por essa pertença ao mundo animal é o perigo extremo do encontro erótico. Quando ela tem uma queda pelo analista ou sente raiva ou decepção por causa dele, logo se vê tomada pelas assombrações e pelo delírio ou se encontra abruptamente num leito de internação.

A questão, a partir dessa referência à subversão libidinal, encontra-se deslocada, de alguma forma, do trabalho psíquico de perlaboração e de interpretação propriamente dito para o trabalho com o próprio corpo, na esperança de repermeabilizar a via do apoio e de construir o corpo erótico, isto é, o corpo do desejo, o corpo dos jogos da sexualidade que não esteve em questão sequer uma única vez na análise de Macha.

[Na falta de construção desse corpo erótico, só haveria uma possibilidade de sobreviver fora da doença mental e física: a saber, a clivagem. Clivagem entre uma sexualidade fundamentada no corpo erótico existente – nem que ele fosse muito reduzido – e uma violência que se exerce noutro lugar, sem a ciência da primeira parte do aparelho psíquico. Quando essa montagem funciona e possui certa estabilidade, ela leva à formação de personalidades descritas, com razão, como "normopáticas". A normopatia pode, aliás, traduzir-se pela coexistência de duas sexualidades: uma sexualidade efetivamente erótica e uma sexualidade que é separada dela e posta sob o signo da violência ou da perversão. Mas esse não é o caso de Macha, que recusa a clivagem ou não consegue sustentá-la por muito tempo e que vê ameaçadas, por conta disso, a sua vida mental e a sua integridade somática. É o que faz do combate de Macha um drama humano e patético.]

No fim desse trabalho psicoterápico, há uma criança. Talvez resida nisso a principal causa da melhora do estado de Macha, que pôde então continuar a viver. É claro que é uma vitória sobre a mãe, mas não creio, no entanto, que ela tenha tido acesso a uma sexualidade num corpo erótico. E se fosse preciso retrabalhar com essa paciente hoje em dia, eu atacaria primeiro a reestruturação desse corpo, de preferência todo esse trabalho tão difícil, tão longo e tão perigoso que a interpretação classicamente centrada pela neurose infantil supõe.

Poderíamos ainda nos perguntar por que a síndrome de influência *e* a asma, em vez de apenas uma dessas duas possibilidades. Há razões precisas para isso, por pouco que nos debrucemos sobre as condições específicas da subversão libidinal em Macha. Mas me falta tempo para examinar aqui, na referência ao apoio, os diversos tratamentos sofridos pelo seu pensamento e que abriram caminho para essa dupla patologia.

Então, esperança ou desespero? Tanto o delírio quanto as somatizações, ainda que efetivamente sejam modalidades inventadas pelo sujeito para esconjurar o medo – e que, a título disso, sejam, sem dúvida, uma esperança de sobrevivência –, carregam consigo um poder de destruição do aparelho psíquico e do corpo do qual não conseguiram livrar o sujeito. O trabalho de análise do sentido dessas somatizações e desses delírios me parece, particularmente, nessa altura em que estou da prática analítica, bastante desolador. A menos que ele se abra para outra perspectiva: a da reestruturação do corpo erótico – perspectiva que converge, aliás, com os trabalhos de alguns autores, notadamente os de Didier Anzieu (2000) e Gisela Pankow (1981). Mas cumpre considerar, então, que o trabalho e a esperança incidem menos no delírio e na somatização enquanto tais, menos naquilo que eles nos indicam da impossibilidade de perlaborar – uma vez que esse material permanece extratópico, fora do pré-consciente, escapando do recalque e do sonho –, do que no próprio corpo, na medida em que ele constitui os próprios fundamentos de uma tópica do aparelho psíquico. Tópica na qual a clivagem pode ser esconjurada com sucesso por meio de uma perlaboração, no cerne da qual o trabalho do sonho desempenha um papel determinante para reabrir a via da subversão libidinal.

Referências

Anzieu, D. (2000). *O eu-pele* (Z. Rizkallah, & R. Mahfuz, trad.). São Paulo: Casa do Psicólogo. Publicado originalmente em 1985.

Dejours, C. (1986). *Le corps entre biologie et psychanalyse: essai d'interprétation comparée.* Paris: Payot.

Laplanche, J. (1985). *Vida e morte em psicanálise* (C. P. B. Mourão, & C. F. Santiago, trad). Porto Alegre: Artes Médicas. Publicado originalmente em 1970.

Marty, P. (1976). *Les mouvements individuels de vie et de mort, t. I: essai d'économie psychosomatique.* Paris: Payot.

McDougall, J. (1982). *Les théâtres du je.* Paris: Gallimard.

Pankow, G. (1981). *L'être-là du schizophrene.* Paris: Aubier--Montaigne.

2. As doenças somáticas: com sentido ou sem sentido?[1]

Introdução

Como se sabe, Freud sempre permaneceu reticente em face da utilização da psicanálise no campo das doenças somáticas, de seu diagnóstico e de seu tratamento. Também se mostrou reservado quanto às tentativas de construir ou de interpretar o sentido das afecções do corpo, qualificadas mais tarde de "psicossomáticas".

Em consequência, autores como P. Marty abrem o campo de pesquisa tendo como pressuposto a diferença fundamental entre sintoma histérico e sintoma somático, o primeiro sendo a manifestação de um sentido associado a um desejo recalcado; o segundo, o testemunho de um enfraquecimento dos processos implicados na formação do sentido e de uma carência do recalcamento (e de outras defesas psiconeuróticas).

---

1 Traduzido por Saulo Krieger. Publicado originalmente em *Pulsional: Revista de Psicanálise*, *12*(118), 26-41, 1989.

Partindo para a minha versão dessas conclusões, proponho voltar à questão do sentido das doenças do corpo, não para retornar à indistinção entre conversão e sintoma somático, mas para ver se um sentido não se encontra de qualquer modo incluso nesse último; e, se tal fosse o caso, quais seriam as especificidades desse sentido e de sua construção. Retomarei, pois, a questão classicamente conhecida pelo nome de "escolha do órgão" nas afecções somáticas, sugerindo que seja substituída pela de "escolha de função". Para fazê-lo, partirei de um caso clínico. Em seguida, formularei a hipótese da "forclusão da função" que poderia esclarecer de outra forma, diferente do que habitualmente se cogita, o que desde Freud se chama terreno ou predisposição para certas doenças. Enfim, examinarei a função intersubjetiva ou dialógica do sintoma somático a fim de esboçar uma discussão sobre a técnica de interpretação de seu sentido na prática da cura.

Clínica

Para ilustrar o problema, tomarei um exemplo clínico. Trata-se de uma mulher de seus 40 anos. Essa mulher é sem graça, sem charme. Desprovida de toda a elegância e de toda a sensualidade, é obesa. Tendo seguido a carreira de helenista, exprime-se numa linguagem rigorosa e polida.

Veio me consultar por se sentir por vezes no limite da violência e por temer causar danos a seus próprios filhos. Além disso, é asmática e sente que as crises de asma estão relacionadas a seus acessos de destrutividade, e como sou um especialista em psicossomática, ela pretende tentar um trabalho comigo, mas sem alimentar falsas esperanças quanto ao resultado. Mostra-se incrédula com relação à psicanálise e pensa que tudo não passa de uma tolice e de exploração imoral da credulidade ou do sofrimento das pessoas para que os psicanalistas garantam seu rendimento. É sem dúvida inútil proceder a um longo desenvolvimento sobre a transferência, mas tal espécie de duelo torna-se por si só um sinal de evidente agressividade. É claro que ela vem me consultar apesar disso. Mas fá-lo tão somente na perspectiva de se submeter à ação instrumental de um especialista com relação ao qual ela não sente nenhuma cumplicidade, pelo qual não nutre nenhuma simpatia *a priori* nem a terá *a posteriori*. Só optou por esse tratamento por razões éticas e religiosas, isto é, por causa de seus filhos, mas certamente não há nenhum desejo de cooperar. Se ela viesse a cooperar de alguma forma, seria uma cooperação completamente passiva. Do analista, ela espera que funcione exatamente como um médico ou como um cirurgião. Portanto, não é bem o que chamo de um pedido de análise. E, no entanto, a paciente está lá, e comparecerá pontualmente a todas as sessões.

É evidente que questiono acerca do tipo de relações que essa mulher tem com seu marido, com seus pais, com seus filhos. A julgar pela relação que estabelece comigo, perturba-me sobremaneira o que pode se passar com ela no registro do amor, do desejo e do corpo. E inquieto-me sobretudo com relação aos filhos que ela evocou e que teme destruir. Por que teria ódio deles?

No decorrer da primeira sessão, ela me conta a seguinte história: ela desposou um jovem viúvo pai de dois garotos. Como há alguma diferença de idade entre as duas crianças, ela decide adotar outro garoto para fazer companhia ao mais velho. Tão logo casou, engravidou do que viria a ser uma menina só um pouco mais jovem que o caçula dos dois filhos do pai. Tudo estava em ordem nessa lógica distributiva de emparelhamento, corroborada pelo pai, engenheiro de alto nível e vindo de uma família de doze irmãos, tendo recebido uma educação burguesa, no norte da França, segundo um modelo próximo da disciplina militar.

Logo depois, a mulher torna-se estéril. Por longos anos, todas as suas tentativas de ter um bebê fracassaram. Ela consulta uma equipe médica especializada que a trata durante oito anos. Descrição do calvário das cópulas sob o comando e sob os irritantes condicionamentos do calendário imposto ao casal. De qualquer modo, ela acaba engravidando. Nasce um menino. O casal adota então uma criança gabonesa da mesma idade, novamente conforme o princípio distributivo em pares.

Sua concepção do mundo

Para ela, o comportamento das crianças deve-se, sobretudo, a seu patrimônio genético. O registro afetivo, aliás, não parece estar representado em sua concepção do mundo. Só contam o desenvolvimento cognitivo e os desempenhos intelectuais. Aos cinco anos, o último pimpolho seria particularmente brilhante. Quanto ao pequeno gabonês, mostrava-se competente no registro esportivo e completamente nulo na escola. A questão é, também aqui, uma questão genética. Além do mais é um negro, estando pois mais próximo do macaco do que do homem (*sic*!).

Qual seria, então, para essa paciente, o lugar ocupado pelos filhos? Por que queria tanto ter filhos, se não exprime nenhum sentimento por eles, exceto uma agressividade que por vezes a inquieta? Fá-lo, aliás, sem que realmente se sinta culpada, o que é bastante espantoso. Essa mulher jamais pronuncia diretamente qualquer palavra de culpabilidade. As coisas parecem muito mais se ordenar em torno de uma lógica de tipo econômico e cognitivo: feitas as contas de todos os investimentos, no sentido próprio e figurado, feitos em prol dos filhos, os resultados deveriam ser melhores. Mas são ruins. Deve então haver algum erro em certo ponto e, como perito que sou, estou convocado para elucidar o mistério, fazer uma "auditoria" e formular recomendações (como se faz na indústria).

Por que ter filhos? Essa mulher é crente, teve uma formação religiosa, chegou até mesmo a fazer votos provisórios e gostava, um tanto em demasia, de administrar para si a disciplina (tal a excitava enormemente, por exemplo, ingerir silício) com um masoquismo que inquietava seus superiores e que fez com que fosse repelida da ordem em que tentava entrar. Para ela, a vida só tem sentido para o trabalho intelectual e o servir a Deus. A sexualidade, no sentido da economia erótica, simplesmente não faz sentido. É preciso ter filhos porque ela simplesmente não vê o que pode querer dizer viver por si. Tal seria o vazio, e só lhe restaria morrer.

Em outras palavras, creio que, para essa mulher, ter filhos é uma necessidade, mas não no registro do clássico amor materno: o registro é o da ocasião de exercer seu talento no domínio da educação, da criação, da formação, da recapitulação dos conhecimentos, da transmissão de um patrimônio educacional. Sem essa tarefa, que de resto nada tem de fundamentalmente heterogêneo em relação ao trabalho ou à corveia inerente a toda a atividade ou aos deveres para com o Senhor – que nos confere a missão de procriar e educar – a vida não pode simplesmente ser vivida. Seria o caso de tão somente morrer, a menos que se encontrasse outra tarefa caridosa. Há, na atitude dessa mulher para com os seus filhos, qualquer coisa assemelhada a uma caridade que honraria sobretudo quem a pratica.

O resultado dos investimentos não se mostra brilhante: o primogênito do marido, que ela educou, está próximo da psicopatia e deve seu frágil equilíbrio unicamente à profissão de sargento da ativa numa unidade combatente do exército. O primeiro filho adotado é débil e não se adaptou socialmente. O segundo filho do marido realizou brilhantes estudos, mas flerta com drogas e alcoolismo. A filha natural, intelectualmente muito brilhante, teve de ser hospitalizada em psiquiatria, vitimada por uma anorexia mental manifestamente psicótica. E os dois últimos filhos, que não têm mais que 5 anos, encontram-se atualmente em grandes dificuldades na escola. Ela rejeita todos os filhos, cujos comportamentos bizarros atribui unicamente aos genes; filhos que ela não consegue se impedir de desprezar.

Quanto ao marido, esse trabalha muito. Tem todas as qualidades, sem exceção, notadamente a calma... olímpica! Não se angustia jamais, jamais se descuida e, aliás, não diz nada, nem a sua mulher nem a seus filhos.

A questão psicossomática

Nenhuma razão médico-biológica particular pôde ser identificada na súbita esterilidade dessa mulher por ocasião de seus 27 anos. Penso então ser necessário, na perspectiva psicossomática, considerar essa doença somática como uma recusa inconsciente, mas não recalcada de ter outros filhos após sua filha. Ela não consegue se situar em relação a um filho tomado em particular a ponto de necessitar imperiosamente conceder a cada um deles um companheiro de brincadeiras, um binômio, a fim de evitar que se aborreça e mascarar sua incapacidade de brincar com o filho.

Este ponto é importante: nessa incapacidade de brincar, vejo uma impossibilidade de a paciente engajar-se com seu corpo na relação com outrem. Ela não consegue se servir de sua sensibilidade. Seja como for, falta-lhe a intuição.

Mesmo com as crianças, ela só consegue estabelecer relações de maneira instrumental: ela os cria. A paciente procede pela utilização de modos de emprego, de fórmulas plenamente acabadas, que lhe são fornecidas pelo exterior, pela ciência, pela técnica e pela cultura no sentido trivial do termo. Sua consciência do outro é, em todo o caso, cognitivo-instrumental.

A hipótese da forclusão da função

De onde vem esse problema da relação? Proponho uma hipótese: uma *função do corpo* que não pôde se beneficiar de uma "subversão libidinal" em benefício da economia erótica durante a infância, em razão dos impasses psiconeuróticos dos pais, é condenada a manter-se expulsa do jogo ou de todo o comércio erótico (Dejours, 1986, 1989). Dessa forma, essa função é a forclusão da troca intersubjetiva. A forclusão implica o curto-circuito de três tempos genéticos:

- o tempo de sustentação da pulsão sobre a função (ou da "subversão libidinal" da função);
- o tempo dos jogos com as partes do corpo da criança que foram excluídas dos cuidados corporais dos pais;
- o tempo de se pôr a serviço do agir expressivo dos movimentos e estados afetivos (ou emocionais) do corpo.

Entrar em relação com a subjetividade de um outro alguém que lhe chama ou espera mobilizar não somente representações mentais, mas também, e sempre, o registro expressivo da corporeidade.

Ora, por vezes, ocorre que o encontro com o outro solicita precisamente o uso dessa função rejeitada nesse que designo pelo termo "agir expressivo" (Dejours, 1994). Na comunicação com outrem, trata-se inicialmente de fazer passar um conteúdo ideal, no mais das vezes, por enunciados linguísticos. Todavia, o sentido desses enunciados não depende só do sentido léxico dos termos que o compõem. Depende também da enunciação, em particular da sintaxe.

Na concepção que defendo aqui, o sentido não depende só do léxico e da sintaxe. Depende também do compromisso do corpo na expressividade: mímicas, gestualização, psicomotricidade, elocução verbal, silêncios, entonações, hesitações, suores, tremores, palidez etc.

Na cura analítica, a contribuição do corpo para a expressão do sentido é avaliada no descompasso, na congruência ou discordância entre o enunciado e a voz que fala (sotaque, timbre, tom, entonações, hesitações, ritmo etc.).

Nas trocas ordinárias, o corpo inteiro encontra-se empenhado no agir expressivo por suas produções positivas como pelas suas carências de expressividade.

No agir expressivo, as funções fisiológicas são convocadas, mas não para servir a ordem biológica; para servir, isto sim, a enriquecer a expressão do sentido. Há, pois, uma espécie de desvio de sua vocação biológica primeira: desvio, "perversão", diria Laplanche (1970), subversão é o que sobretudo me parece, em benefício da construção do corpo erógeno. Subversão libidinal da ordem biológica graças aos processos descritos por Freud com o nome de suporte da pulsão sobre a função (Freud, 1905/2016).

Segundo a hipótese à qual me refiro, à medida que se solicita na dinâmica intersubjetiva uma função forcluída do agir expressivo, está se arriscado a desencadear uma doença somática, afetando precisamente a função não subvertida.

"Escolha da função" e sintoma somático

Da análise dessa paciente, isolarei uma pequena sequência para discutir no que poderia consistir o *sentido* do sintoma somático, na perspectiva aberta pela hipótese da "escolha da função" que acabo de evocar.

A paciente se casa e vem a ter relações físicas com seu marido, com a condição de que o sentido do emparelhamento permaneça no registro estrito da reprodução e do cumprimento higiênico dos atos de copulação. Não há lugar aqui para o registro erótico nem para o desejo. Ausência de agir expressivo propriamente erótico, ausência de sedução, de olhar, de carícias, de beijos e jogos preliminares. "Copulação direta". Os corpos são utilizados numa economia estritamente biológico-instrumental. Isso é possível pelo fato de ambos os esposos terem em comum exatamente a mesma negação do duplo sentido possível da sexualidade.

Para os que jamais viram pacientes como esses, tal redução da sexualidade à reprodução, sem amor, é difícil de imaginar. Mas a clínica ordinária revela esse tipo de funcionamento de maneira não excepcional.

No início da gravidez, tudo correu normalmente, mas os quatro últimos meses foram bastante difíceis e o parto, por pouco, não acaba mal, exigindo múltiplas manobras obstétricas delicadas e o uso do fórceps.

Seis meses após o nascimento da criança, o casal recebe o diagnóstico de esterilidade. Ao mesmo tempo, surgem as primeiras crises de asma da paciente. Antes da gravidez, a paciente estava sujeita a crises de nervos extremamente formidáveis. Por um esforço da vontade – e pensando bem, um esforço bastante enigmático e raro –, a paciente deliberadamente faz com que cessem as crises.

No lugar das crises, tem-se uma filha, uma asma e uma esterilidade. Em razão das necessidades da exposição, deixarei de lado a asma, o que em muito simplifica a problemática, e me interessarei tão só por outro sintoma, o da esterilidade. Com efeito, o trabalho analítico durante todo o período relatado deixa a doença asmática num estado de quase estabilidade.

A paciente, bem me recordo, veio consultar-me sobretudo em razão dos sentimentos de violência que experimentava em relação a seus filhos, e por seu medo de matá-los ou ao menos de os machucar com sua violência. Portanto, não veio até mim por causa de sua asma, da qual agora pretende fazer seu problema. É difícil para o psicanalista aceitar tal dissociação decidida pela paciente. Se a aceito aqui é porque efetivamente a evolução da transferência evidenciará de início a esterilidade, e não a asma. Com base em quais argumentos afirmo essa interpretação? Essencialmente, com base no fato de que a asma não reage às sessões, nem por agravamento nem por melhora. Em contrapartida, após 18 meses de análise durante os quais devo confessar que não compreendia muita coisa, a única preocupação constante era a agressividade da paciente, que se manifestava por uma desconfiança constante dirigida a mim, por uma ironia cortante, uma desvalorização sistemática de todas as minhas intervenções, bem como de minha perplexidade ou de meu silêncio. "Essa comédia não serve para nada, não leva a parte alguma, não faz aparecer nada que seja significativo", eu sou nulo, ela se presta à pantomima, mas quer deixar bem claro que, apesar de sua disciplina (jamais falta a uma sessão e nunca se atrasa), tudo isso não leva a nada. São constantes as ameaças de interrupção da análise, e não sei o porquê nem como eu a fui mantendo, pois é bem verdade que mais de uma vez achei-me exasperado, e mesmo tomado pela cólera, alimentando a ideia de que se ela não retornasse eu estaria livre.

Por entre o material rigorosamente descritivo que ela trazia às sessões, só lhe importava o imediato, tanto na sua vida profissional como na educação das crianças. Boa educadora, falava dos alunos de maneira horrenda, com estereótipos reacionários, desdenhosos e por vezes fascistas. Pelo curso das sessões, sem que eu me desse conta, evidenciava-se ser em torno de seus filhos que a intriga transferencial se estruturava.

A criança, da qual ela engravidara logo depois do casamento, era extremamente brilhante nos estudos e dava à sua mãe toda a satisfação. A paciente está como quer, no terreno da criação de um bom produto, conduzida exclusivamente pela qualidade das aquisições cognitivas. Curiosamente, a filha, então com 12 anos, começa a preferir, em sua classe, a companhia dos desocupados. Tergiversações e deliberações sobre a orientação para esse ou aquele liceu conduzem a uma decisão que a leva ao estabelecimento mais exigente, implicando alguns meses de uma recuperação voltada a matérias desconhecidas da menina e necessárias à sua entrada num liceu plurilíngue. A menina passou em todas as provas, mas deixou bruscamente de comer, passou a manter relações mais do que equívocas com um de seus irmãos (provavelmente de um modo corpo a corpo, remetendo *a posteriori* a uma busca de adesividade cutânea psicótica), tenta o suicídio, é hospitalizada em pediatria, onde regride grosseiramente e de onde sai com um diagnóstico de anorexia mental grave. Ao modo dos psicanalistas de crianças e de psicóticos, considero que a doença mental da menina deve ser compreendida como um sintoma dos pais.

A transferência, pois, organiza-se a custo da construção, no curso desses dois anos, de uma anorexia mental da filha que não chega a me espantar, mas que não consigo ver de onde teria se originado.

Durante os 18 meses que se seguirão, toda a análise é ocupada pelas relações da paciente com sua filha, mas a doença asmática permanece sob controle.

O que passa a ter lugar é uma luta extremamente dura entre a paciente e os médicos que se ocupam de sua filha. Todo o ódio, desconfiança e desprezo antes dirigidos a mim voltam-se agora para os psiquiatras e psicanalistas de sua filha, levando a mudanças de instituições e de terapeutas. Ela destrói todos os esforços desses colegas, nega todo o valor a tudo o que tentam empreender, rastreia todas as incoerências, hesitações, sinais de imperícia, erres etc., tece comentários acerca do inconcebível emagrecimento da filha, que continua a se agravar.

A filha vai muito mal. Tem crises de nervos e lamentos prolongados durante horas, de formas muito semelhantes às das crises que a mãe tivera em outros tempos. E refaz tentativas de suicídio, algumas bastante graves. A doença da filha não é manifestamente mais do que um sintoma da mãe, mas também remete ao pai. Lembremos que ele partilha com sua mulher a recusa da sexualidade. Consequentemente, a doença da filha – como sempre em casos como esse, a se crer nos clínicos da psicose – vem trabalhar justamente os pais na zona até então abrangida pela recusa.

Certa noite, a garota tenta se enforcar em seu quarto amarrando uma corda na estante de livros. Com o seu peso, a estante se verga. Para a mãe, foi um milagre, pois todos os móveis desse tipo haviam sido cuidadosamente firmados na parede pelo pai. Uma só parte da estante em toda a sua extensão escapara a tal fixação. Estranho!

No dia seguinte pela manhã, ao acordar, o pai dá-se conta de que todos os seus dentes se encontram descarnados em meio centímetro. Nenhum pode ser salvo. O completo desdentar do pai é uma resposta ao gesto de sua filha.

O sentido do sintoma: esterilidade, anorexia

Toda essa fase da análise move-se em torno do embate entre mim e a paciente acerca de sua responsabilidade para com a filha. Afrontamento terrível, no curso do qual a tensão chega às raias do insulto, já que eu não cedo quanto à sua responsabilidade na loucura da filha e sustento as alusões pouco ambíguas dos colegas que tratam dessa última. Meu objetivo é fazer com que os terapeutas se ponham numa condição de terceira pessoa entre ela e a filha. Minhas intervenções visam a pôr em relação o modo como a criança trata seu corpo, recusando o acesso à feminilidade e escolhendo a regressão, as crises de nervos e mesmo as tentativas de suicídio a fim de acabar, por um lado, com esse corpo inabitável e, por outro, com o modo como também a mãe rejeita seu próprio corpo, sua feminilidade e a dimensão erótica de sua existência. Bem entendido, desde o nascimento do último filho, ou seja, havia já seis anos, a paciente não mantinha mais nenhuma relação sexual.

O psiquiatra que está tratando da filha concede-lhe liberações aos fins de semana. Para afastar as crises da filha, a mãe encontra um estratagema: sair à rua com ela. A única coisa que a filha aceita é olhar as vitrines dos grandes magazines. A mãe detesta esse tipo de programa, mas resigna-se a isso por longas horas, todos os sábados, com uma filha sobre a qual é de se perguntar como ainda pode se locomover, tão impressionante é o desaparecimento de sua musculatura. A menina em geral não quer comprar nada, embora a mãe esteja sempre pronta a satisfazer todos os seus caprichos. E esses caprichos, um belo dia, passam a ter como alvo a compra de roupas: inicialmente destinadas a dissimular a magreza, mas testemunhando também um desejo de convocar a mãe para o teatro da sedução. A mãe deixa acontecer. Alguns meses mais tarde, a paciente irá ela própria, pela primeira vez, ao cabeleireiro e ousará algumas elegâncias para vir às sessões.

Tímido de início, tem-se como que um compromisso do corpo da paciente com um agir expressivo direcionado ao analista.

A partir de então, os pais passam a reconhecer a autonomia do encaminhamento terapêutico da filha – cujo resultado revela consideráveis melhoras – a qual vive agora num internato e começa a sair com rapazes.

Na minha perspectiva, a filha conseguiu enfim fazer nascer o seu corpo sexuado. Ao mesmo tempo, as maledicências racistas a respeito do último filho adotado desapareceram, e todos os filhos passam melhor. A questão não é mais a violência contra eles. Chega-se mesmo a pensar que ela os ama!

Entretanto, o caso não termina aí, pois ao deixar de aplicar aos filhos o empreendimento instrumentalista, a paciente encontra-se parcialmente desembaraçada da problemática primeira da esterilidade, ainda que a asma entre em cena na transferência, acompanhada de bulimia e alucinações visuais.

Origem da escolha da função

De onde vêm as amputações do corpo erótico dessa paciente?

Ela própria é filha adotiva. Adotada por um casal cujo marido era um alto executivo, vítima de uma psicose maníaco-depressiva aguda, cuja esposa demonstrava uma rigidez mental extrema, construída como defesa contra suas origens modestas e contra a angústia provocada pela conduta de sua mãe e de sua irmã, ambas tornadas prostitutas.

A mãe de minha paciente tinha horror a tudo o que é corporal e jamais pôde acariciar nem ter nos braços a paciente quando criança. A esterilidade dessa mãe talvez fosse, ela própria, uma somatização a assinalar uma recusa radical do corpo erógeno.

Esses fragmentos da história da paciente vieram se ordenar durante a fase da análise dedicada à interpretação da anorexia mental de sua filha e constituem aqui o contexto diacrônico. Nesse nível, originam-se, ao que me parece, os sintomas da esterilidade, da asma da paciente e mesmo da anorexia mental de sua filha.

Também estarei inclinado a distinguir entre a **origem** e o **sentido** dos sintomas. A origem se situaria na relação da paciente com seus pais. Seu sentido seria produzido pela análise da transferência. Esse sentido seria a forclusão do terceiro da relação que instrumentaliza a criança como produto da criação essencialmente cognitiva. **Ora, é o acesso ao sentido do sintoma** que é mutante, não a elucidação de sua origem (ou de sua "causa").

Problemática do sentido e função dialógica do sintoma somático

A problemática do sentido do sintoma só pode ser posicionada uma vez suspendida a discussão sobre sua origem ou causa. A problematização do sentido começa com o sujeito no contexto da análise, isto é, a partir da encenação do drama, no sentido politzeriano do termo, no agir expressivo mobilizado pela transferência. Nessa perspectiva, o sintoma é primeiro.

Após a suspensão da busca da causa ou da origem do sintoma, posiciono o postulado segundo o qual o sintoma é trazido pela **intencionalidade**. Assentar o postulado da intencionalidade não consiste em descartar o caráter eventualmente acidental do sintoma. Na perspectiva que tento defender aqui, ao contrário, o desencadear do sintoma tem sempre um caráter acidental, ainda que seja por vezes provável, isto é, esperado, antes mesmo de sua ocorrência. A intencionalidade do sintoma remete inicialmente a essa ideia, de que o sintoma sobrevêm num contexto atual bastante circunscrito: nesse contexto, o componente decisivo do sintoma é sua destinação intersubjetiva, ou seja, a dinâmica da relação com o outro.

Em razão da dinâmica intersubjetiva, o sintoma é necessariamente vetorizado pelo conflito: o sintoma é endereçado ao outro. Assim, no decorrer da análise, quando sobrevêm um sintoma, ele é de fato endereçado ao outro. É essa vetorização que remete o termo da intencionalidade.

A partir de seu surgimento, o sintoma pode conhecer dois destinos: ou bem a intencionalidade se detém no sintoma ou bem ela se prolonga no movimento de realização de seu sentido.

A escolha entre esses dois destinos depende inicialmente do paciente, isto é, de sua vontade. Trata-se aqui de uma postura que remete à soberania do sujeito, esse que denominamos "liberdade da vontade" (Franckfurt, 1971). Se a escolha do sujeito é deter as coisas, o sintoma não tem sentido. O cenário vai de uma intencionalidade sem significação a um tratamento fora de sentido, isto é, ao tratamento médico convencional, em regra, nos dias de hoje. Se sua escolha é concluir o trabalho do sintoma, então o sentido talvez possa ter lugar. Com a condição, todavia, de que sua vontade encontre a do outro, e isso quer dizer, no presente caso, um analista disposto a oficializar essa intencionalidade. Com relação à minha paciente, tem-se as duas escolhas ao mesmo tempo. Ela reivindica um tratamento instrumental, isto é, ela afirma sua vontade de não conceder inteligibilidade a seu sintoma. Mas, ao mesmo tempo, a despeito de minha recusa em responder a essa reivindicação instrumental, ela continua vindo às sessões. Afirma que o faz por sua conduta, por sua vontade de fazer com que tenha lugar o sentido do sintoma.

E o que se passa do lado do analista? Entre o sintoma e a realização de seu sentido demanda-se, com efeito, uma mutação do próprio analista. Para que o sintoma se realize é preciso que ele atinja o analista, produzindo nele uma mudança.

Que mudança? Chegar à ideia de que sua compreensão da situação transferencial esteja errada; que ele deve se esforçar por buscar modos diferentes, por guiar-se em outras vias e renovar suas interrogações. Foi o que depreendi da anorexia mental da filha e, posteriormente, da recrudescência da asma e do desventramento. Isso quer dizer que cada sintoma põe novamente em causa todo o trabalho precedente. É o que chamarei metaforicamente de "a potência pragmática do sintoma", isto é, como em linguística, o poder mutante da enunciação do locutor sobre a visão do mundo do destinatário.

O conflito de interpretações

Como reorientar a busca do sentido em face da eclosão de um sintoma somático? Apoiando-me na hipótese da forclusão da função para fora do agir expressivo, busco a origem parental da somatização. Assim, meu trabalho de interpretação vai de encontro às interpretações e às condutas de valor interpretativo da paciente. É o que podemos chamar "o conflito de interpretações".

Com a paciente aqui referida, o conflito das interpretações move-se entre minha interpretação, que liga a forclusão da função de reprodução à recusa de sua filha em tornar-se mulher por meio de uma anorexia mental, ao que ela opõe suas condutas iterativas de ataque aos terapeutas de sua filha e a mim e minha teoria, o que é uma interpretação operada por seu sintoma, em contradição à minha.

O conflito de interpretações levanta aqui um problema que pretendo somente assinalar: existe uma importante desigualdade entre os modos de expressão das interpretações no paciente e no analista, uma vez que se trata de um sintoma somático. O analista utiliza a palavra, mas não o paciente, e este muitas vezes reage às intepretações somente pelo apaziguamento ou pelo agravamento dos sintomas. Pode-se então sair desse desequilíbrio simbólico sem recorrer a uma mediação? Para Anzieu, nenhuma mediação é digna de consideração a não ser a palavra. Para Ferenczi, Winnicott, Groddeck ou, numa tese recente, para um autor como Pascal Prayez, é legítimo recorrer à mediação do tocar. Para Pankow, é preciso passar pelas modelagens. Não faço mais que chamar a atenção para esse problema, pois não posso discuti-lo *in extenso* no contexto desta exposição.

O conflito de interpretações, na melhor das hipóteses, desembocará no reconhecimento de um "sentido comum", a ela e a mim, concretizado nas compras de roupas da filha.

Insisto nessa noção de sentido comum. O sentido do sintoma é inicialmente e antes de tudo exaltação de um acordo sobre o sentido entre parceiros da relação transferencial. Que ela comece a se arrumar e a ir ao cabeleireiro, tal é o sentido do sintoma de esterilidade, substituído pela anorexia mental, para a paciente. Esse sentido não poderia ser previsto com antecedência. Ele é uma produção do conflito de interpretações e não preexiste ao sintoma. O jogo da sedução revelado como sentido do sintoma permite repatriar na transferência uma outra dimensão: a do jogo de sedução da mãe da paciente, isto é, da avó da menina anoréxica. Essa mãe, com efeito, perfeitamente fria em seu interior, separou o jogo de sedução de todo o erotismo. Todos estão de acordo ao considerar essa mulher como de uma elegância fora do comum. Aos 80 anos, ela ainda deslumbra todos que a olham. Mas qual é o destinatário desse jogo de sedução? Ele converge para um sentido que precisamente nada tem de erótico. Está a serviço da burguesa apresentação da senhora tal, esposa do senhor tal... que ocupava funções sociais muito em evidencia. Trata-se então de uma elegância inteiramente social e convencional, desvencilhada do jogo de sedução erótica. A elegância da mãe constitui uma interdição aos jogos de sedução da filha, isto é, precisamente, ao comprometimento do corpo no agir expressivo.

Interpretar e compreender: questões práticas

A interpretação encontra-se no registro da ação. Ela é ontologicamente o segundo tempo do procedimento. No primeiro tempo, está a compreensão. E a compreensão não é a compreensão do sentido.

Compreender é compreender o outro. Que a compra das roupas e a visita ao cabeleireiro sejam o sentido do sintoma, aí nada se tem de evidente, pois a compreensão escapa à explicação. O *Verstehen* é algo radicalmente diferente do *Erklären* (compreender é algo radicalmente diferente de explicar). O tempo da compreensão pertence ao domínio do pático, da paixão e não da ação; da paixão como suspensão do trabalho de contemplação. É talvez o meu modo de ir ao encontro da afirmação de R. Gori: "Aceitar o abrir-se à relação com o desconhecido e às revelações do inacabado".

Esse pático do qual pretendo falar aqui refere-se diretamente àquele desempenho na corporeidade do analista. Para o analista, a compreensão é experimentada pelo viés do trabalho de interpretação, sendo fundamentalmente inesperada. É ela que realiza o recorte no material e no agir expressivo da paciente, o que é eficaz nessa intersubjetividade. É, pois, apenas secundariamente, apoderando-se desse padecer compreensivo, que o trabalho de interpretação do sentido se dispõe. Já a interpretação está do lado da retomada da iniciativa, da retomada da ação pelo analista. "Compreender o outro em primeiro lugar, interpretá-lo em seguida, para ter acesso ao sentido".

Para a paciente, o sentido manifesta-se como mutação no corpo vivido, e essa mutação é, também ela, um vivido que se situa do lado da paixão. O sentido do sintoma está na mutação que marca o êxito de um processo de reapropriação pela paciente. A reapropriação não é nem intelectual nem cognitiva, é uma liberação traduzindo-se pelo prazer. A vontade de fazer advir o sentido do sintoma que se encontrava no ponto de partida do encaminhamento termina em liberdade. Essas distinções entre a origem, a compreensão, a interpretação e o sentido têm uma incidência na análise do processo de cura. O elucidar da causa ou da origem do sintoma não permite levá-lo a cabo. Se, na origem, situava-se o sentido do sintoma, esse sentido só funcionaria para o analista. Por isso ele é ineficiente. O sentido do sintoma não está em sua origem, mas na realização do sintoma pela análise da transferência e seus efeitos mutativos no analista.

Sentido ou sem sentido?

O sentido do sintoma não está escondido porque ele ainda não existe no sintoma. O sintoma enquanto tal não tem sentido. E, nessa perspectiva, os colegas da Escola Psicossomática de Paris têm razão. O sintoma carrega somente uma intencionalidade. *O sentido do sintoma é contingente.* Ele depende do encontro de duas vontades, a do paciente e a do outro, ou do analista. E o sentido do sintoma não é a causa do sintoma. Se a causa é o que se deve ter aí, seria necessário inverter a proposição e concluir que o sintoma é a causa do sentido (via conflito de interpretações).

O sintoma funciona em todo o caso como um convite ou uma convocação ao trabalho de interpretação que pode eventualmente realizar o sintoma. Trata-se da ideia que eu já defendi com o nome de "somatização simbolizante" (Dejours, 1989), enquanto o corpo, via sintoma, abre-se eventualmente sobre um trabalho de simbolização ou melhor, de subversão libidinal. Nas condições intersubjetivas precisas, a que me referi, o sintoma pode, no entanto, retomar, percorrendo outras vias, esse trabalho de subversão do corpo biológico em benefício do agir expressivo.

Do ponto de vista teórico, a perspectiva que proponho para o sintoma inscreve-se numa radicalização da teoria freudiana de continuidade. Ela também retoma, de modo um pouco diferente, a problemática da elaboração secundária que não seria o caso de considerar de maneira pejorativa, como o fazem certos colegas, em particular Marty e Fain. Para eles, o sentido atribuído ao sintoma pelos pacientes não tem nenhum valor. Pois o sintoma somático não é como o sintoma histérico, ele nada simboliza. Concordo. Segundo eles, o sentido assinalado por certos analistas aos sintomas somáticos retoma, na melhor das hipóteses, a elaboração secundária do paciente e, na pior, é um revestimento artificial e forçado, que de resto não tem nenhuma eficiência terapêutica, diferentemente do que se teria com a interrupção da amnésia do histérico. Estou de acordo com eles, ainda que tal se dê em prejuízo das nuanças.

Em geral, o sentido dos sintomas não se encontra já com o sintoma. A resolução da contradição passa pela referência à dinâmica transferência-contratransferência. O sentido invocado pelo paciente e o sentido interpretado pelo analista podem desembocar no sentido do sintoma, se um e outro tiverem interesse em empenhar-se no difícil e perigoso trabalho que é o conflito de interpretações, que permite repatriar na transferência fragmentos retidos no passado infantil, cuja escolha e ordenamento são eles mesmos uma produção desse trabalho e dependem da forma que reveste esse trabalho.

Esse aspecto é acessório, mas é preciso da mesma forma o assinalar tendo em vista a inteligibilidade do encaminhamento: produzir o sentido dos sintomas somáticos permite repatriar fragmentos na história infantil da paciente, como eu já disse. O sentido, quando se dá, religa num todo o atual e o passado. Essa articulação coerente, essa presença do passado no sintoma conduzem a um erro de perspectiva que é também um erro teórico. Elas causam a impressão de que a origem e o sentido não fazem mais que um, e fazer crer que o sentido já estava lá, e que mais não se faz do que desvendá-lo. Ora, se trata aqui de uma ilusão perceptiva, que se deve à atração da temporalidade linear ou cronológica inerente à do discurso secundarizado em que necessariamente se faz a enunciação do sentido na continuidade. Essa ilusão neutraliza a temporalidade fenomenológica do sintoma. É assim, não se pode evitar.

Para concluir, eu diria que o sentido do sintoma somático, se é que ele existe, não está no sintoma, mas no trabalho de interpretação eventualmente desencadeado por ele. Não na interpretação, mas no trabalho dialógico da interpretação iniciada pelo sintoma. Trabalho cuja possibilidade mesma sugere o funcionamento do sintoma como uma ação sobre outrem, no sentido conferido a esse conceito pela teoria da ação. Isso poderia levar a crer que defendo a arbitrariedade da interpretação, toda a interpretação sendo *a priori* aceitável no momento em que se faz resultante. De forma alguma! O trabalho de interpretação só atinge seu termo à medida que a função de forclusão do agir expressivo aparece na transferência acompanhando-se:

- do vivido liberador da emancipação erótica, por um lado;
- da estabilização ou desaparecimento da doença somática, por outro.

A validade do sentido é, então, aqui submetida ao critério pragmático do desaparecimento do sintoma ou da estabilização da doença.

Referências

Anzieu, D. (1987). Les signifiants formels et le moi-peau. In D. Anzieu, *Les enveloppes psychiques* (pp. 1-22). Paris: Dunod Editeur.

Dejours, C. (1983). Symbolizing Somatizations. In A. J. Krakowski, C. P. Kimball (Eds.), *Psychosomatic Medicine* (pp. 439-446). Boston: Springer.

Dejours, C. (1986). *Le corps entre biologie et psychanalyse: essai d'interprétation comparée*, vol. I. Paris: Payot. [Versão brasileira: *O corpo entre a biologia e a psicanálise*. (1988). Porto Alegre, Artes Médicas.]

Dejours, C. (1989). Recherches psychanalytiques sur le corps. In C. Dejours, *Répression et subversion en psychosomatique*. Paris, Payot. [Versão brasileira: *Repressão e subversão em psicossomática*. (1991). Rio de Janeiro: Jorge Zahar, 1991.]

Dejours, C. (1994). La corporéité psychosomatique et sciences du vivant. In I. Billiard, *Somatisation, psychanalyse et sciences du vivant* (pp. 93-122). Paris: Ed. Eshel.

Franckfurt, H. G. (1971). Freedom of the will and the concept of a person. *The Journal of Philosophy, 68*, 5-20. [Tradução francesa em Neuberg, M. (1991). *Théorie de l'action* (pp. 253-269). Liège: Mardaga.]

Freud, S. (2016). Três ensaios sobre a teoria da sexualidade. In *Obras completas: Três ensaios sobre a teoria da sexualidade, análise fragmentária de uma histeria [O caso Dora] e outros textos* (vol. 6, P. C. de Souza, trad., pp. 13-155). São Paulo: Companhia das Letras. Publicado originalmente em 1905.

Laplanche, J. (1970). *Vie et mort en psychanalyse* (vol. I). Paris: Flammarion.

Pankow, G. (1981). *L'être-là du schizophrène: contributions à la méthode de structuration dynamique dans les psychoses.* Paris: Aubier Montaigne.

Prayez, P. (1993). *Le toucher en psychothérapie: l'érotisation contenante* (Tese de doutorado). Université Censier Paris VII, Paris.

3. A interpretação psicossomática da esquizofrenia e a hipótese da somatização cerebral[1]

A hipótese que eu gostaria de submeter à apreciação foi construída após as descobertas sobre as desordens neurobiológicas associadas à esquizofrenia. Mesmo que os conhecimentos adquiridos nesse domínio ainda tenham um caráter parcial, eles são suficientemente consistentes para atestar que a esquizofrenia está associada a anomalias das regulações neuropsicológicas cerebrais. Pode-se considerar que, na esquizofrenia, existe uma *doença neurológica*. Ou ela é funcional e reversível ou é lesional e irreversível (de modo que seria, no caso dessa última eventualidade, parcialmente compensável em virtude do princípio de vicariância[2] das funções).

Acaso o conhecimento e o reconhecimento de uma doença como essa são capazes de recolocar em questão a teoria psicanalítica, a qual, com frequência, advogou pela exclusiva psicogênese e

---

1 Traduzido por Paulo Sérgio de Souza Jr. do original "L'interprétation psychosomatique de la schizophrénie et l'hypothèse de la somatisation cérébrale". *Entrevues*, 17, 34-45, 1990.
2 O princípio de vicariância, em medicina, diz respeito à capacidade que um órgão do corpo tem de suprir a insuficiência funcional de outro. [N. T.]

pela ausência de substrato orgânico da esquizofrenia? O tom deste texto é hermenêutico. Os dados empíricos não serão discutidos aqui, ainda que estejam na base da elaboração teórica.

Essa última se esforça para levar em conta a dimensão orgânica da esquizofrenia sem romper a coerência conceitual da psicanálise. Ela consiste em considerar a doença ou a síndrome neurológica da esquizofrenia como uma *somatização*, cuja única particularidade com relação às outras somatizações é não atingir uma víscera periférica, mas uma víscera central: o cérebro.

Se essa hipótese é intelectualmente fácil de admitir, ela implica uma série de questões intermediárias que necessitam de um exame aprofundado:

1) O que é uma somatização e em que condições se pode considerar que as desordens neurobiológicas da esquizofrenia são do foro de um processo como esse?

2) Se o encéfalo é vítima de uma somatização na esquizofrenia, quais são as condições específicas que presidem o desencadeamento dessa somatização, de preferência uma somatização que atinge um outro órgão?

3) Que implicações uma hipótese como essa pode ter para a concepção prática do tratamento das psicoses e para a própria teoria psicanalítica?

Teoria do processo de somatização

Hoje em dia, existem muitas concepções psicanalíticas do processo de somatização. As mais conhecidas estão associadas aos nomes de Marty (1976, 1980) e Fain (1981), McDougall (1982), Sami-Ali (1984) e Pankow (1973), na França; Engel, nos Estados

Unidos; Lefebvre, no Canadá; Rosenfeld, na Grã-Bretanha; Boss (1959), na Suíça – todos eles desenvolvendo teorias bastante divergentes.

A concepção que subjaz este artigo integra à teoria psicanalítica algumas noções emprestadas da fenomenologia (Dejours, 1986, 1989). Disso resulta uma redistribuição dos valores atribuídos a alguns conceitos psicanalíticos. É o caso do "apoio", que ocupa então um lugar central e adquire um estatuto simultaneamente empírico e teórico.

O apoio

O apoio é um conceito freudiano que designa o processo pelo qual um *órgão*, originalmente destinado a uma função biológica precisa e codificada geneticamente (como a boca, por exemplo, destinada à função de nutrição), é progressivamente "desviado" dessa vocação primeira para servir a outros propósitos – a propósitos eróticos, mais precisamente. O apoio pode ser relacionado a uma fórmula mental em virtude da qual não é verdade que minha boca servirá exclusivamente para a nutrição: ela também me servirá para chupar, para mordiscar, para beijar e para todos os joguinhos sexuais da minha vida erótica.

Logo, o apoio funciona essencialmente como uma *subversão dos órgãos*, da sua "programação" biológica originária, em prol de uma vocação erótica segunda. E de subversão de órgão em subversão de órgão, é um novo corpo que aos poucos se constrói – um segundo corpo: "*o corpo erótico*". E este obedece a uma ordem diferente da ordem biológica, a saber: a ordem da sexualidade, no sentido freudiano do termo. Esse segundo corpo não substitui o corpo fisiológico. Ele não passa de uma subversão deste; ele se apoia nele durante toda a vida, ano após ano, com crises que são – as mais notáveis dentre elas –, justamente, escandidas por doenças do corpo, isto é, por somatizações. Com o tempo, aliás, o apoio, sempre precário, acaba perdendo a partida e uma somatização fatal toma conta de nós – desde que tenhamos escapado, todo esse tempo, das catástrofes naturais, industriais e político-militares.

A subversão diabolizante[3]

O apoio opera, portanto, antes de mais nada, como um processo de descolamento, de extração do funcionamento erótico a partir do funcionamento biológico. É esse trabalho de descolamento – ao qual se pode dar o nome de "processo diabólico" ou "diabolizante" – que, nessa concepção, está no próprio fundamento, na própria gênese da construção do sujeito. A subversão diabolizante pelo apoio tem de ser comparada com a simbolização que procede por um movimento inverso: seria o caso, então, de recolar aquilo que foi descolado – mas sem nunca ter êxito pleno, sem nunca chegar a um retorno exato ao ponto de origem. A busca por esses reencontros sempre faz aparecer certa histerese, que está no próprio cerne da simbolização. Segundo esse ponto de vista, jamais haveria simbolização caso não houvesse, previamente, subversão diabólica no nível do próprio corpo. Nas zonas do corpo que não se beneficiaram da subversão diabolizante pelo apoio, constituem-se zonas de fragilidade para a economia erótica – zonas às quais voltarei em breve. Essas considerações sobre a construção da economia erótica levam a indagar a respeito das condições de possibilidade da subversão libidinal.

---

[3] Diabolização, no sentido etimológico, designa a oposição à simbolização, com o sentido de separação. [N. T.]

As condições do apoio

O apoio não é espontâneo. Ele deve ser feito, e sempre refeito; o corpo erótico deve ser construído e reconquistado ao longo da vida. Mas a primeira etapa dessa obra de subversão é iniciada pelas relações da criança com os pais. Não vou entrar em detalhes a respeito dessas relações, que foram estudadas a partir da clínica e de um trabalho de elaboração e de reconstrução – a posteriori (*Nachträglichkeit*) – da história singular de alguns pacientes somatizantes. Vou me ater apenas a frisar o seguinte:

- o jogo "pais-criança" em torno do corpo, em prol da subversão erógena, centra-se na vida erótica dos próprios pais entre si. Nessa concepção, a economia da vida amorosa dos pais e notadamente a "censura da amante" descrita por Braunschweig e Fain (1975) desempenham um papel determinante nas condições de possibilidade de construção da economia erótica da criança;

- o jogo da subversão implica a atividade de pensamento dos pais e da criança. É um processo que implica o funcionamento psíquico dos pais. As dificuldades sexuais desses pais inscrevem-se, assim, diretamente na construção do corpo erógeno da criança, a ponto de, por fim, ser possível decifrar os efeitos da transmissão (psicopatológica dos pais à criança) no nível do próprio corpo. No nível do corpo erótico, primeiramente; mas, como se vai ver, também no nível do corpo fisiológico – o que, é claro, é mais surpreendente. Com efeito, as problemáticas psicopatológicas dos pais inscrevem-se assim, ao que parece, até na anatomia e na fisiologia do corpo da criança.

A subversão libidinal

A subversão, como vimos, é primeiramente subversão dos *órgãos* e das *funções*. Ela é subversão em prol de uma nova ordem, a *ordem erótica*, e de um segundo corpo, o *corpo erógeno*. Ela é, também, subversão diabolizante.

De fato, ela é subversão *libidinal*, sobretudo. É nesse aspecto do apoio que Laplanche insiste essencialmente ao mostrar que a pulsão é derivada da função e que, ao fazê-lo, uma parcela da energia instintual é derivada – "pervertida", diz ele (Laplanche, 1970); subvertida, diria eu – para produzir libido. A libido, isto é, a energia sexual, é captada e subvertida da energia instintual, do mesmo modo que o trabalho mecânico é subvertido, pelas pás do moinho, do impulso do rio.

Geralmente, as análises teóricas – as de Laplanche e de Freud, em particular – detêm-se nesse ponto para prestar contas das relações entre o corpo e o funcionamento psíquico via subversão pulsional: interessam-se apenas pela forma como a psique se desprende do corpo, como a pulsão se diferencia do instinto. Pode-se se perguntar legitimamente, no entanto, quais são, em contrapartida, os efeitos dessa subversão de energia sobre as próprias funções fisiológicas.

Na metáfora do moinho, a eletricidade produzida representa a libido. As cheias e vazantes do rio representam os ritmos biológicos. O leito do rio representa a anatomia do corpo fisiológico. Quando se constrói um moinho ou uma barragem, modificam-se os efeitos das cheias e das vazantes sobre o leito do rio, a montante e a jusante; modificam-se a flora e a fauna. E se, por um lado, causam-se danos ecológicos, às vezes também se protegem das inundações as margens e seus habitantes. Os ritmos endócrino-metabólicos que caracterizam o funcionamento do corpo fisiológico são, da mesma maneira, rearranjados pela subversão libidinal que deriva uma parte da energia instintual. Graças à subversão libidinal, a sexualidade da mulher se livra parcialmente dos ritmos biológicos menstruais. Mas se a vida erótica se vê liberta do estro e da menopausa, a contraparte a pagar por essa nova liberdade é o fato de ser impossível retornar ao estado selvagem sem ocasionar danos. O humano adulto é definitivamente um animal desnaturado. Assim, as próprias fisiologia e anatomia são marcadas, por sua vez, pelas especificidades do desenvolvimento singular da subversão libidinal.

Os desacertos da subversão erógena

Se voltamos ao desenvolvimento da sexualidade, compreendemos que os desacertos da relação pais-criança na construção do corpo erótico traduzem-se, no fim das contas, na demarcação de algumas zonas do corpo. Nessas zonas onde a subversão erógena foi incompleta, insuficiente ou perversa, cristaliza-se uma animalidade. Conforme a hipótese que estou evocando aqui, é nesse nível que se encontram marcados, de forma específica, os pontos de fragilidade do corpo, isto é, os pontos onde ulteriormente eclodirão, em caso de crise psicopatológica, as somatizações. Assim, as somatizações não atingirão o corpo em lugares quaisquer, ao acaso, mas especificamente naquelas zonas onde as funções fisiológicas não foram corretamente subvertidas em nome da sexualidade.

Para dizer noutros termos, quando, em psicossomática, se coloca a famosa questão da "escolha do órgão" no processo de somatização, a questão talvez não esteja corretamente formulada. Mais que procurar compreender por que aquele órgão é atingido, seria preciso se perguntar qual é a *função* que a somatização tem como alvo. Nessa perspectiva, o órgão atingido é um dos órgãos que estão implicados na função cuja erogeneidade teria sido insuficientemente diabolizada em sua fonte fisiológica.

A escolha pela somatização cerebral

Trata-se, agora, de examinar as condições psicopatológicas que poderiam presidir a escolha por uma somatização cerebral, preferencialmente a uma somatização cardiovascular, respiratória, articular ou cutânea.

Na concepção psicossomática que esbocei rapidamente, a escolha do alvo do processo de somatização incide numa função. Uma vez realizado o processo de somatização, de algum modo ele revela que a função fisiológica atingida não havia trazido plenamente a sua contribuição à organização do corpo erótico.

A cognição, função fisiológica

Para tentar compreender como o cérebro é atingido nas psicoses, é preciso fazer um desvio pela psicologia cognitiva e pela linguística. Os psicanalistas mostraram que, nos fracassos escolares infantis, a vida psicoafetiva estava implicada. Os sucessos espetaculares do auxílio psicoterápico às crianças com dificuldade escolar conduziram a derivações teóricas dificilmente aceitáveis hoje em dia. Chegou-se progressivamente a crer, na comunidade psicanalítica, que toda a atividade de pensamento – e a linguagem, em particular – seria essencialmente psicoafetiva e que a sua investigação competiria exclusivamente à psicologia dinâmica. Os debates são antigos e acalorados, e particularmente marcados pelos trabalhos de psicólogos como Wallon e Piaget – os quais mostravam amplamente que as competências cognitivas são do foro de um determinismo e de uma genética própria, e não apenas do ambiente psicoafetivo. Num domínio vizinho, os linguistas – e especialmente aqueles que se ocupam da neuropsicologia e da afasiologia – mostraram que a linguagem, até mesmo a própria gramática, construíram-se por meio de operações que são independentes, em grande parte, do desenvolvimento psicoafetivo. Sem entrar aqui nos complexos debates sobre a aprendizagem, vou me contentar em reconhecer a legitimidade de uma linguística e de uma psicologia cognitiva que, como afirma Piaget, são efetivamente ramos da *biologia*. O que redunda em dizer que a competência linguística, bem como as competências cognitivas e intelectuais, são *funções biológicas*, do mesmo modo que as funções locomotora ou imunológica, as funções respiratória ou reprodutora.

Subversão libidinal das funções cognitivas

Se as funções intelectuais e linguísticas são "programadas" geneticamente e requerem encontros específicos com solicitações ambientais para advirem, serem selecionadas e serem estabilizadas, elas não escapam, no entanto, aos desafios da subversão libidinal. Quando essa subversão ocorre na troca criança-pais, os mecanismos apreendidos da atividade intelectual e linguística sofrem uma derivação pulsional que resulta no desvio parcial do pensamento formal para o pensamento dito *pré-consciente*: a erotização do pensamento, que se dá a ver na forma da curiosidade, do desejo de saber, da epistemofilia e da imaginação – com toda a sua caravana de aberrações, de fantasias, de teorias infantis, de ciladas à base de atos falhos e de lapsos etc. Esse pensamento se caracteriza por derivações associativas que debocham, em certa medida, da lógica dos raciocínios e das operações intelectuais aprendidas. O funcionamento de um pré-consciente, com suas características singulares, testemunha a subversão diabolizante, pelo sujeito, das competências cognitivas geneticamente codificadas.

Função cognitiva e somatização cerebral

Num primeiro momento de pesquisa em psicossomática, eu me interessei – como a maioria dos psicossomatistas – pelas doenças viscerais periféricas. E procurei detectar, por meio do trabalho analítico com a transferência com esses pacientes, como ocorrera a subversão libidinal neles, em suas relações precoces com seus pais. Acabei encontrando, no fim, as seguintes características: certas zonas do corpo haviam sido barradas do jogo erótico com os pais. Essas zonas barradas respondiam aos impasses psiconeuróticos dos próprios pais. Isso não tem nada de original. O que tem de mais nisso é a maneira como se efetua a exclusão, de algumas zonas do corpo, da troca libidinal estruturante com os pais: os pais impedem a criança de pensar, estagnam o pensamento da criança quando ele se aproxima de certas zonas do corpo da criança que lembram o fracasso dos pais em fazer participar, em seus próprios corpos, as zonas homólogas em prol da troca erótica. Para estagnar o pensamento da criança, utilizam estratagemas específicos, nos quais a violência ocupa um lugar central: batem nela, por exemplo, de modo a sobrecarregar seu aparelho psíquico com percepções; de modo a fornecer à criança quantidades de excitação superiores àquelas que ela consegue ligar; de modo a colocá-la em estado de medo ou de trauma, no sentido psicanalítico – e estagnam, assim, o pensamento de seus filhos. Nessas zonas do corpo virtualmente perigosas para a perenidade da relação entre a criança e seus pais, cristaliza-se uma reatividade que servirá de ponto de decolagem para as futuras somatizações.

Nas psicoses, e especialmente na esquizofrenia, creio que os pais procedem de modo diferente. Não se trata, para eles, de *estagnar* o pensamento do filho quando ele beira as zonas do corpo implicadas em suas próprias angústias psiconeuróticas em relação à sexualidade. Eles procedem de outra forma; não batem na criança. Procuram, antes mesmo, *desviar* o pensamento da criança, desqualificá-lo, pervertê-lo. Enquanto o pensamento elaborado da criança não os angustia, conseguem manter boas relações com o corpo do filho. Mas quando a curiosidade intelectual integral entra em jogo (notadamente com o acesso à linguagem e à simbolização), quando a criança dá mostras de "curiosidade" (e tenta elaborar teorias sexuais, um romance familiar e uma história de suas origens), ela desencadeia a angústia dos pais. Eles se defendem desqualificando o pensamento da criança. Eles o deformam, enquadram-no no *nonsense* e no absurdo; fazem com que diga outra coisa que não aquilo que ele está tentando dizer. Mas, de modo algum, procuram paralisar esse pensamento, como no caso anterior. Os pais toleram o pensamento da criança, mas induzem-na ao erro. Isso foi amplamente mostrado pelos psicopatologistas que trabalham na interdisciplinaridade com as correntes pragmáticas e dialógicas da linguística, como pelos especialistas da análise sistêmica.

Nessas condições, as competências cognitivas da criança podem se desenvolver enquanto não servirem ao apoio de uma curiosidade e de uma imaginação eróticas. De modo que, por vezes, se o meio educativo é propício, essas crianças chegam a boas performances intelectuais. Às vezes, até melhores que a média, pois, por conta da ausência de subversão libidinal e de constituição de um pensamento pré-consciente, elas escapam dos inconvenientes dos retornos do inconsciente recalcado e passam, então, por menos fracassos que as outras crianças nas provações ordinárias da atividade escolar – crianças que, em contrapartida, têm de consentir um bocado com a erotização do pensamento e com a construção do funcionamento pré-consciente.

Assim, as funções cognitivas e linguísticas seriam especificamente visadas no desenvolvimento sexual do futuro psicótico, com dissabores mais ou menos graves durante a infância, em função da focalização eletiva do ataque parental contra a subversão libidinal dessas funções.

Essas funções cognitivas e linguísticas, como se sabe, implicam circuitos neuronoassociativos entre o cérebro que integra as funções viscerais e o cérebro que integra as funções endócrino-metabólicas – isto é, o diencéfalo e o sistema límbico, de um lado, e o cérebro cortical, de outro. Assim, os sistemas mesocorticais seriam os órgãos nos quais o processo de somatização decolaria quando das descompensações que ocorrerem ulteriormente.

Para resumir aquilo que está em jogo na escolha do órgão nas somatizações – conforme se trate de somatose ou de psicose –, direi que, quando os pais se esforçam por *desqualificar* o pensamento erotizado da criança, eles preparam o campo para somatizações *cerebrais*; e quando se esforçam por estagnar ou *paralisar* seu pensamento, preparam o campo para somatizações *viscerais periféricas*.

Somatizações e crises psicopatológicas

Disso que acabou de ser dito resulta a conclusão de que sempre haveria, em toda crise psicopatológica, uma somatização. O que varia é a sede dessa última, apenas; variam apenas a função e, para além disso, o órgão ou os órgãos – e isso em razão da especificidade do manejo do pensamento da criança por seus pais ao longo dos esforços que ela realizou para construir seu corpo erótico.

Todo estado psicopatológico deveria, então, ser considerado em seu duplo aspecto: das desordens em seu funcionamento psíquico e em sua atividade de pensar, de um lado; das desordens em seu funcionamento fisiológico, até mesmo em sua organização anatômica, de outro.

A dificuldade para conceber essa dupla expressão de toda e qualquer doença vem do desenvolvimento histórico da psicopatologia. Na psiquiatria das doenças mentais clássicas, localiza-se aquilo que surge o mais ruidosamente e tenta-se explicar tudo no registro mental, pois não se capta facilmente a exteriorização direta da encefalopatia que o acompanha, na medida em que não se dispõe – como veio a ser o caso, atualmente – de métodos paraclínicos suficientemente elaborados.

Ao contrário, nas doenças somáticas clássicas – isto é, na somatização visceral periférica – vê-se, primeiro, as desordens fisiopatológicas porque elas são as mais ruidosas. E, ao fazê-lo, não se presta atenção no que se passa do lado do funcionamento psíquico.

É mérito dos psicossomatistas da Escola de Paris terem se debruçado sobre o funcionamento psíquico de pacientes somatizantes. E eles descobriram distúrbios importantes. Mas eles os descreveram apenas na forma de um déficit do pensamento, insistindo naquilo que falta na mentalização (o fantasiar e o funcionamento pré-consciente) para desembocar, no fim das contas, na ideia de que esses pacientes não teriam mais atividade de pensamento – seja intermitente, seja permanentemente.

Hoje, essa concepção deve ser revista. A atividade psíquica desses pacientes continua, sim, durante a somatização, mas ela se desenrola numa outra cena, necessitando que se recorra a métodos de investigação que não eram usuais alguns anos atrás. A verdade é que na somatização visceral, não mais que na somatização cerebral, não há passagem do psíquico ao somático. Toda crise, toda descompensação seria, antes mesmo, simultaneamente somática e psíquica.

Compensação e descompensação

Isso nos coloca a pergunta que, creio eu, já deve ter ocorrido ao leitor. Já que as zonas do corpo que não se beneficiaram da subversão diabolizante são delimitadas entre o nascimento e a puberdade, como é que as doenças não se manifestam desde esse período inicial, de modo que alguns pacientes só descompensam tardiamente, ou até mesmo uma única vez, na hora de morrer?

É um enigma essencial, de fato. Uma resposta parece poder ser esboçada: ou o conflito sobre a troca diabolizante com os pais não encontra saída e assume formas dramáticas desde a infância, deixando surgir, na sequência, crises ou descompensações, quer sua forma seja dominada pelos sintomas psíquicos ou pelos sintomas somáticos (psicose infantil ou somatização da criança) – tanto num caso como no outro, pode-se procurar e se vai encontrar, ao mesmo tempo, desordens somáticas e desordens psicossexuais –; ou o conflito entre a criança e seus pais se atenua a ponto de se tornar silencioso, e de permitir compensação e boa saúde (mental e física).

Nesse último caso, trata-se de saber como a criança se tira dessa situação, sem descompensação. Parece-me que o procedimento utilizado pela criança é "*a identificação com a mãe na comunidade da recusa*", descrita novamente por Braunschweig e Fain (1975). Essa identificação com a mãe na comunidade da recusa permite a organização de uma clivagem eficaz que estende seus prolongamentos até o inconsciente. Clivagem tópica que ecoa um corpo funcionando no silêncio dos órgãos e numa economia erótica incompleta – compatível, porém, com a saúde (se não, por vezes, favorável a ela). A descompensação ocorreria quando essa organização mental – a clivagem – cede. Ou seja, quando ocorre uma prova de realidade que solicita a zona de sensibilidade do inconsciente na tópica da clivagem (Dejours, 1986). Isso corresponde, antes de mais nada, aos encontros – especialmente os amorosos – que não respeitam a identificação com a mãe na comunidade da recusa. Isto é, quando o parceiro não quer funcionar como os pais do paciente. Os encontros amorosos são, assim, uma das ocasiões particularmente temíveis, nos quais por vezes as falhas do corpo erótico já não conseguem ser veladas pela clivagem e a proteção parental. As descompensações não são, em todo caso, o apanágio dos lutos e das perdas de objeto, ainda que suas consequências possam ser, perante a clivagem e a descompensação, muito comparáveis às do encontro amoroso.

Nesse último caso, o desaparecimento do objeto de amor – que funcionava como bom parceiro da identificação com a mãe na comunidade da recusa – deixa o sujeito, de algum modo, sem defesa perante os riscos de novos encontros intersubjetivos e de solicitações da zona de sensibilidade do inconsciente (Fain, 1981).

Consequências práticas

As condições da cura

Se pudemos explorar por um tempo a hipótese da "subversão diabolizante", voltemos à questão da saúde por outro caminho, a saber: o das condições da "cura". Na perspectiva que acaba de ser desenvolvida, a saúde – que, da mesma forma que as doenças, é simultânea e indissociavelmente física e mental – fundamenta-se e estabiliza-se graças aos jogos que os dois corpos mantêm entre si: corpo fisiológico e corpo erótico. Quando os dois corpos são bem diferenciados um do outro, sua estabilização é garantida por um jogo complexo que não vou desenvolver aqui e que poderia ocorrer especificamente na alternância entre o orgasmo e o sonho (Dejours, 1986). Mas essa estabilização é sempre suscetível a se desfazer. Os movimentos de organização e de desorganização, de vida e de morte, ocorrem então entre subversão diabolizante por apoio e crise psicossomática que resulta em desapoio.

Após uma crise, para recobrar a saúde – isto é, para reorganizar a economia psicossomática –, seria necessário repassar pelo processo de apoio e de subversão libidinal, que seria o caso de repermeabilizar. Seria ainda preciso, para tanto, que o primeiro corpo – isto é, o corpo fisiológico – estivesse num estado satisfatório. Se o corpo continua doente, o apoio pode ser meramente precário, até mesmo impossível. Então, é útil cuidar desse corpo biológico doente com os métodos medicinais de costume. Contrariamente ao que frequentemente afirma uma determinada glosa psicanalítica, a cura do corpo por técnicas medicinais nem sempre é ilusória e não engendra sempre a ressurgência de outros sintomas, de outras doenças ou de recidivas. Isso depende, uma vez restabelecido o corpo, da retomada ou não de um diálogo intersubjetivo repermeabilizando a voz do apoio e restabelecendo a economia erótica. É frequentemente esse o caso, graças ao círculo próximo do paciente ou graças à relação transferencial, ainda que não perlaborada, com o médico que o trata.

Noutros casos, chega-se a dispensar o tratamento médico clássico do corpo biológico que sofre. A retomada da vida psicoafetiva basta, então, para livrar o corpo biológico da coerção econômica que o desestabilizava por conta do desapoio. Mas em diversos casos, as desordens somáticas são apenas funcionais; e apesar dos esforços psicoterápicos, uma doença orgânica evolutiva permanece.

É assim com a diabetes insulinodependente, com a doença de Basedow,[4] com a insuficiência coronária etc.

Se, graças a um tratamento médico, chega-se a reconstituir uma economia somática – artificial, mas vivível –, então o trabalho psicoterápico pode assumir para tentar reestabilizar um corpo erótico no qual o paciente pode viver; e, para além disso, notadamente reforçar – até mesmo estabilizar – sua economia somática e bloquear a evolução dos processos fisiopatológicos. Eis, então, uma forma de cura – ou melhor, de cicatrização – confiável e duradoura.

Tratamento de psicoses e da esquizofrenia

O que acaba de ser dito a propósito da diabetes ou das doenças viscerais é verdade, como vimos nessa perspectiva psicossomática; da esquizofrenia, também – doença ao mesmo tempo somática e psíquica. Assim, os medicamentos psicotrópicos, os eletrochoques, os tratamentos de sono são meios dos quais a psiquiatria dispõe para tratar a somatização cerebral, isto é, a encefalopatia associada à esquizofrenia. Ainda que, nessa matéria, os tratamentos sejam muito menos evoluídos e precisos do que em muitas outras afecções somáticas, não é menos verdadeiro que se trata de uma abordagem que promete grandes desenvolvimentos.

Assim, a perspectiva psicossomática sobre a somatização cerebral na esquizofrenia advoga pela separação preconizada pelos psicanalistas entre os dois atendimentos: tratamento neurológico ou neuropsiquiátrico, de um lado; tratamento psicoterápico, de outro – como se faz quando, em psicossomática, tratamos de um paciente

---

4 Hipertireoidismo. [N. T.]

acometido de diabetes ou de doença de Crohn,[5] que se beneficia, paralelamente à psicoterapia, de cuidados médicos convencionais.

A questão do corpo no trabalho psicoterápico

Isso evidentemente não é muito original. Talvez o que seja um pouco mais seja a importância, nessa perspectiva, do lugar que se é levado a atribuir ao corpo nas psicoses. Como se vê, o corpo não é o apanágio dos médicos – nem que fossem neurologistas ou psicofarmacoterapeutas. *O corpo também se encontra no centro do próprio trabalho psicoterápico.* Trabalhar analiticamente com o sentido ou com a significação de um delírio ou de uma produção alucinatória é insuficiente. Atingimos aqui os limites da interpretação do sentido como método de tratamento psicoterápico. A perspectiva psicossomática sugere, antes mesmo, procurar atingir o nível da subversão diabolizante dos dois corpos, e trabalhar diretamente com vistas a permitir a reconstrução do corpo erótico.

É nesse nível que se situa, na prática, a divergência entre o que é implicado pela abordagem psicossomática que acaba de ser apresentada e a abordagem psicanalítica clássica das psicoses – particularmente da esquizofrenia.

Faz tempo que alguns autores já se engajaram nessa via, que toma o corpo como centro de gravidade do trabalho psicoterápico. No domínio da loucura, o corpo tem de ser reconstruído, como nas doenças viscerais em que, por fim, encontramos também um corpo erótico atresiado[6] e apresentando diversas similaridades

---

5 Afecção intestinal inflamatória e crônica que afeta o revestimento do trato digestivo. [N. T.]
6 Atresia consiste na oclusão dos dutos ou orifícios corporais. [N. T.]

com o corpo erótico do psicótico – ainda que haja, nesse nível, diferenças que não desenvolveremos aqui.

Ainda é preciso insistir sobre o fato de que, por vezes, se encontrem desordens do corpo erótico que associam distúrbios habitualmente encontrados em psicóticos a distúrbios habitualmente encontrados nas somatoses. São os casos em que duas sintomatologias somáticas – encefálica e visceral – são associadas ou alternantes. Nesse domínio da abordagem do corpo erótico e de sua reconstrução, parece-me que os aportes da fenomenologia são particularmente interessantes; e penso que a psicossomática poderia se beneficiar de uma abordagem psicoterápica como aquela que Gisela Pankow (1973) desenvolve, incidindo especificamente na reestruturação dinâmica da imagem do corpo.

A concepção das psicoses – e, dentre elas, da esquizofrenia – que se pode construir a partir do ponto de vista psicossomático conduzirá, assim, a uma reunificação da psicopatologia, na medida em que já não haverá razão válida para manter a divisão clássica entre doenças mentais e doenças somáticas.

É claro que a interpretação psicossomática da esquizofrenia recompõe profundamente as bases do clássico debate epistemológico sobre o monismo e o dualismo. Restaria, então, para apreciar o valor dessa hipótese, reexaminar a questão das relações entre pensamento e cérebro e entre psique e soma.

Referências

Boss, M. (1959). *Introduction à la médecine psychosomatique*. Paris: Presses Universitaires de France.

Braunschweig, D., & Fain, M. (1975). *La nuit, le jour: essai psychanalytique sur le fonctionnement mental*. Paris: Presses Universitaires de France.

Dejours, C. (1986). *Le corps entre biologie et psychanalyse: essai d'interprétation comparée*. Paris: Payot.

Dejours, C. (1989). *Recherches psychanalytiques sur le corps: répression et subversion en psychosomatique*. Paris: Payot.

Fain, M. (1981). Vers une conception psychosomatique de l'inconscient. *Revue Française de Psychanalyse, 45*(2), 281-292.

Laplanche, J. (1970). *Vie et mort en psychanalyse*. Paris: Flammarion.

Marty, P. (1976). *Les mouvements individuels de vie et de mort, t. I: essai d'économie psychosomatique*. Paris: Payot.

Marty, P. (1980). *Les mouvements individuels de vie et de mort, t. II: l'ordre psychosomatique*. Paris: Payot.

McDougall, J. (1982). *Théâtres du je*. Paris: Gallimard.

Pankow, G. (1973). Image du corps et psychosomatique. *L'Évolution Psychiatrique, 38*, 201-213.

Sami-Ali, M. (1984). *Le visuel et le tactile: essai sur la psychose et l'allergie*. Paris: Dunod.

Sperling, M. (1946). Psychoanalytic study of ulcerative colitis in children. *Psychoanalytical Quarterly, 15*(3), 302-329.

4. O corpo entre biotecnologias e psicanálise: a propósito das reproduções medicamente assistidas (RMA)[1]

A sexualidade, como se sabe, está no centro da teoria psicanalítica. Isso, aliás, é o que a distingue de todas as outras teorias psicológicas. Porém, a sexualidade não pode ser pensada sem referência ao corpo: corpo como origem da sexualidade, de um lado; corpo como palco da própria sexualidade, de outro.

Mas de que corpo se fala, de fato, na psicanálise ordinária? A irrupção recente de novas técnicas biomédicas e bioindustriais mexem com as representações que psicanalistas e pacientes têm do corpo. Não sem mal-entendidos, não sem dificuldades, não sem conflitos éticos que repercutem na prática e na técnica psicoterápicas.

Bem antes da perplexidade provocada pelas reproduções medicamente assistidas, o estatuto atribuído ao corpo pelos psicanalistas já era equívoco e ainda não há consenso entre eles sobre um

---

[1] Traduzido por Paulo Sérgio de Souza Jr. do original "Le corps entre biotechnologies et psychanalyse: à propos des procréations médicalement assistées (PMA)". *Filigrane*, 2, 29-41, 1993.

conceito único de corpo. Em algumas correntes teóricas, inclusive, o corpo parece, simplesmente, estar ausente.

Começarei lembrando o debate já antigo a respeito do estatuto do corpo na medicina e na psicanálise. Examinarei, em seguida, como o estatuto teórico que se pode atribuir ao corpo tem consequências específicas para a análise que se faz dos distúrbios da função de reprodução. Por fim, me esforçarei por explicitar e justificar minha própria posição sobre o estatuto que se confere ao corpo em psicanálise e em psicossomática; e tentarei esboçar as implicações da minha escolha na técnica psicoterápica, ilustrando-a com um caso clínico.

Tendo em conta a orientação muito marcada do meu propósito, não tenho nenhuma intenção de preconizar uma posição ético-teórica particular. Não estou nem um pouco certo de ter razão, até mesmo porque a minha escolha está longe de aportar soluções ao conjunto dos problemas concretos encontrados na prática. E é preciso muitas. Meu projeto responde apenas ao cuidado de submeter minha própria prática à crítica dos colegas – o que, ao que me parece, continua sendo o único meio de evitar uma deriva descontrolada da teoria rumo ao delírio.

O corpo entre biologia e psicanálise

Para proceder à análise comparativa do estatuto do corpo em biologia e em psicanálise, é preciso ponderar sobre uma entidade clínica particular, caso não se queira ficar apenas nas abstrações e generalidades. Assim, várias entidades me serviram de ponto de partida: a angústia, a memória e o sonho (Dejours, 1986, 1989). Outros autores – como Laplane (1985), Dolle (1987), Tassin (1989) – puderam produzir, recentemente, análises muito interessantes sobre o *pensamento*. O exercício será retomado aqui a partir de uma outra questão: a sexualidade. Esta, com efeito, geralmente designa os mecanismos implicados na diferenciação sexual e na reprodução, de um lado; de outro, nos elementos relativos às condutas sexuais. Essa dupla valência contida no termo tem a vantagem de não clivar a *procriação* das *condutas* sexuais. Ao contrário, tomando a *"procriática"* como ponto de partida exclusivo da discussão, com frequência engajam-se debates que se poupam indevidamente da coisa sexual, como se as questões relativas à fecundidade, à esterilidade e aos artifícios colocados em ação para esconjurá-la pudessem ser encarados independentemente das relações amorosas do casal considerado. A outra vantagem de tomar esse exemplo como pretexto para a confrontação biológico-psicanalítica é precisamente o lugar central que a sexualidade ocupa na teoria psicanalítica. A irrupção das técnicas de reprodução medicamente assistida (RMA) revira a clínica da sexualidade e, por conta disso, permite formular algumas perguntas sobre o estatuto do corpo na prática clínica, na teoria psicanalítica e, para além disso, talvez, na sociedade contemporânea.

Paradoxo biopsicológico da sexualidade

Como prestar contas do paradoxo entre a impressionante *diversidade* das condutas sexuais conforme os grupos sociais e os indivíduos (que o psicanalista e o antropólogo descobrem), de um lado e, de outro, os mecanismos físico-químicos subjacentes à sexualidade, que parecem tão *regulares* de um indivíduo a outro e tão rigorosamente regrados (na lupa do biólogo)?

Sexualidades e busca de sentido

Ora, sexualidade e história infantil são coniventes. Todo encontro entre dois seres engaja a sexualidade, mas também a história infantil. Com efeito, o encontro erótico mobiliza não apenas a sexualidade na situação atual, mas sempre remete o sujeito à sexualidade de seus pais. E também ao enigma de suas origens, isto é, ao sentido da vida; logo, inevitavelmente, também ao enigma da morte. É até principalmente pela elaboração da sua sexualidade que o sujeito tem uma chance de acessar o sentido da sua vida. Sem dúvida, se vai objetar que, para a reflexão ontológica, pode-se também apelar ao percurso filosófico e metafísico, que não é sexual! É verdade, no entanto, em geral, as construções intelectuais – por mais hábeis, por mais estruturadas filosoficamente, por mais universais que elas sejam – não têm serventia alguma para o sujeito *angustiado* pela questão das suas origens e da sua morte. Essas construções intelectuais só podem ser reconfortantes para aqueles que escolheram investir sua angústia existencial na própria pesquisa filosófica, isto é, para aqueles que escolheram filosofar. As respostas intelectuais, se são dadas do exterior, não são funcionais no registro subjetivo. O sentido da vida, quando ele advém, passa por uma elaboração singular extraída da ação e da experiência vivida – isso segundo um percurso psicológico, e não filosófico. Cada um de nós, por sua própria conta e em função de seus próprios meios, é compelido a se engalfinhar com os enigmas da vida e da morte, caso queira elaborar o *sentido* da sua vida e tentar estabilizar, assim, a identidade que esforça por construir progressivamente.

Ora, as respostas à angústia da morte passam todas pela sexualidade: *a morte* só pode ser esconjurada pelo sujeito por meio da busca de uma imortalidade (que, com Hannah Arendt (1999), distinguiremos da eternidade) acessível por meio de dois procedimentos: a *criação e a procriação*. Tanto uma como a outra, segundo a psicanálise, bebem da mesma fonte pulsional; a diferença entre as duas é que a *criação* passa por uma dessexualização-sublimação dessas mesmas moções, as quais são implicadas na procriação.

Para a questão da vida – do porquê da minha presença no mundo, das origens da minha existência, das razões do meu sofrimento e dos meus desejos –, eu não saberia encontrar explicação independente da minha história singular, dos meus pais e, mais precisamente ainda, daquilo que, para mim, permanece enigmático quanto à *vida erótica deles*, na medida em que é justamente dela que sou fruto. É preciso se deter um momento nessa construção de sentido para identificar alguns desafios do debate entre biologia e psicanálise.

Sentido e história das origens

De onde essa criança vem? Ela é produto de quê? De uma história de amor entre seus pais, de um desejo de criança, de um erro de contracepção ou de juventude, de um abuso, de uma aventura, de um meio para tentar reconciliar pais separados, de uma tentativa de prender um parceiro infiel ou instável ou de um "acidente" lamentado por pais que não a desejavam? Para o clínico, é evidente que o inconsciente da criança, suas fantasias originárias e seu futuro são profundamente marcados por esses dados "reais" do contexto psicológico da concepção, da gestação e do nascimento. Marcados não quer dizer determinados. O sujeito pode se livrar parcialmente desse peso do real se ele encontra os meios de elucidar os componentes e as razões do contexto do seu nascimento. Aquilo que, não consciente até o momento, funciona sem o conhecimento do sujeito como causalidade do destino (Flynn, 1985) pode então ser esconjurado por um longo processo de reapropriação, no qual se dá a construção do sentido da sua existência e a conquista da sua identidade. O acesso à história e ao sentido não é, portanto, comparável a uma compilação de informações. É preciso ainda, para poder iniciar esse longo percurso, que a realidade do contexto psicológico seja *pensável*.

A criança, conforme a clínica psicanalítica atesta, é de uma aprimorada sensibilidade à angústia de seus pais (Langs, 1988). Que à criança seja confiada a responsabilidade fundamental de terapeuta dos pais é algo banal que, certamente, pesa em seu destino, mas que frequentemente também solicita a sua capacidade de pensar, de interpretar, de imaginar. Quando, em contrapartida, é demandado à criança que ela ocupe não mais o papel de um terapeuta, mas o lugar de um *medicamento* ou de um *calmante* (isto é, quando ela fica na situação de objeto parcial), as constrições que pesam em seu desenvolvimento psíquico e somático são muito mais alienantes. O risco em que ela incorre é o de desenvolver uma psicose ou uma somatose. Ora, as práticas atuais em matéria de RMA levantam essa questão de maneira bastante abrupta e fazem vir à tona o equívoco sobre a própria definição da sexualidade.

Sexualidade dos pais, RMA e identidade da criança

Com efeito, frequentemente a esterilidade é – como a psicossomática sugere – uma somatização. Isto é, uma modalidade que expressa um impasse psicopatológico na economia erótica do casal. Para os que demandam uma RMA, a esterilidade decerto ocasiona um "inconveniente secundário" (como se fala, noutras circunstâncias, em benefício secundário). Mas ela aporta, primeiro, um *benefício primário* que permanece frequentemente dissimulado, a saber: uma proteção contra os riscos de uma crise ou de uma doença com sintomatologia – mental, dessa vez, e não somática – nos pais (é esse o caso, por exemplo, nos casais em que a economia é organizada em torno do equilíbrio da violência entre os parceiros, e não em torno de questões eróticas *stricto sensu*). O "benefício primário" da esterilidade é, para os pais, evitar o conflito que a chegada de uma criança arrisca fazer surgir na economia conjugal: a esterilidade de um casal atesta, com frequência, uma *impossibilidade de arranjar um lugar psíquico para a criança* sem que o equilíbrio mental de um dos ou de ambos os pais encontre-se então ameaçado. O benefício primário é, portanto, a exclusão de um parceiro suplementar na relação a dois. Esse terceiro, recém-chegado, seria perigoso para a saúde mental dos pais.

O "inconveniente secundário" é não poder ser genitor. Se *logicamente* o fato de ser pai (ou mãe) e o de ter um filho são equivalentes, *psicologicamente* eles, definitivamente, não o são. É possível ter filhos e não ser pai, e é fundamentalmente possível ser pai sem ter concebido uma criança, como mostram as adoções. A esterilidade significa, por vezes, uma recusa *de criança*, ao passo que a demanda de cuidado significa uma recusa em aceitar a esterilidade. Contradição capital, portanto, já que se pode, ao mesmo tempo, recusar inconscientemente a criança e recusar conscientemente a esterilidade, porque ela é considerada uma mutilação. A confusão vem do fato de que, quando um casal fala de sua recusa da esterilidade, escutamos sistematicamente – e, com frequência, erradamente – que o casal quer filhos. O que, no entanto, definitivamente não é a mesma coisa.

Sem dúvida, o futuro da criança não se encontra ameaçado em todos os casos de RMA (como veremos adiante), mas sim naqueles em que uma dissociação como essa existe: se quer um filho para ter todos os atributos de um genitor no registro *narcísico*, mas não se quer um filho pelo filho em si – precisamente porque sua presença ameaçaria o narcisismo e a identidade dos pais. O *impasse narcísico*, caso se expresse por uma esterilidade, não necessariamente será curado pela RMA – pois ela apaga o sintoma de esterilidade, mas nem sempre cura a doença mental do pai em questão. *A criança é então, antes de mais nada, um medicamento paliativo do pai.* Em posição de objeto parcial, seu futuro psíquico e sua identidade encontram-se ameaçados.

Como a criança vai conseguir encontrar o fio da meada da sua origem e ter, assim, acesso à sua história e à de seus pais para elaborar o sentido da sua vida? Como poderá criticar a ambivalência do desejo de criança tão profundamente suspeito dos seus pais, para compreender o sentido da sua vida, ao passo que, no plano manifesto, esses últimos empregaram tantos esforços para fazê-la vir ao mundo?

O real contexto da sua concepção, qual é? Quem poderá lhe responder? Qual é o papel psíquico do médico na economia das relações parentais? Como situar os respectivos lugares do pai, do genitor, da mãe e da genitora? O médico é apenas um técnico? Ele é genitor? Ele é médico para os pais, ainda que bruxo malvado para a criança? Quando intervém assim, o médico assume uma responsabilidade com a saúde *da criança* e com a sua *identidade*, e não apenas com a saúde e a identidade dos pais. Até se poder intervir na própria concepção, artificialmente, graças aos progressos da biologia, *era impossível, para a medicina, curar um paciente com o auxílio do corpo e da vida de um terceiro.* Eis o que deixa o psicanalista perplexo diante desses desenvolvimentos médico--biológicos recentes.

No fim das contas, o risco da RMA é levar até o fim a dissociação entre as duas vertentes da sexualidade: procriação e economia erótica. O risco é, também, o da cumplicidade do biólogo ou do médico com a psiconeurose, até mesmo com a loucura dos pais, colocando em risco a vida mental da criança por vir.

Mas se existem esses riscos, que associam as práticas de RMA à constituição de uma criança-medicamento (tendo uma forte probabilidade de se ver barrado o acesso à identidade e de ela ser, então, condenada à doença mental ou somática), em contrapartida, é possível que certas RMAs advenham num contexto em que a dissociação entre parentalidade e procriação não esteja em questão (esterilidade não resultante de uma somatização: irradiação acidental, por exemplo). Nesses casos, seremos muito menos reservados quanto ao uso de uma RMA. Também não é impossível imaginar conjunturas psicopatológicas em que o nascimento da criança leve a remanejamentos afetivos nos pais de uma amplitude tal que, no fim, eles tenham sucesso em reajustar o alinhamento da parentalidade com a procriação. Diversas adoções por esterilidade sugerem isso, já que, logo depois da chegada da criança adotada na família, ocorre a cura da esterilidade (tanto nos casos de esterilidade ovariana quanto de azoospermia) – isto é, já que, logo depois da adoção, a mãe se encontra grávida sem intervenção de nenhum artifício médico. Por fim, o desenvolvimento da criança na família também pode, em seguida, levar os pais a descompensações, seguidas de reelaboração, que enfim permitirão que eles resolvam os seus problemas psicopatológicos – e, à criança, que ela pense as suas origens. Noutros termos, *não é possível tirar conclusões* nem proceder a generalizações em matéria de consequências psicopatológicas das RMAs.

Argumentação clínica

Para ilustrar o problema que estou tentando esboçar aqui, tomarei um exemplo clínico. Trata-se de uma mulher por volta dos

40 anos. Essa mulher é sem graça, sem charme. Ela não tem nenhuma elegância, nenhuma vaidade e é obesa. Helenista de profissão, expressa-se numa língua rigorosa e castiça. Veio se consultar comigo porque sofre de uma asma bastante debilitante, porque, às vezes, se sente à beira da violência e teme ocasionar danos aos seus próprios filhos. Ela sente que suas crises de asma têm uma relação com seus ataques de destrutividade e, como sou especialista em psicossomática, ela quer – sem nenhuma ilusão no que diz respeito ao resultado, aliás – tentar um trabalho comigo. No entanto, ela é descrente com relação à psicanálise e acha que tudo isso não passa de bobagem e exploração imoral, por parte dos psicanalistas, da credulidade ou do sofrimento alheios para ganhar dinheiro. Inútil, sem dúvida, fazer um longo desenvolvimento sobre a transferência; em todo caso, uma modalidade de encontro como essa é indício de uma agressividade colossal. É claro que, apesar disso, ela vem se consultar, mas unicamente com a perspectiva – quando muito – de se submeter à ação instrumental de um especialista com o qual ela não sente nenhuma cumplicidade; pelo qual ela não tem, nem *a priori* nem *a posteriori*, nenhuma simpatia. Ela opta por esse tratamento apenas porque tem razões éticas e religiosas em relação a seus filhos para tentá-lo; mas, certamente, não por desejo de cooperar. Se tivesse de haver cooperação, seria uma cooperação completamente passiva. Ela espera do analista que ele funcione exatamente como um médico ou um cirurgião. Não é o que se chama de uma "demanda de análise". No entanto, a paciente está lá e retorna pontualmente a todas as sessões. Evidentemente, eu me indago a respeito do tipo de relações que essa mulher tem com seu marido, com seus pais, com seus filhos. A julgar pela relação que ela estabelece comigo, me preocupa um bocado o que possa se passar com ela no registro do amor, do desejo e do corpo. E me preocupo, sobretudo, com as crianças que ela evocou e que ela teme destruir. Por que um ódio como esse contra elas, então?

No decorrer dessa primeira sessão, ela me conta a seguinte história: casou-se com um jovem viúvo pai de dois meninos. Como há certa diferença de idade entre as duas crianças, ela decide adotar outro menino para fazer companhia ao mais velho. Assim que se casa, fica grávida de uma menina, que é apenas um pouco mais jovem que o caçula dos dois filhos do pai. Tudo está em ordem, então, nessa lógica distributiva de emparelhamento subscrita pelo pai – que é engenheiro de alto escalão; filho de uma família de doze irmãos e criado numa burguesia do Norte da França em moldes disciplinares próximos aos do exército.

E daí essa mulher fica estéril. Por muitos anos, todas as tentativas de ter um filho fracassam. Ela consulta uma equipe médica especializada nas RMAs, que a trata durante oito anos. Descreve o calvário das cópulas sob encomenda e das assombrosas restrições de calendário impostas ao casal. De todo modo, acabam fazendo com que ela engravide. Nasce um menino. O casal adota, então, uma criança gabonesa da mesma idade, consoantemente ao princípio distributivo por pares sempre em uso.

Para ela, o comportamento das crianças deve-se, sobretudo, ao patrimônio genético. O registro afetivo não parece, aliás, representado em sua concepção do mundo. O desenvolvimento cognitivo e os desempenhos intelectuais são o que conta. Com 5 anos, o último da prole conjugaria perfeitamente o imperfeito do subjuntivo. Quanto ao pequeno gabonês, ele tem bons desempenhos no registro esportivo, mas é um zero à esquerda na escola. Ali também é uma questão genética. Aliás, é um negro, logo, ele é mais próximo do macaco que do homem (*sic!*).

Para essa paciente, então, qual é o lugar ocupado pelas crianças? Por que ela teimava tanto em ter filhos, sendo que não expressa nenhum sentimento por eles, a não ser uma agressividade que, às vezes, a preocupa? Aliás, sem realmente se culpabilizar, o que é bastante impressionante. Essa mulher nunca pronuncia, diretamente, nem uma palavra sequer que remeta culpa. As coisas parecem, isso sim, se ordenar em torno de uma lógica de tipo econômico e cognitivo: levando em conta todos os investimentos – no sentido próprio e no figurado – realizados nas crianças, os resultados deveriam ser melhores. Mas eles são ruins. Há, então, algo que claudica: tem um erro em algum lugar – e eu, perito que sou, fui convocado para elucidar o mistério, fazer uma "auditoria" e formular recomendações (como se faz na indústria).

Por que ter filhos? Essa mulher é crédula, teve uma formação religiosa, chegou até a pronunciar votos provisórios; gostava um pouco demais que a disciplinassem, com um masoquismo que preocupou seus superiores e que fez com que a expulsassem da ordem em que estava tentando entrar. Para ela, a vida só tem sentido no trabalho intelectual e no serviço a Deus. A sexualidade, no sentido da economia erótica, muito simplesmente não tem sentido. É preciso ter filhos porque viver para si não tem nenhum sentido possível – só pode ser egoísmo, sem finalidade.

Noutros termos, creio que, para essa mulher, ter filhos é uma *necessidade*, mas não no registro do clássico amor materno: trata-se da oportunidade de exercer seu talento no domínio da educação, da instrução, da formação, da recapitulação dos conhecimentos, da transmissão de um patrimônio educacional. Sem essa tarefa – que, aliás, não tem nada de fundamentalmente heterogêneo em relação à faina ou à corveia inerente a toda atividade de trabalho ou aos deveres para com o Senhor, que nos deu a missão de procriar e educar – a vida, muito simplesmente, não pode ser vivida. Sem encontrar outra ação beneficente, só restaria morrer. Há, na atitude dessa mulher para com seus filhos, algo que se assemelha a uma caridade que honraria, sobretudo, aquela que a faz.

O resultado não é brilhante: o filho mais velho do esposo, que ela educou, beira a psicopatia e deve seu frágil equilíbrio unicamente à sua profissão de sargento da ativa numa unidade combatente do exército. O primeiro filho adotado é débil e inadaptado socialmente. O segundo filho do marido se saiu brilhantemente bem nos estudos, mas flerta com o alcoolismo. A filha biológica, muito brilhante intelectualmente, teve de ser internada em hospital psiquiátrico com uma anorexia mental manifestamente psicótica. E as duas últimas crianças, que têm apenas 5 anos, estão atualmente diante de enormes dificuldades escolares. Ela rejeita todos os filhos, cujos comportamentos bizarros atribui unicamente aos genes; filhos que ela não consegue se impedir de desprezar.

O marido, de sua parte, trabalha bastante. Ele tem todas as qualidades, sem exceção, especialmente a calma... olímpica! Nunca se angustia, nunca pestaneja e, aliás, não fala – por assim dizer – nem com a mulher nem com as crianças.

Nenhuma razão médico-biológica particular pôde ser identificada na repentina esterilidade dessa mulher, que está por volta dos seus 27 anos. Penso, então, ser preciso, na perspectiva psicossomática, considerar essa doença somática como uma recusa inconsciente, mas não recalcada, em ter outros filhos depois da menina. Ela não consegue, aliás, se situar em relação a um filho tomado em particular, a ponto de ser absolutamente necessário dar a cada um deles um companheiro de jogo, um binômio; e isso não apenas para evitar que se entedie e para mascarar a incapacidade que ela tem de brincar com uma criança, mas para sempre colocar um terceiro entre ela e cada filho – e se proteger, assim, de um encontro intersubjetivo direto e autêntico (no sentido da relação de objeto total). Essa mulher estava estéril, então, porque não conseguia, muito simplesmente, simbolizar uma relação mãe-criança ou mãe-pai-criança.

Por que, então, ter filhos, ainda assim? Porque ficar sozinha consigo mesma também era impossível. Teria sido necessário, então, estar numa comunidade religiosa na qual a experiência da solidão era rigorosamente codificada e controlada pelo exercício da disciplina administrada sem moderação (a meu ver, para poder sentir seu corpo e não afundar no vazio).

Ficar sozinha com o marido, diante do risco de um encontro erótico, também era impossível, é claro. É por isso que ela havia se casado com um homem com filhos. As crianças, então, estavam entre ela e o pai – e a protegiam dele. Mas elas, ao crescerem, já não eram suficientes. Era preciso outras para saturar sua relação com mundo de obrigações, deveres e trabalho.

A criança é, portanto, uma espécie de tapa-buraco, de material para trabalhar, de fonte de restrições necessária à sua sobrevivência psíquica. O resultado desastroso dessa "concepção" das crianças, no sentido próprio e no figurado, é bastante ilustrativo.

Do meu ponto de vista, essa mulher é mentalmente muito doente. Ela não consegue entrar na relação com o outro porque não consegue viver consigo mesma. O distúrbio fundamental reside justamente – no ponto que nos interessa e com relação à teoria à qual faço referência – em sua impossibilidade de habitar seu próprio corpo, em estar na sua *corporeidade*, no sentido fenomenológico do termo. O superinvestimento da racionalidade instrumental é inteiramente engajado a serviço da luta contra a vacuidade da corporeidade, do afeto e do corpo vivido.

A invalidez afetiva dessa paciente está, na minha opinião, enraizada numa agenesia do corpo vivido. Amparo-me aqui em toda uma série de trabalhos que foram alimentados principalmente por duas fontes. A primeira é a psicossomática, cuja clínica, a meu ver, sempre leva a investigação a reconhecer uma desordem inicial, originária, situada numa mutilação do corpo vivido. Uma zona do corpo – ou melhor, uma função do corpo – não pode ser engajada no encontro com o outro. Essa função não pôde se beneficiar de uma "subversão libidinal" em prol da economia erótica e permanece, por conta disso, situada sob o controle unicamente da ordem biológica (Dejours, 1989). Essa função está, de certo modo, forcluída da troca intersubjetiva. Se nos referirmos aos conceitos de Husserl e de Merleau-Ponty sobre o corpo, direi que essa clínica psicossomática, após ter se deparado com obstáculos intransponíveis, leva, com o auxílio da teoria psicanalítica clássica, a reinterrogar o estatuto do corpo em psicanálise e sugere ir procurar do lado da fenomenologia. Um autor importante nessa direção é Medard Boss (1954), próximo a Heidegger e Binswanger. Ele tenta captar diretamente essa corporeidade graças à análise do *Dasein*, numa perspectiva que, no entanto, parte da psicanálise e de Freud.

A segunda fonte de inspiração é a de uma psicanalista francesa de origem alemã, Gisela Pankow (1993), que propõe uma técnica específica para ter diretamente acesso, na clínica, ao corpo vivido.

Esse corpo vivido é, evidentemente, uma coisa totalmente outra que não o corpo fisiológico. Minha paciente só conhece o corpo dos biólogos. Ela não tem "representação" de seu corpo próprio, o que lhe permitiria habitá-lo (no sentido fenomenológico), e toda a intencionalidade dessa consciência fica "tarjada" pelo fato de que ela não parte do corpo inteiro. Sua consciência é cognitivoinstrumental, poderíamos dizer. Ela procede pela utilização de fórmulas, de modos de usar que lhe são fornecidos de fora – pela ciência, pela técnica e pela cultura, no sentido trivial do termo. Ela não consegue se servir da sua sensibilidade. Falta-lhe intuição, de certa forma.

A técnica de Pankow passa pela utilização de modelagens com massinha de modelar. Não posso desenvolver aqui esse ponto teórico – que, no entanto, é central. A modelagem é, primeiramente, uma criação do paciente. Em seguida, é uma criação que está inteiramente dentro do processo psicoterápico e da transferência. Ela carrega, portanto, em sua própria forma espacial, a vivência subjetiva da intencionalidade na intersubjetividade. Ela indica, de alguma forma, ao mesmo tempo que o constrói, o espaço vivido na relação com o analista. Outra característica capital: a modelagem é o resultado de um trabalho de amassamento, implicando o tato. Esse é um ponto importante. Como frisaram tanto Paul Ladrière quanto Ghislaine Florival, o tato ocupa um lugar único na construção do corpo vivido:

> *Com o tato não se trata das propriedades localizadas, como as da mão lisa ou rugosa que constitui o corpo físico que eu vejo, mas se trata de sensações, na medida em que elas são fonte de movimentos e de indicações. Se o tato é, com efeito, localizado, ele não o é da mesma forma que o contato de uma coisa com outra; é um acontecimento físico que dura para além do contato com a coisa inanimada (eu toco a mesa com o dedo e depois o afasto: a sensação do liso continua vibrando, ou a de ter recebido uma pressão no dedo, ou a do frio etc). O exemplo das mãos que, tocando-se entre si, produzem reciprocamente os mesmos efeitos e refletem-se mutuamente – uma toca e a outra é tocada, de forma reversível, sem nunca fazer com que a ação e a paixão coincidam. Trata-se de uma experiência dupla, de duas objetividades que interferem no mundo físico e na própria impressão sensível. O tato faz emergir o corpo como próprio e como carne; ele tem prioridade sobre todos os outros sentidos. (Florival, 1991, p. 1)*

Enfim, a partir da modelagem, trata-se de fixar uma forma espacial e de fazer com que o paciente a reconheça como significante, como base a partir da qual construir progressivamente um corpo onde se pode viver. Um corpo a partir do qual se pode entrar em relação com o analista de outra maneira que não de forma desencarnada e cognitiva.

Porém, fazer com que se reconheça essa forma passa por dois tipos de tarefas. A primeira é *o reconhecimento visual* de uma *Gestalt*: "Husserl reconhece que o corpo pode sentir-se indiretamente corpo próprio, mas é em referência ao tato" (Florival, 1991). Esse ponto me parece capital: a *experiência* vivida passa pelo tato, o *"reconhecimento-representação"* passa pela *imagem* como alicerce primordial do imaginário-imaginação.

O segundo tipo de tarefa consiste no fato de ser preciso que isso, num ou noutro momento, seja *falado*, pois é apenas sob essa forma simbolizada que a forma espacial pode ser estabilizada e servir de ponto de partida para agregar, em seguida, as outras *experiências* do corpo vivido.

A paciente cujo caso acabei de esboçar foi, portanto, convidada a fazer modelagens. Ela recusou, é claro, mas era a condição para que eu aceitasse continuar o tratamento. Sob o pretexto de falta de habilidade e de desprezo pelas tarefas manuais, ela me trouxe modelagens inacreditáveis! Nada se sustentava. As coisas se desfaziam antes mesmo de terem sido colocadas na mesa. Eram feitas de filamentos moles. Como viver num corpo que não tem espessura, não tem formas, não tem estrutura? Depois, felizmente, o trabalho progrediu.

Por que uma degradação como essa da *imagem do corpo*, para empregar o termo técnico de Pankow? (A imagem do corpo reúne a forma *espacial* da experiência tátil-proprioceptiva, a forma *visual-imaginal* e a *fala* que endereça a vivência ao outro).

Porque essa paciente é, ela própria, uma criança adotada. E adotada por um casal em que homem era alto executivo e acometido de uma psicose maníaco-depressiva significativa; e a mulher era ainda mais rígida em seus princípios, por ser de origem pobre e por suas mãe e irmã terem se tornado prostitutas. Essa mãe tinha horror de tudo o que é corporal e jamais conseguiu fazer carinho nem carregar sua filha no colo. A própria esterilidade dessa mãe talvez fosse uma somatização atestando uma recusa radical do corpo erógeno. Ora, para construir o corpo erógeno é preciso estar constantemente acompanhado pela mãe, especialmente nesses momentos capitais que constituem os jogos em torno dos cuidados corporais despendidos à criança.

O problema que eu gostaria de levantar é o da *corporeidade*: o que pensar da decisão que consiste em fabricar crianças por RMA e outra fertilização *in vitro*, permanecendo deliberadamente no nível da *demanda manifesta* dos pacientes, situando-se unicamente nessa colusão entre demanda manifesta e técnica médico-biológica, abstraindo o sentidos do drama subjacente a essa doença somática que é a esterilidade? (Reduzindo, de certa forma, a racionalidade das próprias doenças à sua análise no registro da racionalidade biológica instrumental e apagando toda a dimensão do *sentido* relativo à racionalidade subjetiva ou à racionalidade pática da qual, no entanto, a doença somática é uma forma expressiva.)

Conclusão

Para concluir, direi que a clínica psicossomática e psicanalítica evidencia que, para viver autenticamente na relação com o outro – isto é, com a experiência subjetiva e na dimensão do afeto – é preciso não apenas ter um corpo, mas estar num corpo. Porém, estar num corpo não é algo óbvio. Pois o corpo vivido não é o corpo fisiológico. Os autores que se interessam pelo corpo são todos levados a distinguir entre esses dois corpos: Gisela Pankow fala das duas funções da imagem do corpo; Didier Anzieu fala do eu-pele e dos significantes formais para designar o segundo corpo. De minha parte, falo do corpo fisiológico e do corpo erótico, com o objetivo de analisar, a partir da clínica, como, na intersubjetividade com os pais, o corpo erótico se constrói pelo apoio no corpo biológico. O elo conceitual decisivo, com efeito, é fornecido por Freud: trata-se do *apoio pulsional* sobre a função fisiológica. Mas Freud – que ofereceu, assim, os conceitos de base para construir toda a sua teoria da sexualidade (Freud, 1905) – descartou de seu programa científico ulterior o corpo propriamente dito. Para retomar esse trabalho de forma mais sistemática, pode-se desenvolver uma teoria da subversão libidinal do corpo fisiológico para construir um segundo corpo: o *corpo erógeno* – que é o corpo da relação carnal com o outro, no sentido de Merleau-Ponty, bem como de Husserl, com seu conceito de "intropatia".

Desse modo, pode-se tentar sustentar a tese de que as doenças do corpo – leia-se: as doenças somáticas diferenciadas da conversão histérica – também exprimem o sentido da vivência subjetiva da carne, dos afetos, do sofrimento e do prazer na relação com o outro.

Isso tem, muito evidentemente, implicações não apenas no plano técnico, mas também no plano ético, ao que me parece. Para concluir, então, direi que as práticas recentes no domínio da medicina biológica fazem surgir questões graves sobre o uso dos corpos, já que elas podem hipotecar o corpo de um ser que ainda não foi concebido.

Sobre essas questões, a psicanálise tem opiniões a formular: não se pode manipular os corpos de um jeito qualquer, apenas com a normalidade biológica como referência, porque o corpo é também a origem da identidade, do amor e do pensamento. Mas se o psicanalista e o psicossomatista querem assumir a posição ética que esse ponto de vista sobre o estatuto fundador do corpo erótico implica, então, devem também tirar consequências disso: de um lado, no plano prático, elaborando técnicas que permitam trabalhar diretamente com a construção ou "a reconstrução da imagem do corpo" (Pankow, 1973); de outro, no plano teórico, situando deliberadamente o corpo numa posição muito mais decisiva do que ele atualmente é na maioria das conceituações.

Referências

Arendt, H. (1999). *A condição humana* (R. Raposo, trad.). Rio de Janeiro: Forense. Publicado originalmente em 1958.

Boss, M. (1954). *Einführung in die psychosomatische Medizin*. Bern-Stuttgart: Hans Huber. [Tradução francesa: *Introduction à la médecine psychosomatique*. Paris: Presses Universitaires de France, 1959].

Boss, M. (1975). *"Es träumte mir vergangene Nacht": Sehübungen im Bereiche des Träumens und Beispiele für die praktische Anwendung eines neuen Traumverstandnisses*. Bern-Stuttgart: Hans Huber. [Tradução francesa: *"Il m'est venu en rêve...": essais théoriques et pratiques sur l'activité*. Paris: Presses Universitaires de France, 1989].

Dejours, C. (1986). *Le corps entre biologie et psychanalyse: essai d'interprétation comparée*. Paris: Payot.

Dejours, C. (1989). *Recherches psychanalytiques sur le corps: répression et subversion en psychosomatique*. Paris: Payot.

Dolle, J. M. (1987). *Au-delà de Freud et Piaget*. Toulouse: Privat.

Florival, G. (1991). Phénoménologie de la corporéité (Husserl et Merleau-Ponty). In *Comunicação no seminário "Éthique et Corporéité"* (S. Novaes, coord.), em 28 de novembro de 1991. Centre de Sociologie de l'Éthique, CNRS, Paris.

Flynn, B. C. (1985). Reading Habermas Reading Freud. *Human Studies, 8*(1), 57-76.

Freud, S. (2016). Três ensaios sobre a teoria da sexualidade. In *Obras completas: Três ensaios sobre a teoria da sexualidade, análise fragmentária de uma histeria [O caso Dora] e outros textos* (vol. 6, P. C. de Souza, trad., pp. 13-155). São Paulo: Companhia das Letras. Publicado originalmente em 1905.

Ladrière, P. (1991). Introduction à la notion de corporéité chez Husserl. In *Comunicação no seminário "Éthique et Corporéité"*, (S. Novaes, coord.), em 24 de outubro de 1991. Centre de Sociologie de l'Éthique, CNRS, Paris.

Langs, R. (1988). *Thérapie de vérité, thérapie de mensonge*. Paris: Presses Universitaires de France.

Laplane, D. (1985). La relation pensée-cerveau. Faits nouveaux. Nouvelles hypothèses. *L'Encéphale, 11*, 7-12.

Pankow, G. (1973). Image du corps et psychosomatique. *L'Évolution Psychiatrique, 38*, 201-213.

Pankow, G. (1981). *L'être-là du schizophrène: contributions à la méthode de structuration dynamique dans les psychoses*. Paris: Aubier Montaigne.

Pankow, G. (1993). *L'Homme et son espace vécu: abord analytique de la parole poétique*. Paris: Flammarion.

Tassin, J. P. (1989). Peut-on trouver un lien entre l'inconscient psychanalytique et les connaissances actuelles en neurobiologie?. *Neuro-Psy, 4*, 421-434.

5. O corpo na interpretação[1]

O enquadre em psicossomática

Há muitos anos, a meu ver, o lugar do enquadre tornou-se decisivo no trabalho psicanalítico com pacientes que sofrem de doenças somáticas. Posição ingênua, é claro, pois esse lugar também o é no tratamento de outros pacientes, como há tempos sugeriram alguns autores – dentre eles, Bleger (1981), em especial. A minha opinião sobre esse ponto foi reforçada pela posição adotada por Robert Langs (1988). Fazer referência ao enquadre é entrar no domínio da técnica psicoterápica. E vice-versa. Partindo do ponto de vista desenvolvido anteriormente sobre o assunto (Dejours, 1986), eu gostaria de trazer uma questão técnica a respeito do lugar atribuído ao corpo na interpretação.

Em clínica psicossomática, ao que me parece, o manejo do enquadre tem características específicas se comparado ao uso

---

[1] Traduzido por Paulo Sérgio de Souza Jr. do original "Le corps dans l'interprétation". *Revue française de psychosomatique*, 2, 109-119, 1993.

que se faz dele nos outros campos clínicos. Mas, desta vez, não tenho tanto em vista o manejo do enquadre pelo analista, e sim pelo paciente somatizante. Todos os pacientes – sejam eles neuróticos, psicóticos ou psicopatas – apoderam-se do enquadre. Apoderam-se e servem-se dele como apoio, como referencial para poder funcionar mentalmente, para poder *pensar* na situação intersubjetiva, artificial, que o tratamento constitui. Mas, no caso dos pacientes que aqui nos interessam mais particularmente, eles utilizam o enquadre de uma maneira estupenda: eles o habitam, apoiam-se nele, infiltram-se a ponto de o enquadre virar uma parte deles próprios. Não é uma apropriação no registro do *ter*. É uma assimilação no registro do *ser*. Eles se servem do enquadre de uma forma tão essencial que, quando isso funciona bem – por exemplo, quando os pacientes experimentam uma impressão clara de progresso e de prazer em estar em sessão –, ninguém consegue se dar conta dessa utilização estranha que eles estão fazendo do enquadre. Porém, o que eles alojam no enquadre – ou o que, graças ao enquadre, dissimulam – é precisamente aquilo que *não funciona de forma autônoma* a partir deles próprios, isto é, aquilo que não se manifesta, que não se diz, que falta ou, pior ainda, que corre o risco de nunca virar material da terapia, por conta de o *enquadre* preencher os furos, sem simbolizá-los, e contribuir para a manutenção do insabido.

Por que o enquadre conserva, assim, a opacidade? Precisamente porque, por passar a ser algo estritamente material, o analista pode fazer com que ele funcione; e o utiliza também, sem se dar conta, para proteger-se do paciente. É um ponto cego entre paciente e analista, portanto, colocando sérios problemas técnicos e analíticos – sobretudo quando ele dá a conhecer seu papel, tarde demais, quando de uma descompensação do paciente.

Então o enquadre pode ser uma armadilha; ele pode se tornar aquilo graças ao qual a intersubjetividade funciona, com o risco de um erro de atribuição: acreditar que o funcionamento mental do paciente se apoia em suas fontes próprias, ao passo que ele repousa na potência do enquadre oferecido pelo analista. Noutros termos, o *trabalho analítico* corre o risco de não servir para nada, a despeito de suas lisonjeiras aparências. Pois a melhora do estado do paciente vem, de fato, da utilização atual do enquadre, e não da elaboração/rememoração pela neurose de transferência.

A dificuldade, a meu ver, reside no fato de que esses pacientes, quando sofrem ou aproveitam-se do enquadre, *não dizem nada*. Enquanto isso, o neurótico e o psicótico, ao contrário, comentam o enquadre e reagem a ele de forma mais expressiva. É mais fácil de reintroduzir o enquadre na dinâmica transferencial com os neuróticos e os psicóticos, por conta disso, do que com os pacientes somáticos. Saliento esse ponto porque aconteceu de eu me ver pego na armadilha da potência do enquadre em terapias e análises de pacientes somatizantes. Por outro lado, evoco esse ponto porque ele levanta uma das questões que eu gostaria de discutir aqui: é possível atribuir um valor prognóstico às conclusões de uma investigação psicossomática se nós não estivermos em condições de avaliar a forma como o paciente se serve do enquadre? Ora, a elucidação desse componente – o enquadre – é delicada e não pode se fazer numa única sessão. Na medida em que ela exige também um trabalho do analista consigo mesmo e com a relação que ele mantém com seu próprio enquadre, é preciso que ele se resigne a tomar seu tempo para compreender como é que ele opera na relação com cada um dos pacientes.

O enquadre e o corpo do analista

Mas o enquadre, como contexto sincrônico da consulta psicossomática, não é constituído apenas pela *materialidade* dos objetos presentes na sala de atendimento e na sala de espera. O que também complica singularmente as coisas é *o corpo do analista*. Com efeito, uma das características do trabalho em psicossomática é que ele passa, com frequência, pela terapia face a face. Comumente, se diz que isso é por causa do isolamento sensorial implicado pela posição reclinada no divã, que pode desencadear uma regressão profunda (essencial, aliás, ao próprio trabalho analítico no tratamento típico) o retraimento das percepções obriga o paciente a se voltar para as próprias produções fantasísticas que surgem para preencher o vazio deixado precisamente pela ausência de percepção visual do analista e pelo silêncio desse último. Ora, nos pacientes somáticos, as debilidades do funcionamento psíquico correm o risco de fazer com que eles experimentem o vazio, o que é sempre perigoso. Diz-se, então, que é preciso dar preferência ao face a face "porque isso tranquiliza o paciente; porque isso permite que ele se segure ou se agarre, em caso de necessidade, à sua percepção da presença do analista". Mas o que isso significa? Que relação essa utilização do corpo do analista tem com a utilização do enquadre de que acabamos de falar?

O corpo do analista – a menos que este seja uma múmia – produz uma porção de sinais que, embora funcionem, também eles, para o paciente, vão escapar à elaboração e à interpretação. Nós só sabemos, quando muito, tirar partido para nós, analistas, daquilo que se passa no nosso corpo durante as sessões.

Os sinais do corpo do analista

As emoções físicas experimentadas pelo analista podem ser de todas as ordens: cefaleias, distúrbios da percepção, vontade de dormir, excitação, sensação abdominal, excitação erótica, ereção, palpitações, lágrimas, parestesia, dispneia, vontade imperiosa de evacuar etc. E ficou banal admitir, especialmente em psicossomática, que esses movimentos do corpo que nascem no analista são de um grande valor heurístico para aquilo que concerne à interpretação da contratransferência. Mas isso permanece, uma vez mais, na deliberação secreta do analista e, em geral, não constitui objeto de uma reintrodução no material a ser analisado pelo paciente.

Mais ainda que a utilização inconsciente do enquadre pelo analista e pelo paciente, a utilização do corpo do *analista* – dessa vez pelo paciente, e não pelo analista – na dinâmica do tratamento escapa totalmente ao analista. E seja qual for o caso, ele não pode analisá-lo diretamente. Cumpre, então, admitir que a *comunicação inconsciente dos corpos* desempenha um papel no trabalho psicoterápico com os pacientes somáticos sem acesso direto ao seu sentido.

É sobretudo essa questão que eu gostaria de discutir aqui. Na falta de poder abordar diretamente a análise da utilização *pelo paciente* dos sinais produzidos pelo corpo do analista, vou me ater aqui a encarar a análise, pelo *analista*, dos sinais produzidos pelo corpo do paciente.

Os sinais produzidos pelo corpo do paciente

- Numa consulta psiquiátrica, serve-se bastante do material trazido pelo corpo do paciente: sua indumentária, sua motricidade, suas expressões faciais, sua gesticulação, sua corpulência, sua higiene e sua vaidade... são sinais. Mas no proceder psiquiátrico, esses sinais são utilizados exclusivamente pelo médico. O uso que faz deles é técnico e permanece em segredo. Ele serve para o estabelecimento do diagnóstico, mas está fora de questão devolver isso de alguma forma ao paciente.

- Em psicanálise, quando se faz referência ao corpo do paciente, é geralmente no início de uma apresentação clínica; e então ele é utilizado como em psiquiatria, isto é, o corpo permanece nessa parcela do exame que chamamos de "inspeção". Em seguida, deixa-se o corpo à margem do trabalho, intencionalmente. Tenho aqui em vista apenas o interdito do toque – do qual se sabe o alcance técnico fundamental –, que entra, aliás, na composição do próprio enquadre. Quero sobretudo dizer que todo o trabalho analítico incide, a princípio, apenas no material verbal, na fala do paciente.

- Na consulta psicossomática, por conta das especificidades relativas às debilidades do funcionamento da simbolização no paciente, atribui-se um lugar capital à semiologia do corpo no aqui e agora, na relação: isto é, repara-se com bastante precisão nos movimentos que afetam o corpo em função da evolução da relação com o analista, no decorrer da investigação – tremulações, tremores, agitação, instabilidade motora, cadência verbal etc. assinalam o transbordamento do paciente pela excitação que ele não consegue ligar mentalmente (ou "mentalizar").

Mas também aí, em geral, não se devolve ao paciente o resultado dessa parte da investigação. O psicossomatista serve-se disso, com bastante precisão técnica, mas guarda para ele o trabalho de construção e de elaboração que se alimenta da semiologia do corpo do paciente. Porém, há pacientes que, às vezes, pegam pesado demais no perfume ou começam a transpirar, a cheirar mal, a soltar gases, a sujar o divã ou a poltrona com o suor ou o cabelo, com as roupas ou os calçados. Não vou ficar falando aqui dos inconvenientes que isso nos ocasiona materialmente – em relação, por exemplo, aos pacientes seguintes que também vão pagar o pato ou, até mesmo, nos recriminar.

A pergunta que faço é a de saber se a ausência de reação do psicossomatista a esses fenômenos somáticos é legítima ou não. *Deve-se, aqui, como em psicanálise, se ater resolutamente a levar em conta apenas o que é dito pelo paciente?*

Semiologia do corpo e interdito do toque

Se faço essa pergunta não é para sugerir que o corpo a corpo na consulta deva ser banalizado ou para dizer que o toque deva ser autorizado, como pensam alguns colegas. Trata-se justamente da linha divisória decisiva entre psicanálise e terapias corporais. Porém, estas últimas estão fora do meu propósito – até mesmo e, inclusive, a relação dita "analítica". A questão que quero levantar é a de saber se, no tratamento analítico ou na psicoterapia analítica de pacientes somáticos, é preciso manter o silêncio a respeito das produções semióticas do corpo e a respeito do uso que fazemos delas em segredo. Do meu ponto de vista, a questão tem certa especificidade em psicossomática, se comparada ao trabalho com os *neuróticos*, na medida em que estes não estão separados de seus corpos; na medida em que sua fala está inteiramente engajada no corpo; e na medida em que, inversamente, o corpo é inteiro custeável com a fala – sem ser necessário dar provas de uma atenção particular.

A *desordem psíquica* em psicossomática

Na teoria psicopatológica dos distúrbios somáticos, propus uma hipótese sobre a significação da escolha do órgão, isto é, da intencionalidade que se efetua no alvo somático (Dejours, 1989). Essa hipótese repousa num certo número de argumentos clínicos e teóricos, mas não passa de uma hipótese – e muitos dos colegas psicossomatistas não reconhecem sua validade. Teria sido preferível não fazer menção a isso neste artigo, já que não há consenso; no entanto, a importância dos sinais do corpo em psicossomática é profundamente maior e eu, então, me apoio nessa hipótese, de todo modo.

A maioria dos autores – e, em particular, Marty, Fain e de M'Uzan – considera que o sintoma somático, em relação ao sintoma psiconeurótico, tem precisamente como característica o fato de não ter significação. E conhecemos o célebre aforisma segundo o qual "o sintoma somático é besta".[2] Segundo esses autores, apenas o déficit do funcionamento mental tem de ser levado em consideração, na medida em que ele cria *as condições econômicas suficientes* para o surgimento de uma doença somática. Quanto à forma e à sede da doença, elas não teriam mais sentido que o distúrbio psíquico que lhes deu à luz, a saber: precisamente um distúrbio negativo, um furo, um vazio, uma falta – logo, um não sentido, em si e para si.

A hipótese na qual me apoio consiste, ao contrário, em dizer que a questão tradicional da significação da escolha do órgão não tem solução porque ela está mal colocada. A questão não seria a da escolha do *órgão-sede* da lesão (coração, olho, articulação etc.) nem a da escolha da doença geral (isto é, do processo

---

2 A afirmação é de Michel de M'Uzan. Cf. Marty, P., M'Uzan, M. de, & David, C. (1963). [N. T.]

fisiopatológico: câncer, doença autoimune, infecção etc.). A questão torna-se, antes mesmo, a da escolha da *função*. Uma função poderia ser atingida quando ela foi excluída do apoio pulsional. Isto é, quando ela não foi a sede de uma subversão libidinal, de uma subversão erótica, quando ela não teve seu lugar na formação do corpo erógeno. Quando, na dinâmica intersubjetiva (ou transferencial), essa contribuição erótica do corpo é solicitada, a função correria o risco de ser vítima de um processo patológico. Seria, então, a *função* – e não o órgão – aquilo que seria visado pela doença. O órgão atingido só o seria porque é um dos instrumentos implicados na entrada em funcionamento dessa função. Via de regra, qualquer um dos órgãos requeridos na função visada pode se tornar a sede da lesão, mas apenas eles – excluindo, então, todos aqueles que não estão implicados nessa função. Por exemplo, na função de reprodução na mulher, a vagina, o útero, os ovários e os seios poderiam, um ou outro, ser atingidos quando a função de reprodução não se beneficiou da subversão erógena para dar acesso à sexualidade genital na economia erótica. Mas as articulações ou o esqueleto, que não são engajados na dinâmica expressiva erótica, não poderiam ser a sede da somatização. Esse exemplo é dado apenas a título ilustrativo e para retomar uma das observações clínicas de somatização nas quais foi argumentada a hipótese aqui lembrada. Para dizer noutros termos, o órgão atingido só o seria por sua pertença a uma função precisa: uma função excluída ou forcluída da subversão erógena.

Se essa hipótese fosse validável, ela suporia que uma parte do corpo – ou melhor, uma função do corpo –, por conta de sua forclusão do agir expressivo, estaria em perigo; e que empurrando o paciente para essa região da sua economia erótica e pulsional, no decorrer da terapia, correríamos o risco de favorecer o desencadeamento de uma crise somática. Dito de outro modo, o paciente ficaria bem – isto é, ficaria estabilizado e compensado – caso respeitássemos essa zona do seu corpo e a deixássemos a salvo da troca intersubjetiva.

Ora, o psicossomatista experiente sabe respeitar essa zona, *ainda que dela não tenha um conhecimento claro*, ainda que não tenha conseguido localizar sua sede: a "técnica da paraexcitação", com efeito, consiste em focar a atenção do analista na excitação do paciente, evitando os transbordamentos econômicos, ainda que tenha de renunciar ao trabalho de análise dinâmica da transferência. A utilização dessa técnica, elaborada especificamente no Instituto de Psicossomática de Paris, protege a zona frágil, ainda que o analista não a tenha identificado. Em condições de técnica psicoterápica apropriadas, a estabilidade está, portanto, assegurada. Mas a contrapartida dessa técnica é que *perdura a ignorância*, de ambas as partes, sobre o que está em causa do ponto de vista pulsional e mental. Nesse caso, o trabalho analítico incide apenas nas partes do corpo, veiculadas mentalmente pela subversão erógena, que funcionam como convém. O risco é, então, o de uma estabilidade sem trabalho estruturante com a zona de fragilidade.

Parece-me – e isso me aconteceu na minha prática – que o enquadre e, sobretudo, o corpo do analista podem ter um papel paraexcitante capital. Permanecendo não apenas no não dito e no insabido de ambas as partes, a utilização dessa dimensão da relação corre o risco de conduzir à constituição daquilo que o já citado Robert Langs descreve, a propósito de pacientes psiconeuróticos, como um *"casamento terapêutico desigual"* – no sentido em que ele não permite trabalhar aquilo que necessita precisamente trabalhar. Psicanálise ou psicoterapia inútil; até mesmo, como ele diz, "terapia de mentira" (Langs, 1988).

Para voltar aos sinais produzidos pelo corpo do paciente, a ideia que gostaria de submeter à apreciação consiste em considerá-los sendo especificamente desencadeados pela solicitação, na transferência, da função não subvertida eroticamente (ou, para dizer de outro modo, da função forcluída da dinâmica intersubjetiva). Torna-se capital, então, saber se devemos manter o silêncio, na terapia, a respeito dos sinais produzidos pelo corpo do paciente ou se, ao contrário, é preciso se esforçar para procurar uma técnica para simbolizá-los e elaborá-los.

Por exemplo, um dos meus pacientes transpira nas sessões e produz odores nauseabundos. O que é que isso significa? Se permanecemos num nível semiológico clássico, consideramos que essa sudorese traduz agressividade ou angústia, ou os dois simultaneamente (Corraze, 1976); mas continua sendo algo geral, e não conseguimos fazer grande coisa com isso, tecnicamente.

Podemos, também, nos perguntar se essa sudorese é reveladora – relativamente a uma função solicitada pela transferência –, fazendo o paciente sofrer e anunciando o risco de uma crise de somatização. Temos, então, a escolha interpretativa entre duas soluções:

- a primeira consiste em considerar essa sudorese como um sinal somático, *específico*, que testemunha o fato de que o paciente é transbordado pela relação transferencial que vem atormentá-lo na zona funcional *da qual já sei* que ele está doente: função respiratória, no caso desse paciente. Terei, então, de me esforçar para compreender o que se trama transferencialmente entre ele e eu, que coloca em causa o prazer erótico de respirar os odores do corpo, do seu corpo; ou então que coloca em causa a possibilidade expressiva de se servir do arquejo ou dos espasmos respiratórios e dos gritos da criança que chora. Pois era uma criança que não teve a possibilidade de chorar. Na época, seus pais tinham crises de angústia ou de cólera que paralisavam seus choros e a atividade de pensamento e fantasia a eles associada;

- segunda interpretação possível: a sudorese é específica e tem um sentido particular. Com o suor, a pele e a função cutânea é que se manifestam. Quando alguém está encharcado num suor nauseabundo, ninguém chega perto; e, sobretudo, ninguém toca. Seria, portanto, a função erógena da pele que seria visada – o risco sendo, então, o surgimento de uma dermatose.

Meu paciente tem também uma infecção cutânea crônica.

Se há uma significação nesses sinais do corpo, então, no enquadre da hipótese da "escolha da função", ou só uma dessas duas interpretações é possível, ou ambas, excetuando-se toda e qualquer outra. Para arbitrar entre as duas interpretações, cumpre evidentemente se referir à *contratransferência* mental e somática; e então fica fácil decidir e compreender o que, no corpo erótico do paciente, a evocação daquilo que ele diz nessa fase do trabalho analítico implica.

Bom, mas o que fazemos, *em relação ao paciente*, com esses sinais do corpo? Como reintroduzi-los no material do tratamento?

Várias respostas são possíveis:

- não dizemos nada e permanecemos no nível do controle da excitação. Guardamos isso para nós, em algum lugar da cabeça, e só o utilizamos para comunicações científicas destinadas aos colegas;
- consideramos que esse silêncio do analista é dinâmico. Na falta de poder falar sobre isso, temos de suportar esse suor, e ponto final! E consideramos já ser um avanço, pois, apesar disso, o paciente passa então pela experiência do fato

de que o analista, diferentemente dos pais, suporta essas manifestações. Mas, apesar disso, o paciente não teve acesso ao sentido, e ainda não compreendeu que ele não pode chorar ou que ele não suporta que o toquem – e que isso o faz sofrer ou que até o adoece. A coisa se complica se admitimos que talvez os pais preferissem que ele suasse quando pequeno a ter de responder à sua espera por carinho. Arriscamos então apenas repetir a situação infantil, sem abri-la à elaboração;

- terceira possibilidade: dizemos ao paciente: "O que foi? Porque está angustiado?" Com sorte, responderá alguma coisa que vá dar numa pista de trabalho. Frequentemente, no entanto, não vai conseguir dizer nada de muito significativo; e isso porque, precisamente, o surgimento do suor (sinal do corpo) testemunha sua impossibilidade de pensar aquilo que está se passando na situação analítica. Ademais, essa intervenção é, de imediato, uma interpretação que não diz em que ela se apoia; uma interpretação que dissimula, mais uma vez, o lugar do corpo e que corre o risco de repetir a evitação dos pais – renovando, *nolens volens*, a reticência ou a angústia deles em falar do corpo da criança;

- quarta possibilidade: "Estou vendo o suor pingando da sua testa...?". Isso me parece ser uma coisa totalmente outra em relação às intervenções anteriores. Pois assim introduzimos o próprio corpo, com palavras. Fica por conta do paciente reagir, em seguida, a essa tomada de posição do analista.

Até onde podemos ir nessa direção? Por exemplo, podemos dizer: "Está cheirando mal aqui. O senhor não toma banho?". Ou então: "Sem dúvida o senhor está sentindo, como eu, o mau cheiro que está aqui. O que é que se passa?".

Não há escolha ou de decisão *standard* possível. O importante é, no fim, sair do impasse; pois se o paciente cheira muito mal, chega uma hora em que sou eu quem fica transbordado pela excitação, é o meu corpo que reage – e eu não consigo mais trabalhar convenientemente. A certa altura, seria preciso poder lhe falar da minha própria reação física com a mesma liberdade e as mesmas palavras utilizadas para falar do corpo dele. É a esse preço, ao que me parece, que se pode ter acesso a essas zonas do corpo cuja função erógena não pôde ser iniciada na infância e que obriga o paciente a excluir da relação com o outro uma parcela de seu corpo como corpo de desejo, como corpo expressivo.

Quando a sujeira e o fedor já estão presentes na fala há várias sessões, pode-se perguntar ao paciente o que ele espera do analista: "Que, como uma enfermeira, um santo ou Cristo, eu pratique a abnegação e lave os seus pés como os do leproso? É disso que ele precisa para ter certeza de que o amam?"

Ou então, ao contrário, outra vez: "É para me manter afastado e não correr o risco de que eu vá para cima do senhor para lhe fazer carinho e afagá-lo, como o padre da sua infância fazia?"

Conclusão

Parece-me que essas questões relativas aos sinais do corpo nos colocam, no trabalho analítico, diante de grandes dificuldades – não somente contratransferenciais, mas técnicas. O desafio é passar da semiótica do corpo à sua verbalização, à sua enunciação e à sua simbolização. O desafio é, também, o manejo do corpo na psicanálise, a fim de que não seja somente um conceito situado no horizonte teórico, mas algo que permita dar também um lugar ao corpo erótico no próprio trabalho da transferência. Penso que, na prática da terapia em psicossomática, essa questão tem mais importância ainda que nas outras situações clínicas. Pois o corpo do doente somático não está apenas medicamente doente. Ele também o está eroticamente.

Referências

Bleger, J. (1981). Psychanalyse du cadre psychanalytique. In J. Bleger, *Symbiose et ambiguité* (pp. 283-299). Paris: Presses Universitaires de France, 1967.

Corraze, J. (1976). "Les excoriations névrotiques: approche éthologique". *L'Évolution Psychiatrique, 41*, 389-436.

Dejours, C. (1986). *Le corps entre biologie et psychanalyse: essai d'interprétation comparée.* Paris: Payot.

Dejours, C. (1989). *Recherches psychanalytiques sur le corps: répression et subversion en psychosomatique.* Paris: Payot.

Langs, R. (1988). *Thérapie de vérité, thérapie de mensonge* (P. Bercherie, trad.). Paris: Presses Universitaires de France.

Marty, P., M'Uzan, M. de, & David, C. (1963). *L'investigation psychosomatique.* Paris: Presses Universitaires de France.

Politzer, G. (1998). *Crítica dos fundamentos da psicologia: a psicologia e a psicanálise.* Trad. M. Marcionilo; Y. Teixeira da Silva. Piracicaba: Editora Unimep. Publicado originalmente em 1928.

6. Psicossomática e metapsicologia do corpo[1]

Introdução

Neste artigo, proponho partir de fragmentos clínicos extraídos do tratamento de um paciente que sofre de uma doença somática. Progressivamente, introduzirei algumas noções mais teóricas que incidirão eletivamente sobre a questão das relações entre a teoria sexual e a metapsicologia do corpo.

Ao término desse percurso, tratarei de forma mais especulativa daquilo que a referência à clínica e à teoria psicossomáticas modernas implica para a discussão filosófica clássica das "relações entre o físico e o moral" no ser humano.

---

1 Traduzido por Paulo Sérgio de Souza Jr. do original "Psychosomatique et métapsychologie du corps", escrito em 2007 e publicado em 2008 em italiano como "Psicosomatica e metapsicologia del corpo". In: P. Cotrufo (Org.), *Corpo e psicoanalisi* (pp. 81-103). Roma: Edizioni Borla.

A escolha da função no sintoma somático

O Senhor B., algumas sessões após o início de sua análise, fala do medo que tinha, quando criança, de que os pais o mandassem trancar, à noite, o portão dos fundos do jardim da propriedade da família. Tinha medo porque no jardim passava um riacho. De dia, era agradável, mas continuava fazendo barulho à noite, e esse barulho d'água lhe metia medo. Associa isso à mãe, que sempre estava constipada. Ela passava horas no banheiro. Chegando para a sessão, primeiro o Senhor B. passou no banheiro do meu consultório, e isso lhe lembrou o banheiro da sua infância. Ali escutava os barulhos que vinham do banheiro de cima, onde a mãe ficava. E ele, conforme diz, escutava as fezes descendo água abaixo. Era repugnante. Sua mãe não era uma mãe, acrescenta ele. Era uma mãe indigna. Ele acha que ela devia se fazer carícias e gozar na privada. Aliás, sem ter relações sexuais com o pai dele, como é que ela teria conseguido aguentar? A contracepção, na época, consistia em dormir em quartos separados. Foi sua irmã mais velha que, muito tempo depois, lhe explicou isso.

Toda manifestação de agressividade para com essa mãe era impossível. Um dos irmãos dele havia discutido com ela. O pai ameaçou: "Se isso se repetir", disse ele, "eu vou te deixar marcado, e as marcas vão ficar pra sempre. Vou te bater na cara e as feridas vão ser tão profundas que vão deixar cicatrizes que nunca vão desaparecer". De fato, às vezes, o pai sacava o cinto militar, de fivela e mosquetão, com o qual batia nos filhos sem nenhuma cerimônia.

Numa outra sessão, ele conta um sonho: é uma história com uma prostituta. Ela tinha os traços de uma colega com quem ele havia estudado. Tinha se tornado anestesista. Suicidou-se com barbitúricos. Encontraram-na morta em sua banheira. No sonho, ela o seduz numa rua. Ele sobe para um quarto e eles têm uma relação sexual. Com bastante prazer. Mas no momento de gozar, ele defeca e a deixa suja. Pede desculpas. Então se vê segurando o pênis na mão, separado do corpo. Foi ele mesmo quem o seccionou. E então atravessa a ala de urologia com o pênis ereto dentro do bolso.

Associa isso ao pai, que ele compara com um açougueiro. Esse pai ia caçar com frequência. Também sangrava os coelhos e fazia com que o sangue escorresse diretamente numa cuia em que, antes, ele havia colocado vinho. Também degolava os carneiros, todo ano, na Páscoa. O sangue, da escada onde havia pendurado o animal, esguichava para todo lado – tinha sangue na escada, nas mesas, no chão, nas roupas. Obrigava o filho a assistir ao massacre e, em seguida, fazia com que ele limpasse tudo. Isso para não dizer da volta da caçada: ele destrinchava os animais e então os cortava em pedaços. Também havia obrigado o filho a acompanhá-lo até uma cocheira; ali, encurralou um cão entre dois bancos e atirou-lhe uma bala na cabeça.

Qual era a mensagem endereçada à criança por essas condutas do pai?

Ele fala de outro sonho. Estava operando um rapaz e as entranhas saíam. Não conseguia colocá-las de volta na barriga. E eis que o doente acorda. Pânico! Ele chama o anestesista. O que fazer com todas essas tripas sobrando?

O Senhor B. sofre de uma fobia. Não consegue mais dar injeções, nem pontos de sutura, o que o atrapalha bastante em sua prática. Ele se vê tomado por tremores incontroláveis. Tem também uma outra fobia, a de ter de tomar uma taça de vinho ou uma sopa em público. Aí também se vê tomado por tremores e o conteúdo do copo entorna. Tudo isso começou quando, estudante de medicina, para ganhar alguns trocados, trabalhou como enfermeiro para um médico. Certo dia, um alcoólatra pediu ao Senhor B. que lhe desse uma série de injeções intramusculares de vitamina B12.

Correu tudo bem e o homem ficou tão contente que fez propaganda dele. Eis que um belo dia chega um abade. E aí, tendo de lhe espetar a agulha numa nádega, viu-se tomado de tremores. O negócio virou um pesadelo. Ele já se precavia uma hora antes da chegada do abade, para poder se preparar psicologicamente para esse gesto angustiante. Fato é que o Senhor B. havia feito todos os seus estudos primários e secundários num colégio jesuíta e teve de sofrer consideravelmente a ditadura dos padres-bedéis. E então, alguns dias mais tarde, desencadeia uma hemorragia digestiva: foi o começo de uma retocolite hemorrágica.

Não vou comentar esse material, que é bastante expressivo. Parece-me que esses elementos trazidos à superfície pela análise poderiam ser reunidos da seguinte maneira: a criança que o Senhor B. era ficava intrigada, sem dúvida, com as condutas enigmáticas de seus pais no que concerne à função do trato digestivo inferior, das tripas, do ânus: a mãe introduzindo, quando lhe dava na veneta, supositórios no ânus da criança e passando horas no banheiro, atormentada pela constipação; o pai obcecando-se pelo ventre e pelo corpo dos animais e ameaçando os filhos de represálias corporais. Podemos nos perguntar, ulteriormente, como os jogos com a função excretora entre a criança e os pais podiam se desenrolar. Acaso é incongruente imaginar que os jogos em torno da retenção e da expulsão anais, encontrando uma sobrecarga de investimento sexual nos pais, correriam o risco de provocar, nesses últimos, reações violentas contra o corpo da criança?

É dessa forma que, no âmbito da teoria da subversão libidinal (Dejours, 2018), fico tentado a compreender a marcação da função anorretal. Ao interromper, por meio da violência, a comunicação entre a criança e o adulto, eletivamente nesses jogos anorretais, a função de excreção ficaria barrada do jogo do apoio e essa parte do corpo seria, no mesmo embalo, proscrita do corpo erótico.

Decerto, com esses comportamentos, os pais endereçam uma mensagem à criança. Mas, ao acompanhar essa mensagem de violência, eles estagnariam, *nolens volens*, o pensamento da criança, que não poderia traduzir essa mensagem. Por referência à teoria da sedução, o obstáculo à tradução implicaria, ao mesmo tempo, a impossibilidade de um recalcamento.

As crises evolutivas da doença

As crises inflamatórias e hemorrágicas da doença repetem-se diversas vezes durante a análise. Em todas elas, as circunstâncias eram claramente identificadas pelo Senhor B. e ele não tinha nenhuma dúvida quanto às relações de causa e efeito entre as circunstâncias em causa e a crise evolutiva da doença. Em geral, tratava-se de situações de conflito – seja em sua vida doméstica, seja em sua vida profissional – em que ele se sentia vítima de uma agressão, à qual reagia com uma inibição maciça, associada à angústia de sua impotência em manifestar a menor reação agressiva. Por exemplo, certa vez, quando atravessava de carro uma floresta ao cair da noite, tinha atrás dele uma enorme carreta que estava com os faróis todos acesos e colou em sua traseira a ponto de chegar a encostar no seu para-choque. Extremamente angustiado com essa agressão por trás, ficou sabendo, em seguida, que essa pequena brincadeira significava – na linguagem de rodovia – que os caminhoneiros em questão eram homossexuais, e era assim que faziam o convite para uma "rapidinha" no fundo do mato. Logo depois desse incidente, teve uma crise de retocolite hemorrágica.

Outra vez, saindo de casa, encontrou seu carro com os quatro pneus furados, intencionalmente, por um desconhecido. Tomado de pânico, depois dessa agressão não identificada, também teve uma crise de retocolite hemorrágica.

No Senhor B., não há manifestação de agressividade possível. Ele parece, isso sim, um homem gentil e um pouco tímido. Vou retomar, agora, as circunstâncias de uma de suas crises.

Há vários meses, o Senhor B. está nitidamente melhor. No plano somático, parece em remissão. No plano psíquico, tem a impressão de fazer progressos substanciais, não tanto em sua capacidade de lutar contra a agressividade dos outros, mas na de compreender como sua timidez e sua inibição estão ligadas ao medo da violência do pai. Sonha bastante com ele.

Certo dia, não comparece à sessão. É a primeira vez desde o começo do tratamento, dois anos antes. Uma semana depois, telefona para me anunciar que acabara de escapar, por pouco, da morte. Seu pai, então com 80 anos de idade, acabara de ser internado em terapia intensiva por causa de... uma hemorragia digestiva. Diagnóstico: uma retocolite hemorrágica, em sua primeira crise! Como descrevem alguns especialistas em psicose, é bem no momento em que o Senhor B. está efetivamente ganhando um começo de independência em relação ao pai, que este descompensa.

A essa afecção do pai, o paciente, por sua vez, reage de forma catastrófica. Tem um acesso de retocolite superaguda, é internado em terapia intensiva e, no decurso do tratamento do colapso, é vítima de uma anúria completa devida à migração repentina de duas litíases, uma em cada ureter. Não havia nenhum antecedente de cólica renal. Nesse meio-tempo, o pai se cura. Até a morte, quinze anos depois, o pai nunca mais terá crises de retocolite.

Por que frisar esse encadeamento patológico filho/pai? Porque, ao que me parece, para além do que isso sugere da natureza da relação que atrela o Senhor B. e seu pai, a descoberta de uma retocolite hemorrágica no pai modifica um pouco a concepção inicial que eu tinha da etiologia da retocolite. Além disso, um pouco mais tarde, tomo conhecimento de que a irmã do Senhor B. também é vítima de uma retocolite há muitos anos. É um bocado para uma família só e pode-se legitimamente pensar que a "proscrição da função digestiva" para fora do corpo erógeno, que evoquei anteriormente, talvez não seja a principal causa da doença. Provavelmente também haja uma afecção genética familiar transmissível. Não é essa característica genotípica que se impõe para além de toda determinação psicossocial? Eis uma pergunta chata a respeito da "causalidade psíquica" em psicossomática, e isso porque, ao que me parece, nenhuma resposta é verdadeiramente satisfatória.

Crise e cronicidade em psicossomática

Das várias situações clínicas que estudei no decorrer dos últimos trinta anos, eu tiro a seguinte proposição, que submeto a vocês: as doenças crônicas estariam associadas a distúrbios que implicam, do ponto de vista biológico, três registros:

- Um terreno genético que engendra uma vulnerabilidade a certas doenças e confere uma resistência a outras;
- Um distúrbio que afeta as regulações imunológicas;
- Um fator exógeno físico, químico ou biológico.

Toda afecção crônica implicaria desordens nesses três domínios. Na maioria dos casos, essa dimensão crônica da doença seria totalmente independente do que pode se passar no plano psicossexual. É uma maneira de dizer que a doença somática não seria do foro da causalidade psíquica.

Em contrapartida, as *crises evolutivas da doença* poderiam, por sua vez, ser escandidas pelos eventos afetivos. Em suma, apenas a evolução da doença seria, propriamente falando, do foro da psicossomática – tanto no que concerne às crises evolutivas quanto no que concerne às remissões, à estabilização, até mesmo à cura da doença.

Noutros termos, penso que seria útil estabelecer, na leitura psicossomática das doenças, uma distinção entre duas dimensões que seria preciso separar bem: as crises, de um lado; a cronicidade, de outro.

As crises, as crises evolutivas, as remissões poderiam se beneficiar de uma abordagem psicanalítica.

Em contrapartida, a dimensão da *cronicidade* – isto é, da doença que afeta o organismo de forma duradoura – seria, na maioria dos casos, "acidental"; ela não responderia a nenhuma causalidade psíquica.

No caso do Senhor B., entretanto, a proscrição da função para fora do corpo erótico parecia justamente abrir o caminho para o surgimento da retocolite hemorrágica. Como explicar essa contradição?

Parece-me que a proscrição da função para fora da economia erótica constitui justamente um sinal ou uma vulnerabilidade específica do corpo *no nível da função* designada por essa proscrição. Mas o *processo fisiopatológico* convocado para fazer com que um sintoma apareça na esfera digestiva – a saber, nesse caso, a retocolite hemorrágica – seria totalmente independente desse trilhamento que foi traçado pelos impasses da relação criança/adulto.

O Senhor B. desenvolve uma retocolite porque o terreno genético familiar o predispõe a isso. Caso não houvesse esse terreno, mas um outro patrimônio genético, talvez ele não tivesse tido uma retocolite hemorrágica, mas uma colite, uma diverticulite, um tumor benigno, um tumor maligno, um carcinóide... ou sabe-se lá mais o quê.

Noutros termos, se há um trilhamento psíquico, ele só designaria a *função* que pode ser atingida, mas não teria incidência alguma sobre o processo fisiopatológico. Essa precisão é importante. *Mutatis mutandis*, parece-me que muitas doenças – entendamos aí doenças relacionadas em seus processos fisio e etiopatogênicos – desenvolvem-se mesmo na ausência de trilhamento particular pela proscrição de uma função para fora da subversão libidinal. Elas aparecem por razões cuja elucidação seria exclusivamente da ordem da causalidade biológica. Em muitos casos, a evolução da doença parece inscrita, também ela, no próprio processo fisiopatológico, como se o calendário das descompensações fosse parte integrante da própria doença. Nesses casos, as crises seriam então determinadas pela dimensão *crônica* da doença e estariam contidas nessa última. Por exemplo, um câncer de pâncreas ou um câncer de mama caracterizam-se não somente pelas desordens imunológicas, celulares e tissulares da doença, mas também por sua evolução, que está incluída na doença. O câncer, quando não tratado fisicamente – isto é, material e medicamente – evolui de modo espontâneo, em todo mundo, para a generalização e a morte.

Mas a questão se complica seriamente do ponto de vista psicossomático em duas circunstâncias:

- Quando a doença não é letal;
- Ou quando a doença é letal, mas pode ser combatida de modo eficaz pelas técnicas médico-cirúrgicas.

Nessas duas situações, exclusivamente, o ponto de vista psicossomático recupera os seus direitos.

Mesmo que acidental quanto ao processo crônico que subjaz à doença, acontece de a evolução das crises ser, ainda assim, sensível à abordagem psicossomática. Salvo engano, todos nós passamos pela experiência de doenças que, a despeito da progressão indubitável da análise, conhecem uma evolução que parece totalmente insensível ao que se passa do lado da perlaboração. Em contrapartida, também passamos pela experiência de doenças cujo prognóstico é habitualmente muito desfavorável e que, contanto que corretamente tratadas do ponto de vista médico, revelam-se extremamente sensíveis à progressão do trabalho psicanalítico.

Em certos casos, portanto, a abordagem psicanalítica parece venturosa. Como é que pode a evolução de uma doença cuja etiologia nada deve aos acontecimentos psíquicos ser, no entanto, sensível à abordagem psicanalítica?

Os remanejos do corpo erótico pelo sintoma somático

Deixemos então em suspenso, no caso do Senhor B., a discussão sobre a etiologia da retocolite enquanto doença crônica. Admitamos, em contrapartida, que as crises evolutivas sejam efetivamente sensíveis aos acontecimentos psíquicos e à psicanálise.

O Senhor B. tem repetidas crises. A teoria *standard* as analisa como reações a conflitos que, por falta de mentalização, consumam-se em sintomas somáticos. Então, geralmente se dá uma atenção particular aos movimentos que afetam a *economia* psicossomática. A falta de mentalização leva a considerar que o conflito age, então, como um *trauma*, isto é, como um excesso de excitação em relação às capacidades de ligação pelo eu.

Essa leitura econômica, que, às vezes, também se designa pelo termo "funcionalista", – essa leitura, portanto – leva a duas conclusões que constituem, de fato, apenas uma só, vista de dois ângulos:

- Convém, nesse caso de vulnerabilidade à somatização, adotar um procedimento psicoterápico que privilegie o ponto de vista da para-excitação. Visto que é o excesso de excitação que está em causa no que se refere às possibilidades do eu, é preciso, tanto quanto possível, guiar o paciente de modo que ele evite se perder nas situações de conflito cujas consequências desastrosas ele não consegue antecipar por si só – e das quais, por conseguinte, ele não sabe se proteger;

- A segunda consequência, no plano técnico, é recusar o tratamento analítico clássico cuja vetorização vai sempre no sentido da análise, isto é, do desligamento – o que só pode agravar os riscos de transbordamento do eu e as crises evolutivas da doença somática.

Parece-me viável abordar as coisas de outro modo. Isso é possível caso se parta da outra ponta do processo psicopatológico. A crise de retocolite hemorrágica sugere que uma função precisa estaria proscrita do corpo erótico: aqui, a função de retenção-eliminação – tanto do lado digestivo quanto do lado urinário, como vimos com o episódio de anúria aguda.

Caso se remonte ao processo, ocorre então a ideia de que essa questão está eletivamente ligada ao *agir expressivo* da contenção, da retenção, do fechamento dos limites do corpo frente à agressão. Em suma, há boas razões para pensar que a proscrição dessa função fisiológica para fora da subversão libidinal mutila as capacidades de expressão, de manipulação e de tolerância do Senhor B. à agressividade, até mesmo à violência.

Muitos episódios de crise hemorrágica – a maioria deles, na verdade – estão efetivamente centrados em conflitos que colocam em cena fantasias de agressão.

A minha hipótese seria a seguinte: uma vez aberta a via da descompensação úlcero-hemorrágica, ela tenderia a capturar progressivamente os conflitos agressivos. Ou, para dizer de outro modo, a falha aberta no corpo erótico pela proscrição do registro expressivo da defesa contra a agressão funcionaria como um poço, como uma bacia de atração para todas as moções agressivas que, infiltrando-se por essa falha, furtariam-se *de facto* à perlaboração da agressividade (tanto sofrida quanto agida).

Essa interpretação assenta-se, portanto, na hipótese de um sentido específico do sintoma digestivo no paciente relativamente a moções agressivas. Se essa interpretação for justa, então é possível servir-se analiticamente do sintoma somático. O sintoma já não seria apenas a testemunha de uma mutilação do corpo erótico. Ele também poderia ser entendido como o ponto de partida de uma exigência de trabalho específica imposta ao psiquismo por conta de suas relações com o corpo – com esse corpo que apresenta uma falha no nível reto-cólico.

Na concepção que estou tentando articular, o corpo erógeno seria o ponto de partida do pensamento. Ou, para dizer de outro modo, sem o substrato que constitui o engajamento do corpo erótico no agir expressivo (da agressividade), essa subversão libidinal – que é necessária ao advento de uma *pulsão* agressiva estruturada – não poderia se produzir. O pensamento subjetivo só poderia advir caso fosse encarnado, primeiro, por um engajamento do corpo erótico.

Os acidentes da sedução

O problema psicanalítico se desloca, então, para a análise do conflito nuclear que poderia ter estado na origem da proscrição da função para fora da subversão libidinal. Por referência à teoria tradutória do inconsciente desenvolvida por Jean Laplanche (1987), é possível interpretar a proscrição do agir expressivo que mobiliza a função esfincteriana como um acidente da sedução da criança pelo adulto.

Lembro aqui, muito sumariamente, essa teoria. A comunicação entre a criança e o adulto é mobilizada pela autoconservação: de um lado, as necessidades do corpo fisiológico da criança; de outro, os cuidados do corpo dispensados à criança pelo adulto. A onda portadora dessa comunicação é o apego. Mas, nessa comunicação, a relação é desigual. A criança se dirige ao corpo do adulto sob efeito de estímulos fisiológicos que provêm do seu próprio corpo. O adulto, de sua parte, não pode responder no registro estrito dos cuidados higieno-dietéticos, isto é, unicamente na dimensão instrumental da autoconservação. Pois, por seu pertencimento ao mundo dos adultos, não reage somente com um comportamento de cuidado.[2] O adulto não pode, quando responde aos apelos do corpo da criança, fazer outra coisa além de reagir também sexualmente. A comunicação, a mensagem dirigida pelo adulto à criança (no corpo a corpo com a criança, por ocasião dos cuidados) é "comprometida", diz Laplanche (1987) – até mesmo corrompida –, pelo sexual. *Nolens volens*, o adulto sempre excita a criança com seu próprio inconsciente. O adulto sempre seduz a criança. Na verdade, o que é o mais comprometedor – e, por conta disso, o mais excitante – nessa comunicação adulto-criança é precisamente aquilo de que o adulto não tem consciência, isto é, aquilo que vem da mobilização de seu próprio inconsciente. O adulto seduz a criança, mas não sabe que, ao fazê-lo, implanta o sexual no corpo da criança. Assim se encontram situados dois tempos: o primeiro é o *apelo da criança* veiculado pela onda que carrega o apego; o

---

2 *Retrieval*, na teoria do apego. [N. T.]

segundo é aquele do *retrieval* do comportamento de cuidado do adulto comprometido pelo seu inconsciente sexual. Agora a criança encontra-se excitada pelo adulto, o que mobiliza nela uma forma particular de exigência de trabalho, de ligação, que Laplanche (1987) descreve com o nome de *tradução*: tradução, pela criança, da mensagem comprometida emitida pelo adulto. É esse o terceiro tempo: o tempo tradutório.

Mas o que é, então, que a criança procura traduzir ou ligar? Não uma mensagem no sentido trivial do termo, mas sim o efeito dessa mensagem sobre o seu corpo. O que a criança procura traduzir é o estado do seu corpo excitado pelo encontro com o corpo do adulto. Poderíamos, então, isolar um quarto tempo: a tradução da criança, sobretudo antes da linguagem, passa por gesticulações do corpo, movimentos que são endereçados ao adulto – convite a continuar o jogo das manipulações do corpo, por exemplo.

Parece-me que é nesse quarto tempo que ocorrem *"acidentes da sedução"*.

Frente à expressividade dos movimentos do corpo da criança, acontece de o adulto experimentar sentimentos de cólera, de asco, de rejeição, de aversão, até mesmo de ódio. Acontece de ele reagir, então, com comportamentos violentos: ele bate na criança. É isso mesmo que constituiria o acidente. Caso as reações do adulto – mobilizadas por seu inconsciente sexual frente ao corpo da criança – assumissem uma forma violenta, provocariam na criança uma sobrecarga de excitação que estagnaria o pensamento. Na ausência de pensar, nada de tradução; na ausência de tradução, a função do corpo engajada no agir expressivo seria proscrita da subversão libidinal. Nesse local, o corpo erótico estaria como que mutilado.

Quando ocorre um sintoma feito a crise inflamatória e hemorrágica, ele tende a engolfar toda a excitação proveniente de emoções erótico-agressivas, de modo que o trabalho de tradução, de ligação e de perlaboração desses afetos é arruinado. O sintoma captura a intenção expressiva.

Retomada transferencial do sintoma somático

Como abordar, por meio da análise, essa forma bastante particular de dissolução do afeto? Isso me parece possível caso se dirija eletivamente a atenção para essa zona do corpo que está excluída ou proscrita da economia erótica.

Diferentes técnicas são propostas aqui em função da teoria *do corpo* à qual se faz referência. Para Anzieu, trata-se do eu-pele, e o trabalho da análise concentra-se nos "significantes formais".[3] Para Gisela Pankow, trata-se da imagem do corpo, e o trabalho da análise incide eletivamente nas "fantasias estruturantes" (Chaput, 2004).

No caso do Senhor B., o agir expressivo faltante – o da agressividade mobilizando a zona anorretal – é revelado pela confrontação do paciente às investigações do gastroenterologista. Em razão das crises, ele tem de passar por repetidas colonoscopias. Não as suporta. Às vezes, justificam-se por uma crise cuja extensão e gravidade é preciso avaliar. Às vezes, ocorrem fora das fases agudas, para apreciar a qualidade da cicatrização ou para monitorar a evolução da doença. Com os progressos da disciplina médica, eis que, um belo dia, o gastroenterologista declara ter de fazer não somente uma colonoscopia, mas proceder a uma série de coletas escalonadas ao longo de toda a mucosa retal e cólica. Ao que parece, é preciso fazer cerca de oitenta coletas (para detectar a eventual cancerização das lesões). O Senhor B. fica fora de si. Demanda,

---

3 Cf. Anzieu, D. (2000). *O eu-pele* (Z. Rizkallah, & R. Mahfuz, trad.). São Paulo: Casa do Psicólogo. Publicado originalmente em 1985. [N. T.]

claramente, que eu concorde com a recusa a essa intervenção mutiladora, inútil e inaceitável.

Ainda que eu tenha ficado bastante perplexo, confesso, e não simplesmente preocupado – pois acontece de as colonoscopias, por si sós, desencadearem uma nova crise –, recuso-me a dar a ele uma opinião. Ao que parece, ele interpreta o meu silêncio como um conluio com o gastroenterologista perseguidor, que vai lhe penetrar com o seu instrumento, pela bunda, e recortá-lo por dentro. A questão é difícil de conduzir, como era de se esperar; no entanto, por intermédio da neurose de transferência, agora o conflito é com o analista, e não mais apenas com o gastroenterologista. Assumo o risco de continuar analiticamente o trabalho e de permanecer na recusa, com vistas a não estagnar o movimento graças ao qual o bom entendimento com o analista protetor é rompido em prol de um confronto. Agora sou como o pai dele, que goza com a sua sodomização e estripação; e ele é a vítima impotente de um comércio sexual que se apresenta como um estupro. As semanas que antecedem a colonoscopia são ritmadas pelo aumento do seu ódio e da sua cólera contra mim; mas fato é que, durante esse tempo, o palco do conflito é verdadeiramente fantasístico. Esse conflito engaja o seu corpo e o meu, e a dimensão propriamente sexual já não está fora de jogo; a excitação aumenta efetivamente, e suas consequências não são previsíveis de antemão.

Do ponto de vista do corpo erótico, a situação evolui. A zona anorretal é agora reconhecida como o objeto de uma manipulação sexual que faz com o que o analista goze. Noutros termos, a zona anorretal é engajada num enredo que é também um jogo fantasístico com o analista. Em suma, o processo da subversão libidinal parece ter sido reengajado. A descrição detalhada da forma, da consistência, da cor e da quantidade das suas fezes ocupa-o durante boa parte de cada sessão. Ele monitora tudo bem de perto e me apresenta com esmero o resultado de todas as suas investigações.

A colonoscopia com as oitenta biópsias acaba acontecendo, depois de vários adiamentos.

A *perlaboração pelo sonho*

Supondo que, como no caso do Senhor B., seja possível continuar o trabalho de análise, *stricto sensu*, com os riscos que ele comporta, parece-me que os progressos da subversão libidinal só são verdadeiramente adquiridos quando o agir expressivo, até então proscrito, aparece no *sonho* que consuma o trabalho realizado. Par mim, esse ponto é importante; é o que propus caracterizar por meio da expressão "perlaboração pelo sonho".

Foi preciso ainda vários meses depois da colonoscopia para que o sonho viesse: o Senhor B. está em seu quarto, o quarto que ele ocupava na casa dos pais. Ao lado da sua cama, encontra-se uma cama de campanha. Sobre a cama de campanha, há uma mulher deitada, dormindo. Ele sente um desejo sexual por ela. Beija sua boca, depois seu corpo e, por fim, faz uma cunilíngua até ela gozar. E então, de repente, se dá conta de que ela tem um pênis – grande como o de um adolescente, precisa ele. A inquietude sucede a descoberta. Como é que ele pôde fazer amor com ela se ela não tinha vagina? Ele continua sua investigação anatômica e, olhando bem, descobre que debaixo do pênis, atrás do escroto, há um furo, que ele julga ser provavelmente praticável. Penetra tal orifício nessa mulher-homem e tem bastante prazer.

Como é a regra com esses sonhos de mutação, a impressão corporal ao despertar é de uma intensidade extrema. A lembrança afetiva do sonho é muito forte. A sensação de prazer perdura e recobra sua potência a cada vez que a lembrança do sonho volta. Esses sonhos de mutação distinguem-se facilmente dos outros para o sonhador, pela precisão da lembrança e pela intensa mobilização de prazer que traduz, sem dúvida, a apropriação de um novo registro afetivo e expressivo – isto é, nada menos que uma ampliação da subjetividade.

Geralmente, um sonho desse tipo é seguido de vários outros nas noites posteriores, retomando o mesmo mote. Por exemplo, no dia seguinte, o Senhor B. sonha que está no jardim de sua propriedade (e não no da propriedade de seus pais). O jardim está disposto de um modo magnífico. No sonho, ele acabara de fazer trabalhos importantes de arrumação e de embelezamento... com um paisagista. Tem gente querendo visitar seu jardim. Mas a propriedade está fechada. No gradil de entrada, encontra-se curiosamente uma imponente e deslumbrante fechadura de ouro. E é ele quem possui a grande chave que permite abri-la. O sonho se consuma numa impressão de intensa soberba.

Nessa bela epanadiplose, o fechamento funciona um pouco como a revanche contra a cena de infância que relatei no começo dessa apresentação. Não comentarei esses sonhos porque isso exigiria que eu relatasse as numerosas associações do Senhor B. Mas o agir expressivo de uma sodomização em boa e devida forma é o que, aqui, é importante para a minha proposta sobre a reconquista de uma função pela subversão libidinal.

Já faz mais de cinco anos que o Senhor B. não tem crises hemorrágicas. Ele até negligenciou, durante todo esse tempo, rever seu gastroenterologista. Volta a vê-lo. Este – que é especialista em retocolite – parece incrédulo, pois nunca viu uma retocolite daquela forma evoluir favoravelmente.

Corpo biológico e corpo erótico

Ainda que uma doença – leia-se: o processo etiopatogênico responsável pela instalação de uma afecção *crônica* – resulte de uma causa estritamente externa proveniente de um agente físico, químico ou biológico, as crises evolutivas dessa doença podem ser sensíveis à evolução dos conflitos psíquicos. Isso apenas em certos casos, dado que também há evoluções cujas crises são rigorosamente controladas pelo próprio engenho da doença. Todavia, quando a evolução não é galopante de imediato, é possível ter um impacto sobre essas crises evolutivas. O trabalho analítico pode ter repercussões importantes quando se chega a remontar aos acometimentos do corpo erótico e quando a reapropriação das zonas proscritas foi consumada *via* perlaboração pelo sonho. A partir desse trabalho analítico, parece-me possível sustentar a hipótese de que, em certas afecções somáticas, o sintoma que se manifesta nas crises evolutivas tem um conteúdo sexual que se pode então remeter aos acidentes da sedução pelo adulto.

Ao insistir nesse trabalho de análise e de interpretação do conteúdo sexual do sintoma somático cuja gênese é bem diferente da de uma conversão histérica, estou querendo sugerir que a tarefa da psicossomática não seria elucidar a causa psíquica das afecções somáticas. A tarefa da psicossomática seria, sim, o inverso.

Todos temos razões para cair doentes somaticamente. A natureza, tanto quanto o ambiente, nem sempre é benevolente com o corpo – longe disso. A tarefa da psicossomática seria compreender por que escapamos de doenças, quando esse é o caso, e por que, quando estamos doentes, chegamos a estabilizar, a compensar a doença e, em certos casos, a permanecer duradouramente em remissão, até mesmo a nos curarmos. E caso se ouse esboçar uma resposta – imperfeita e, sem dúvida, provisória –, eu arriscaria dizer que a fonte da saúde situa-se, antes de mais nada, no corpo erótico e na capacidade de habitá-lo afetiva, sensual e eroticamente. Pois é pelo corpo erógeno que a vida experimenta a si mesma e revela-se a si. E é do amor de si, na medida em que ele é amor pelo seu próprio corpo, que provém o poder de lutar contra as mazelas que se abatem sobre o corpo biológico por intermédio das doenças somáticas. É também por isso que sustento a ideia de que o trabalho com o corpo erógeno – e, por meio dele, com a reativação da subversão libidinal – justifica uma abordagem psicanalítica, *stricto sensu*, dos sintomas somáticos. Inclusive em pacientes que apresentam doenças graves que ameaçam o prognóstico vital. Pois só a análise permite voltar aos rastros da sedução originária da criança pelo adulto para encontrar o engenho da sexualidade infantil que está, sem dúvida, no princípio do poder da vida de regenerar a si mesma.

Monismo ou dualismo?

A partir de considerações clínicas e práticas que foram evocadas a propósito desse caso, é possível continuar a discussão com questões mais teóricas e especulativas sobre as relações entre o corpo e a alma. E antes de qualquer outra consideração, sem dúvida, convém situar o debate em relação à metapsicologia freudiana.

Entre os muitos textos de Freud que poderiam servir de ponto de partida para a discussão das relações entre o corpo (*Körper*) e a alma (*Seele*), o artigo de 1915 sobre as pulsões é, sem dúvida, o que mais elucida as questões teóricas. Nesse texto, com efeito, Freud escreve:

> *Voltando-nos agora do lado biológico à observação a partir da vida anímica, então nos aparece a "pulsão" como um conceito fronteiriço entre o anímico e o so-*

mático, como representante psíquico dos estímulos oriundos do interior do corpo que alcançam a alma, como uma medida da exigência de trabalho imposta ao anímico em decorrência de sua relação com o corporal. (Freud, 1915/2013, pp. 23-25)

Esse fragmento é bem conhecido e sua exegese a partir do conjunto dos argumentos do artigo mostra que Freud, indubitavelmente, não considera outro corpo além do corpo biológico (*Körper*). E a fonte da pulsão (*Quelle des Triebes*) que se situa no corpo (*in "dem Körperinnern"* [Freud, 2013, p. 214]) não compete à teoria psicanalítica:

Por fonte da pulsão entende-se o processo somático em um órgão ou parte do corpo, cujo estímulo é representado na vida anímica pela pulsão. . . . *O estudo das fontes pulsionais já não pertence à Psicologia.* . . . *O conhecimento mais específico das fontes pulsionais não é estritamente necessário para a investigação psicológica.* (Freud, 1915/2013, p. 27)

Se esse texto sobre o conceito de pulsão é justamente aquele em que o ponto de vista de Freud sobre as relações entre o corpo e a alma expressa-se o mais nitidamente, parece não haver a menor abertura para uma teoria específica, nem para uma metapsicologia do corpo. E é preciso então justamente admitir que todas as teorizações do corpo – tanto por Paul Schilder (1950) quanto por Gisela Pankow (1969) ou Didier Anzieu (1987) – devem ser consideradas heterodoxas em relação à metapsicologia de Freud.

Esse juízo, é claro, aplica-se também às hipóteses que formulei anteriormente sobre os dois corpos – o corpo biológico e o corpo erótico – e sobre o processo de produção do segundo corpo a partir do primeiro, por intermédio da "subversão libidinal" das limitações biológicas.

Os muitos outros argumentos tirados das reações de Freud às proposições teóricas de seus alunos e contemporâneos – Groddeck, Reich e Ferenczi, em particular – mostrariam que Freud não queria uma metapsicologia do corpo.

A necessidade de uma metapsicologia como essa, quando se impõe no trabalho teórico, aparece em trabalhos de psicanalistas que se confrontam com patologias não neuróticas pesadas, em particular psicóticos e *borderlines*; e, em menor escala, com patologias que competem ao campo psicossomático.

Em todo caso, sejam quais forem as justificativas, toda metapsicologia do corpo é não freudiana. Freud se manteve firme numa posição de princípio dualista separando o corpo da alma, opondo as pulsões de autoconservação às pulsões sexuais, distinguindo a pulsão de morte das pulsões de vida. E convém, para apreciar sua significação epistemológica, aproximar essa postura teórica de Freud de um texto nitidamente mais antigo: "Projeto para uma psicologia científica" (1895). Freud, nessa época, havia efetivamente tentado fazer uma teoria das relações entre o corpo e o espírito – ainda que não tenha sido nesses termos que ele tenha formulado o problema ali. Freud dedicou-se mais ao estudo das relações entre o sistema nervoso e o pensamento, o que definitivamente não é a mesma coisa que as relações entre o corpo e a alma, como se vai ver adiante. Seja como for, o "projeto" não levou a resultados satisfatórios. Foi por isso que Freud não apenas não o publicou, não apenas não retificou o trabalho ulteriormente; mas, além disso, de fato, operou uma ruptura radical, colocando-se resolutamente no terreno exclusivo da vida anímica (*Seelenleben*) e abandonando o corpo e o sistema nervoso à biologia. Disso resulta a formulação radical de 1915, na passagem citada anteriormente a propósito da fonte pulsional.

Ainda que Freud mantenha distância, frequentemente, dos princípios do método experimental e da administração da prova nas ciências da natureza, ele reafirma, até o fim de sua obra, o seu postulado positivista. E não busca outra referência epistemológica, não se interessa por outras correntes de filosofia do conhecimento. Ele ignora, de fato, a intensa discussão que a filosofia do Segundo Iluminismo – entre o fim do século XVIII e os anos 1840 – atravessou, em toda a Europa, a propósito das fontes do pensamento e dos processos em causa na "ideação", com a publicação de muitas obras sobre as relações entre o físico e o moral. Controvérsias que foram precisamente estimuladas, em filosofia, sob o efeito dos rápidos progressos da biologia, da fisiologia e, em particular, da neurofisiologia; controvérsias que implicaram vários médicos-filósofos como Cabanis, Pinel, Royer-Collard, Itard, Bichat; físicos como Ampère; e vários filósofos como Stahl, Engel, Stewart, Reid...

Entre os filósofos (Destutt de Tracy, Degérando, Ancillon...), aquele que foi, sem dúvida, o mais longe nessa via foi Maine de Biran, com suas pesquisas sobre "a decomposição do pensamento",[4] as "relações entre o físico e o moral no homem",[5] as "relações das ciências naturais com a psicologia"[6] e o famoso memorial sobre "a apercepção imediata" (1995), que faz do corpo todo (e não unicamente do cérebro) a condição imanente de toda ideação possível.

---

4 Biran, M. de. (1988). Œuvres complètes, t. III: Mémoire sur la décomposition de la pensée. Paris: Vrin. Publicado originalmente em 1804-1805. [N. T.]
5 Biran, M. de. (1984). Œuvres complètes, t. VI: Rapports du physique et du moral de l'homme. Paris: Vrin. [N. T.]
6 Biran, M. de. (1986). Œuvres complètes, t. VIII: Rapports des sciences naturelles avec la psychologie. Paris: Vrin. Publicado originalmente em 1813. [N. T.]

A hipótese da subversão libidinal das funções fisiológicas em prol do corpo erótico – que evoquei rapidamente anteriormente – é compatível com a filosofia dos princípios de Maine de Biran e com seu conceito de "*esforço sensível*": no princípio de toda ideação há, segundo Biran, a apercepção da resistência que o corpo opõe ao esforço, e é justamente isso que constitui o "fato primitivo" a partir do qual o pensamento pode se formar.

A noção de subversão libidinal é, em suma, uma generalização teórica dos conceitos de apoio (*Anlehnung*) e de erogeneidade (*Erogeneität* e também, em certa medida, *Erregbarkeit*)[7] que encontramos em Freud (1905), a propósito da teoria sexual. A subversão libidinal seria o princípio imanente das relações entre o corpo biológico (*Körper*) e o corpo erótico (*Leib*). O corpo erótico, que é secundário – isto é, que não é inato, mas adquirido –, nasce do corpo biológico sob o efeito da sedução pelo adulto. O corpo que se beneficiou da subversão libidinal torna-se um "corpo pensante".

Por conseguinte, todo pensamento encontraria sua origem num estado do corpo do qual ele se faz, de algum modo, o "representante", o "delegado" ou o embaixador no psíquico (*Psychische* ou *Seelische*).[8] E esse estado do corpo que nos interessa é, antes de mais nada, um estado afetivo. Que esse estado do corpo possa ser caracterizado por grandezas biológicas (neuro-endócrino-metabólicas) é mais do que provável. Mas a forma pela qual esse estado do corpo é experimentado subjetivamente no modo afetivo de um padecimento, isso não pode ser deduzido diretamente de dados biológicos, contrariamente ao que sustentam certos partidários do reducionismo biológico. Muito pelo contrário, cada estado do corpo desencadeia a ativação de um pensamento ou a recordação de uma lembrança e, em seguida, uma série de pen-

---

7 Do alemão, "excitabilidade". [N. T.]
8 Do alemão, "psíquico", "anímico". [N. T.]

samentos que a eles estão ligados por associação. A mobilização desse processo dá a esse estado do corpo uma forma psíquica representada e manipulável mentalmente.

Só que não haveria equivalência fixa entre o estado do corpo, de um lado, e a ideação que o representa, de outro. Um mesmo estado do corpo poderia, em função das circunstâncias, ativar uma série associativa ou uma outra que, apesar de suas diferenças, teriam em comum a mesma "cor afetiva" (o que Wittgenstein designa com o nome de "cor dos pensamentos"). Assim, por exemplo, uma mesma fadiga do corpo pode mobilizar uma série associativa ligada a uma lembrança de penúria física. Uma fadiga equivalente, ocorrendo momentos depois, pode mobilizar uma série associativa partindo não de uma lembrança, mas de um "pensamento latente" (*latenter Traumgedanke*). Os pensamentos singulares mobilizados por um estado do corpo particular dependem do contexto (diacrônico e sincrônico) e são selecionados, ou escolhidos, em função da maneira que ilustram o estado do corpo que se está experimentando no momento. Noutros termos, a cada estado do corpo corresponde necessária e simultaneamente uma série associativa que o representa psiquicamente. Mas a série associativa mobilizada é uma entre muitas possíveis que poderiam também ilustrar esse estado afetivo do corpo. Dentre a gama de possíveis, uma se impõe. E ela não é previsível de antemão. Ela ocorre, ela surge, ela se impõe a uma subjetividade que a recebe no modo pático, isto é, no modo da paixão, da passividade – "me vem ao pensamento", "me vem à mente", "me veio em sonho": "*Es träumte mir*". Encontramos, então, entre o estado do corpo e a ideação, algo inesperado, imprevisível, que o termo alemão utilizado por Freud exprime bem: "*Einfall*" (traduzido do francês, ideia incidente).[9]

---

9 Do francês, *idée incidente*. [N. T.]

O estado do corpo vem primeiro, ao passo que a ideação que o acompanha é contingente – ainda que, de toda forma, uma ideia, um pensamento, um *Einfall* sempre vá estar presente. O corpo vem "primeiro", a ideação vem em seguida.

Essa imprevisibilidade do *Einfall* que virá com um estado do corpo resulta do fato de que a combinação entre um estado do corpo, de um lado, e um "pensamento incidente" (*Einfall*), de outro, não é regida *por nenhuma lei psicofísica*. Essa ideia incidente é designada, pelo filósofo Davidson, com o nome de "*mental event*".[10] Entre o estado do corpo e o "*mental event*", a relação é "anômala" (= sem lei) – por oposição ao que seria uma *relação fixada por uma lei*, dita relação "nomológica". As hipóteses que apresento aqui sobre a relação entre corpo e alma são da ordem do "*monismo anômalo*".

Segundo Davidson (1970), há quatro tipos de teorias da relação entre eventos mentais e eventos físicos. De um lado, têm-se teorias que afirmam a existência de leis psicofísicas e aquelas que a negam; do outro, têm-se as teorias que afirmam que os eventos mentais são idênticos aos eventos físicos, e aquelas que o negam. Temos, então, quatro tipos de teorias:

- *o monismo nomológico* afirma que existem leis de correlação e que os eventos correlatos são idênticos (o materialismo pertence a essa categoria);
- *o dualismo nomológico* compreende diferentes formas de paralelismo, de interacionismo, assim como o epifenomenalismo;
- *o dualismo anômalo* combina o dualismo ontológico com a ausência de lei vinculando o mental e o físico (o cartesianismo);

---

10 Do inglês, evento mental. [N. T.]

- e, por fim, temos *o monismo anômalo*, que corresponde à minha posição.

Se, como sustento com a hipótese da subversão libidinal da ordem biológica, é "o corpo, inicialmente", que está no princípio do pensamento (o corpo todo enquanto afetado e enquanto, de fato, fundamento da subjetividade; o corpo todo que experimenta a si mesmo, e não o cérebro), então todo pensamento é um pensamento do corpo. Ou, para dizer de outro modo, toda ideia incidente, toda fantasia, todo pensamento associativo, interpreta um estado do corpo.

Eis a razão pela qual penso que o trabalho psicanalítico deveria dar uma atenção particular à forma pela qual o corpo pode ou não se engajar no encontro com o outro e no amor a si mesmo; à forma como o engajamento do corpo evolui no decorrer de um tratamento e como ele se revela, em particular nos sonhos, porque é na forma como o corpo erótico é habitado subjetivamente que se situaria o *princípio* mesmo do funcionamento psíquico.

Resta, todavia, avaliar se, ao reintegrar o corpo à metapsicologia, de um lado, convocando-o como referência para a prática, do outro, essa concepção das relações entre o corpo e a alma sugerida pela clínico psicossomático não gera, em relação ao pensamento de Freud, afastamentos intoleráveis.

No fim das contas, podemos nos perguntar se a teoria dos dois corpos, engendrados um do outro por intermédio da subversão libidinal, é da ordem do monismo ou do dualismo. O segundo corpo – o corpo erótico – é secundário. Iria se tratar, então, entre os dois corpos, de um dualismo imanente, *a posteriori*. No entanto, como indiquei anteriormente, adoto a tese do "monismo anômalo" de Davidson.

Então, monismo ou dualismo? É difícil dar uma resposta resoluta, porque tantas coisas foram escritas sobre esse assunto que a dificuldade teórica reincide nos próprios conceitos de "monismo" e "dualismo", dos quais já não se sabe muito bem o que significam, conforme os autores que deles se utilizam. A propósito da primeira formulação da hipótese da subversão libidinal, o filósofo e epistemólogo François Dagognet (1986) havia escrito em seu prefácio: "... ele excluiu o dualismo insustentável e estéril; ele rejeitou o monismo simplificador e, mais ainda, os compromissos insossos". Parece-me, com efeito, que não se pode negar o dualismo que resulta da sedução ("a primazia do outro") na gênese da sexualidade infantil e do corpo erótico. Mas esse segundo corpo é construído não somente a partir do outro (o adulto sedutor), mas também a partir do corpo biológico, na ocasião de cuidados atinentes à autoconservação. Há, efetivamente, no princípio dessa gênese do segundo corpo, um encontro entre o outro-adulto e seu inconsciente sexual, de um lado, e o corpo da criança e sua "pulsão de compreender e traduzir", de outro. Primazia do outro e primazia do corpo biológico – que, no princípio, são duas entidades diferentes – fundem-se graças a um processo que subverte a ordem biológica para instalar uma nova ordem: a ordem erótica (= subversão libidinal).

No fim das contas, é essa subversão libidinal que se propõe como um fenômeno extraordinário graças ao qual *o corpo se divide*, à medida que *a ideação se encarna*. É, portanto, justamente numa figura do monismo que se inscreve a subversão libidinal (na medida em que ela é efetivamente fundada num poder do corpo), mas trata-se de um monismo imanente, engendrado por uma situação que o precede: a situação antropológica fundamental (SAF), colocada em destaque por Jean Laplanche (1987). Só que o problema epistemológico das relações entre o corpo e a alma só começa quando o segundo corpo advém. O que precede essa etapa não é da alçada da epistemologia. De onde vem a possibilidade da vida subjetiva? O exame dessa questão compete exclusivamente à metafísica.

Referências

Anzieu, D. (1987). Les signifiants formels et le moi-peau. In D. Anzieu (Org.), *Les enveloppes psychiques* (pp. 1-22). Paris: Dunod.

Biran, F. M. de. (1995). *Œuvres complètes*, t. IV: "De l'aperception immédiate". Paris: Vrin. Publicado originalmente em 1807.

Bowlby, J. (1978). *Attachement et perte*, t. I (J. Kalmanovitch, trad.). Paris: Presses Universitaires de France. Publicado originalmente em 1969.

Braunschweig, D., & Fain, M. (1975). *La nuit, le jour: essai psychanalytique sur le fonctionnement mental*. Paris: Presses Universitaires de France.

Chaput, C. (2004). Histoire de Paul: des pianos, des continents et le petit banc... [Comunicação realizada na Journée Gisela Pankow, em 30 de novembro de 2003 (Paris). Société de Psychanalyse Freudienne e Ass. Int. Amis de Gisela Pankow]. In M.-L. Lacas et al. (2004). *Présence de Gisela Pankow* (pp. 65-83). Paris: Éditions Campagne Première.

Dagognet, F. (1986). Prefazione. In C. Dejours (1988), *Il corpo tra biologia e psicoanalisi* (pp. 7-11). Roma: Edizioni Borla.

Davidson, D. (1970). Mental events. In L. Forster, & J. W. Swanson (Orgs.), *Experience and theory* (pp. 79-101). Amherst: University of Massachussetts Press. [Tradução francesa: Neuberg, M. (Org.) *Théorie de l'action*. Liège: Mardaga].

Dejours, C. (2018). O corpo como "exigência de trabalho" para o pensamento. In *Psicossomática e teoria do corpo* (P. S. Souza Jr., trad., pp. 189-221). São Paulo: Editora Blucher ("Psicanálise Contemporânea").

Freud, S. (1895). Entwurf einer Psychologie. In S. Freud, *Gesammelte Werke* (pp. 375-486) Nachtragsband. Frankfurt am Main: Fischer Verlag. [Tradução francesa: Projet de psychologie scientifique. In S. Freud, *La naissance de la psychanalyse* (pp. 316-396). Paris: Presses Universitaires de France, 1973/ Tradução brasileira: Projeto de uma psicologia. In O. F. Gabbi Jr. (1995), *Notas a Projeto de uma psicologia* (O. F. Gabbi Jr., trad., pp. 175-217). Rio de Janeiro: Imago, 2003].

Freud, S. (1905). Drei Abhandlungen zur Sexualtheorie. In S. Freud, *Gesammelte Werke* (t. V, pp. 29-145). Frankfurt am Main: Fischer Verlag. [Tradução francesa: Laplanche, J. (Org.) *OCF*, t. VI (pp. 60-181). Paris: Presses Universitaires de France, 2006/Tradução brasileira: *Obras completas*, vol. 6 (P. C. de Souza, trad., pp. 13-172). São Paulo: Companhia das Letras, 2016.

Freud, S. (1915). Triebe und Triebschicksale. In S. Freud, *Gesammelte Werke* (t. X, pp. 210-232). Frankfurt am Main: Fischer Verlag. [Tradução francesa: Les pulsions et leurs destins. In J. Laplanche (Org.), *OCF*, t. XIII (p. 169). Paris: Presses Universitaires de France/Tradução brasileira: *As pulsões e seus destinos* (P. H. Tavares, trad.). Belo Horizonte: Autêntica ("Obras incompletas de Sigmund Freud"), 2013].

Laplanche, J. (1987). Fondements : vers la théorie de la séduction généralisée. In J. Laplanche, *Nouveaux fondements pour la psychanalyse* (pp. 89-148). Paris: Presses Universitaires de France.

Marty, P.; M'Uzan, M. de; David, C. (1963). *L'investigation psychosomatique*. Paris: Presses Universitaires de France.

M'Uzan, M. de (1984). Les esclaves de la quantité. In M. de M'Uzan, *La bouche de l'inconscient* (pp. 155-168). Paris: Gallimard.

Pankow, G. (1969). *L'homme et sa psychose* (J. Laplanche, prefácio, pp. 103-117). Paris: Aubier-Montaigne.

Rosé, D. (1997). *L'endurance primaire*. (De la clinique psychosomatique de l'excitation à la théorie de la clinique psychanalytique de l'excès). Paris: Presses Universitaires de France.

Schilder, P. (1950). *The image and appearance of the human body*. New York: International Universities Press. [Tradução francesa: *L'image du corps: étude des forces constructives de la psychè* (F. Gantheret, & P. Truffert, trad.). Paris: Gallimard, 1968].

7. Causalidade psíquica e psicossomática: da clínica à teoria[1]

Introdução

A noção de causalidade psíquica

A noção de causalidade psíquica é tão antiga quanto a psiquiatria. Ela remete, primeiramente, a uma discussão *etiológica* sobre a origem das doenças mentais: evocar uma causalidade psíquica é afirmar que neurose e psicose têm uma *origem* psíquica ou, ainda, que elas competem a uma "psicogênese". A noção de causalidade psíquica, por outro lado, remete não só a uma discussão etiológica ou ontológica, mas a uma questão *epistemológica* sobre a natureza dos argumentos utilizados para prestar contas das relações entre o corpo e o espírito, entre soma e psique, até mesmo entre cérebro e pensamento. Evocar a causalidade psíquica é, então, admitir que

---

[1] Traduzido por Paulo Sérgio de Souza Jr. do original "Causalité psychique et psychosomatique: de la clinique à la théorie". In G. Le Gouès, & G. Pragier, *Cliniques psychosomatiques* (Monographies de la Revue Française de Psychanalyse, pp. 47-65). Paris: Presses Universitaires de France, 1997.

os eventos mentais podem ter o estatuto de *causa* – não apenas de razão – das nossas ações.

A primeira discussão (etiológica) teve seu apogeu no final da última Guerra Mundial, na França, logo antes do surgimento dos neurolépticos. O debate opunha a psiquiatria existencial, representada por Henri Ey, partidário da organogênese das neuroses e das psicoses; a psicanálise, representada por Jacques Lacan, partidário da causalidade psíquica das doenças mentais; e a psiquiatria materialista-histórica, representada por Follin e Bonnafé, partidários da sociogênese das doenças mentais.

Essa discussão – relatada nas atas do Colóquio de Bonneval de 1946 (Bonnafé et al., 1950) – conserva sua pertinência, cinquenta anos depois, sem nenhuma ruga. A controvérsia é essencialmente etiológica. Ainda que os argumentos filosóficos sejam vários e precisos, a segunda vertente da discussão (epistemológica) não é, por assim dizer, abordada.

O problema epistemológico é mais recente, portanto. Ele se insere no problema ontológico das relações entre o corpo e o espírito, que remonta a Aristóteles e Platão, passando por Spinoza, Descartes e Kant – para citar apenas os principais referenciais universalmente admitidos. Mas o problema epistemológico, *stricto sensu*, não é ontológico. Ele consiste em decidir a respeito da legitimidade de encarar a existência de causas – a causalidade psíquica – no domínio da ação e no mundo psíquico e social, tal qual a existência de causas no domínio das ciências da natureza e no mundo objetivo. Esse debate conhece, hoje em dia, desenvolvimentos consideráveis, sob o impulso das ciências cognitivas e das pesquisas sobre a inteligência artificial. Donald Davidson, nos Estados Unidos, é quem defende, com maior eloquência, a causalidade psíquica perante o reducionismo da filosofia positivista. Graças à sua tese – extremamente hábil e elegante – do monismo anômalo, ele evita o positivismo e se distingue, contudo, da tradição hermenêutica (Davidson, 1970).

Por ora, não vou me engajar na segunda vertente da discussão – em que fico do lado de Davidson – porque ela já foi objeto de uma publicação (Dejours, 1994). Vou me ater unicamente a discutir o problema etiológico da causalidade psíquica, e isso não no campo da psicopatologia geral, mas exclusivamente no domínio, bastante restrito, da psicossomática.

Da causalidade psíquica à causalidade psicossomática

Na psicossomática, muitos argumentos advogam em prol de uma causalidade psíquica, isto é, do surgimento de distúrbios, de sintomas ou de doenças somáticas em resposta a constrições psíquicas ou afetivas: a teoria de Pavlov, primeiramente, com suas neuroses experimentais e suas úlceras induzidas por estresse; e é claro que, em seguida, logo se pensa nos trabalhos de Selye a respeito do estresse – trabalhos que vão nesse mesmo sentido. Por fim, nos aproximamos dos trabalhos mais sutis da neuropsicoimunologia. Não apenas esses trabalhos científicos advogam em prol de uma causalidade psicossomática, mas também a literatura e a poesia – da clorose da moça à tuberculose galopante, em *La traviata*, como consequência de seu amor impossível por Alfredo Germont.

De resto, em psicossomática, é difícil livrar-se desse modo de pensamento causalista, de tal maneira que ele está arraigado tanto na tradição científica positivista quanto no senso comum. A maioria dos psicanalistas compartilha com os psicofisiologistas e os médicos as suas convicções sobre a causalidade psicossomática.

No entanto, é verdade que existe um diferendo entre eles, mas ele é, em suma, quantitativo. *Para os médicos*, apenas algumas doenças são da alçada de uma causalidade psicossomática. A maioria das doenças da patologia geral, para esses últimos, compete a uma causalidade biológica ou físico-química. Para eles, portanto, ainda há exclusividade das causas; e a multifatorialidade que associa à causalidade biológica uma parcela de psicogênese resulta de um "ecletismo", de uma tolerância ou de uma concessão – que só são admitidos com pusilanimidade.

Para os psicanalistas, ao contrário – de Dunbar e Alexander à Escola de Paris –, todas as doenças somáticas, ou quase todas, são da alçada de uma causalidade psicossomática, e os processos biológicos desempenham apenas um papel de *mediadores* objetivos de uma causalidade subjetiva que os ultrapassa e os transcende. Ou, para dizer de outro modo, os processos fisiopatológicos não passariam de *meios* materiais colocados a serviço de um fim propriamente psíquico.

As versões teóricas da causalidade psicossomática, segundo os psicanalistas

Atualmente, são propostas muitas formulações da causalidade psicossomática pelos psicanalistas. A mais conhecida faz referência à *teoria do trauma* (Freud, 2010). Engajando-se um pouco mais nessa via, Dunbar propõe uma teoria das *personalidades predispostas* (Dunbar, 1955). A alexitimia de Sifneos e Nemiah (1970) é uma teoria *emocional* da causalidade. A desorganização progressiva de Marty, associada à vida operatória, constitui por fim uma teoria *econômica* da somatização ou da causalidade psicossomática (Marty et al., 1968; Marty, M'Uzan, & David, 1963). A minha própria concepção da forclusão da função pode, em alguns aspectos, ser considerada uma teoria intersubjetiva ou *dinâmica* da causalidade psicossomática – apesar dos meus esforços, aliás, para me desprender da causalidade psíquica (Dejours, 1995).

As doenças acidentais

Gostaria agora de atacar por trás o problema da causalidade psicossomática, examinando as dificuldades levantadas pelas "doenças acidentais". Essas últimas constituem, em alguma medida, o obstáculo intransponível a toda e qualquer teoria psicogenética da causalidade psicossomática.

Na origem das "doenças acidentais", não há lugar para um *primum movens* psíquico. Entre elas, as doenças que ocorrem sucessivamente a:

- catástrofes naturais e fome: desnutrição e carências de vitaminas ou de oligoelementos;[2]
- catástrofes industriais: intoxicações químicas de Bhopal,[3] irradiações nucleares de Chernobil;
- grandes infestações: malária ou esquistossomose, em regiões de pandemia; Aids, na África negra etc.;
- poluição da atmosfera de trabalho: surdez traumática profissional; lesão por esforço repetitivo (LER) e outras lesões músculoesqueléticas (LMEs) de pessoas que trabalham com computação em massa; silicose dos mineradores etc.;

---

2 Alumínio, bromo, cobalto, cobre, ferro, flúor, manganésio, iodo e zinco : elementos químicos, metálicos ou metaloides, existentes em reduzidas quantidades no organismo, mas indispensáveis para o seu bom funcionamento. [N. T.]
3 Ocorrido na madrugada entre 2 e 3 de dezembro de 1984 – e considerado o maior desastre industrial químico da história –, a Tragédia de Bhopal (Índia) consistiu no vazamento de quarenta toneladas de gases letais da fábrica de agrotóxicos da empresa norte-americana Union Carbide. [N. T.]

- taras transmitidas geneticamente com forte penetração fenotípica: hemofilia, idiotia fenilpirúvica, mucoviscidose etc.;

- efeitos colaterais de medicamentos: surdez por uso de estreptomicina; aplasia medular por uso de cloranfenicol; alopecias por uso de quimioterápicos; síndrome de Cushing iatrogênica; discinesia tardia induzida por neurolépticos etc.

O problema que eu gostaria de submeter à discussão é o da abordagem psicossomática das doenças acidentais. É comum dizer que a psicossomática é, antes de mais nada, um método de abordagem e de análise de pacientes (que sofrem de doenças do corpo), e não um método para tratar as doenças que competem a uma causalidade psicossomática. A diferença é importante: doente ou doença? Pacientes vítimas de doenças acidentais podem tirar benefício de uma abordagem psicossomática da sua condição? Em caso de resposta afirmativa, como explicar, então, esse poder da psicanálise sobre a cura de doenças do corpo, cuja origem certamente escapa, no entanto, de uma causalidade psicossomática qualquer?

A história do Sr. Quebra-Cabeça

O Sr. Quebra-Cabeça veio se consultar comigo porque teme uma recaída da espondilite cervical infecciosa em razão da qual está em tratamento há três anos. Todo ano, na chegada do seu aniversário, ele sofre uma recaída e tem de "entrar na faca". Ora, dentro de alguns dias, ele vai comemorar seu quadragésimo aniversário. Não sabe que relações podem existir entre a sua doença e o seu estado moral, mas tem a intuição de que as duas coisas estão ligadas. As limitações progressivamente impostas à livre utilização de seu corpo pelas intervenções cirúrgicas na nuca despojam-no de algo essencial ao seu prazer e à sua vida: ele sempre manteve uma atividade esportiva intensa, especialmente fazendo trilhas, praticando corridas de montanha, esqui etc. Ser privado disso arruína a sua existência. Recentemente, teve vontade de colocar fim aos seus dias. Subiu numa montanha. Foi até um cume, ao qual teve condições físicas de chegar – o Mont Blanc –, com a intenção de ali se deitar definitivamente e aguardar o sono derradeiro.

Durante toda essa primeira entrevista, ele conta – com sutileza e sensibilidade – as vicissitudes atuais da sua vida amorosa e profissional. Experimenta então um *insight* extraordinário e dá testemunho de uma preocupação e de uma atenção com o outro que indicam sua capacidade de identificação, de empatia, e sua acessibilidade à culpa: ele gostaria, de fato, de fazer um trabalho psicoterápico comigo, mas teme me sobrecarregar, me esgotar com tudo o que ele me inflige ao falar dele desse jeito.

Noutros termos, eu concluiria se tratar de uma organização rigorosamente neurótica, caso não tivesse igualmente me surpreendido com a constatação de que a sua sensibilidade e a sua sutileza afetivas se desfraldavam no palco das relações intersubjetivas *atuais* com seus médicos e cirurgiões, com sua companheira, com seus vizinhos, com seus amigos. Da sua família, da sua infância: nem uma palavra! Concluo que, por trás da espessura neurótica (como diria Pierre Marty), escondem-se conflitos mal simbolizados, e que se trata, muito provavelmente, de um *borderline* cujas falhas ainda não são claramente identificáveis, mas que são testemunhadas pelas tendências depressivas e pela dramaturgia suicidária, passando pelos cumes montanhosos.

Só sete meses mais tarde é que o Sr. Quebra-Cabeça vai contar o acidente: na época, ele vivia com uma mulher, Clotilde, que era indecisa, hesitante, que vivia se comportando feito criança. Num domingo de manhã, o dia estava bonito. O Sr. Quebra-Cabeça desejava fazer uma caminhada, mas Clotilde tergiversava. Eram onze horas da manhã e ainda nenhuma decisão sobre o local do passeio! O Sr. Quebra-Cabeça está muito irritado. Então, furioso, ele sai sozinho, pega sua bicicleta de montanha e sobe uma colina que ele conhece bem. A descida é muito íngreme e é interrompida, no meio, pela passagem transversal de uma pequena trilha. A brincadeira consiste em descer direto, virar na trilha – para diminuir o ritmo – e mergulhar de novo na ladeira, direto, até lá embaixo. Brincadeira perigosa, certamente, mas na qual o Sr. Quebra-Cabeça ficou craque. E ele conhece bem o lugar. Para conseguir, afirma ele, é preciso estar bem concentrado na manobra. Mas, por um lado, o terreno está liso e úmido, quase lamacento; além do mais, o Sr. Quebra-Cabeça está muito bravo por causa de Clotilde. Ele começa a descida, fica com lama nas rodas, não consegue virar na trilha e é arremessado no vazio. As pontas dos pés estão presas nos pedais; as mãos, atarracadas ao guidão... e ele não viu mais nada. Então ele acorda: muita gente ao redor, todos à espera dos bombeiros. Não consegue mais mexer os membros. Impressão de paralisia e de fratura da coluna.

Todos os dentes do maxilar superior quebraram; ele está com uma fratura-compressão vertebral dorsolombar, feridas no couro cabeludo e no rosto – além de, talvez, uma luxação das vértebras cervicais.

Durante muito tempo, ele usa colar cervical e colete, mas se recompõe extraordinariamente bem de seu politraumatismo. Tirando as próteses dentárias, tem uma *restitutio quasi ad integrum*.

Recapitulação provisória

Temos, então, uma história que começa a se organizar: uma estrutura *borderline* com uma "espessura neurótica" incontestável e falhas identificáveis. Diante das solicitações inconscientes da sua agressividade, ele não chega a ligar mentalmente a excitação e tem de descarregá-la, então, pela musculatura. Daí, o investimento maior do corpo e das performances psicomotoras, cuja limitação é suscetível de engendrar uma reação depressiva e até ideias suicidas – como vimos na primeira sessão.

É no decorrer de uma briga precisamente a respeito da limitação, por Clotilde, do espaço de desdobramento psicomotor, que a irritação aumenta, trazendo a excitação, a busca de uma descarga compulsiva que o leva ao limite das suas performances e, até mesmo, além – o acidente grave que acaba de ser relatado.

Origens da falha caracterial (ou caracteropática)

Em minha abordagem das doenças somáticas, fui levado a reconhecer um lugar central à *violência* dos pais contra a criança na gênese, na criança, do terreno psíquico propício às descompensações somáticas do futuro adulto. Os elementos da biografia do Sr. Quebra-Cabeça e as recordações só virão mais tarde na terapia, mais de dez meses depois do começo. Seu pai se ausentava com frequência por razões profissionais e não se interessava pelo filho. Exceto quando este fazia besteiras. Daí, diz ele, o pai o "quebrava" na porrada. Uma vez, seus pais haviam saído juntos. Nesse meio tempo, com boas intenções, o Sr. Quebra-Cabeça – que tinha então 8 ou 9 anos de idade – havia tentado cortar a grama. Mas, esquecendo-se de colocar óleo, queimou o motor. Quando voltou, o pai, furioso, desferiu contra ele um vigoroso chute na bunda, de um jeito tão bruto que lhe fraturou o cóccix. O paciente ficou debilitado por vários meses. Quando ia para a escola maternal, aos 3 ou 4 anos de idade, sua mãe ia buscá-lo todo dia na porta do estabelecimento. A criança localizava, no meio das mães que estavam esperando, o rosto da sua, e então se precipitava na direção dela, que em seguida a levava para casa. Um dia, a mãe não estava lá. Ficou esperando longos minutos, sozinho na calçada, abandonado, angustiado, em pânico, depois tomou sozinho o rumo de casa, incerto. A mãe, na verdade, estava escondida, observando à distância. Era para ver – conforme ela revelaria – como ele se virava sozinho. Com 3 anos!

Em seguida, a mãe ficou profundamente deprimida (após o nascimento de uma filha dez anos mais nova que o Sr. Quebra-Cabeça) e vivia se queixando do fato de que seus filhos só lhe davam dores de cabeça e decepções. Desde então, ele foi deixado absolutamente sozinho: o pai, mar afora; a mãe, na clínica psiquiátrica; a irmã, com uma das avós. Flertou com a violência e a delinquência: coleção de armas brancas, de pistolas; várias brigas sérias; alcoolismo durante a adolescência; roubos diversos; detenções pela polícia; condenação, aos 16 anos, por roubo de carro etc. Também havia se tornado manipulador, mentiroso e até mesmo um pouco mitômano.

Segunda recapitulação

Estamos vendo, então, uma estrutura *borderline* com uma "espessura neurótica" determinada; falhas herdadas da violência dos pais, alternando com o abandonismo, preenchidas por condutas psicopáticas de pequena delinquência e por uma tendência à violência compulsiva; um superinvestimento da musculatura e da psicomotricidade, como via preferencial de descarga da excitação não ligada mentalmente; um acidente muito grave, consequência da compulsividade comportamental.

Noutros termos, reconstituímos, em dez meses de trabalho analítico, todo um itinerário biográfico que vai da infância ao acidente e às complicações somáticas, do tipo da espondilodiscite infecciosa.

A etiologia da espondilodiscite

Tempos depois do acidente de bicicleta, no entanto, às vezes, o paciente – que vai globalmente muito bem – se queixa de dores (tipo torcicolo) transitórias. Vai ao médico. Fazem radiografias e tomografias e concluem haver uma hérnia de disco cervical. Ele é operado (nucleotomia). Um ano depois, mais uma vez, aparece um torcicolo. No fim, é operado novamente – mas, dessa vez, de um abcesso vertebral, no mesmo lugar da primeira intervenção. Um ano depois, mais uma vez, novas dores, novo abcesso na mesma região: é operado novamente. No ano seguinte, de novo, a mesma história. Cada vez lhe fixam uma nova vértebra suplementar. Atualmente, quatro de cinco vértebras estão anquilosadas.

Tudo aqui indica uma complicação osteológica motivada pelo terreno psicossomático que nós identificamos, no qual a compulsividade – continuando seu trabalho de minagem (pulsão de morte) – leva a uma complicação recidivante que acomete, mais uma vez, a psicomotricidade.

Mas vejam só! O Sr. Quebra-Cabeça consultou, na melhor clínica da França, cirurgiões especializados em traumatologia. O que não se sabia, à época, é que essa clínica estava envolvida com fraudes e corrupção.

O Sr. Quebra-Cabeça não deveria ter sido operado, porque não estava com hérnia de disco (diagnóstico fraudulento) – opinião de todos os especialistas, unânimes, consultados após as complicações. Uma vez que, por parte da clínica, estavam sendo exigidas economias em todos os orçamentos, algumas esterilizações não estavam sendo feitas conforme as regras. No decorrer da intervenção, portanto, inocularam-no com uma bactéria rara, um *Mycobacterium xenopi*. Ele faz parte de um rol de quarenta doentes inoculados, nessa clínica, de forma rigorosamente iatrogênica. Infecção extremamente resistente que acarretou a morte de vários dos doentes desse rol. Processos, seguros, clínica desautorizada e desconveniada etc.

Aqui não se pode, com efeito, imputar a origem da complicação ao terreno psicossomático do paciente – cumpre lembrar que ele havia praticamente se curado de seu politraumatismo. *Ora, a cura também faz parte da análise psicossomática* e ela testemunha incontestavelmente a potência do desejo de vida do Sr. Quebra--Cabeça. Essa espondilodiscite bacteriana é, portanto, efetivamente, uma *doença acidental*, e não uma "somatização" de origem psíquica – a causalidade psicossomática deve ser descartada aqui, sem contestação possível. A doença infecciosa aparece independentemente de todo e qualquer contexto de "desorganização progressiva". A teoria psicossomática está fora de questão. Não é apenas a causalidade psicossomática que se mostra refutável aqui, mas toda teoria que pretenda estabelecer um encadeamento qualquer, ainda que não causal, entre evento somático e evento mental.

Uma resposta possível consistiria em voltar às posições outrora adotadas por alguns autores, segundo os quais seria preciso fazer uma divisão entre dois tipos de doenças: as que são "psicossomáticas" e as que não são. Por exemplo, a úlcera duodenal e a asma brônquica seriam psicossomáticas, mas não a glomerulonefrite crônica, nem a tabes. Essa concepção reata, pelas beiradas, com a causalidade psicossomática. Mas o inconveniente dessa teoria é que o psicanalista não dispõe de nenhum meio psicanalítico, que incida especificamente sobre o funcionamento psíquico, para estabelecer a distinção entre esses dois grupos de doenças. De modo que, então, seria preciso delegar esse diagnóstico diferencial aos biólogos, aos médicos e aos fisiopatologistas – o que é lamentável para a coerência epistemológica da disciplina psicossomática.

Mas puxa! Essa afecção raquidiana recidivante se inscreve tão bem na continuidade do que foi trilhado pela biografia do Sr. Quebra-Cabeça! Como compreender que essa doença – acidental – tenha, no entanto, crises evolutivas ritmadas por eventos afetivos? Como compreender que esse paciente formule uma demanda de escuta psicanalítica para fazer frente à sua doença física? Como compreender que esse percurso psicoterápico, apesar de toda essa conjectura acidental, ainda assim traga um benefício terapêutico ao paciente, pois é bem essa a situação que a história ulterior do paciente confirma? Acaso não há, nisso tudo, apenas uma série de *coincidências*? Ou seria o caso de um processo mais complexo a ser elucidado?

A noção de "agir expressivo"

No caso do Sr. Quebra-Cabeça, é assim que compreendo as coisas: quando está sujeito à cólera ou quando moções violentas se amplificam nele, o Sr. Quebra-Cabeça corre o risco de ser vítima de uma crise evolutiva de espondilodiscite cervical. Tudo se passa como se a doença raquidiana constituísse uma fenda aberta, em sua organização psicossomática, na qual os movimentos pulsionais estão prestes a se jogar. Na qual, para dizer de outro modo, com o auxílio de uma metáfora, a espondilodiscite funcionaria como a ruptura de uma junta do cabeçote num motor, deixando escapar o excesso de excitação que não pode ser metabolizado mentalmente.

Metabolizar mentalmente significa não apenas produzir fantasias agressivas, mas *encená-las*, ademais, graças a um *agir* expressivo que implica o corpo. O que é o agir expressivo?

O agir expressivo é a forma como o corpo se mobiliza a serviço da *significação*, isto é, a serviço do ato de significar a outrem aquilo que o "eu" vive. O corpo acompanha a fala à qual ele dá carne e contribui, de forma decisiva, para a realização do sentido – o qual, sem a mobilização e a participação do corpo, não seria o mesmo.

O agir expressivo recapitula, numa única noção, o enunciado e sua encenação. Não há apenas o que é dito, há também a maneira de dizer. E a maneira de dizer afeta aquilo que é dito. A forma expressiva contribui para construir o sentido daquilo que é dito. A ponto de, às vezes, ser possível significar algo praticamente sem dizer uma palavra sequer, unicamente pela expressão corporal. A cólera, por exemplo, pode ser significada pelo corpo quase sem palavras: pelo corpo e pelo grito. O agir expressivo é o equivalente da encenação necessária para comunicar um drama. A encenação é para o drama aquilo que a significação é para o sentido.

Por outro lado, o agir expressivo *mobiliza o corpo inteiro*: não apenas a motricidade voluntária, os gestos, mímicas etc., mas também as vísceras: respiração, suores, tremores, taquicardia, palidez ou eritrose, constrição laríngea, secura da boca, midríase ou miose, cãibras epigástricas etc. Noutros termos, o agir expressivo mobiliza todas as funções fisiológicas, não mais em prol da regulação dos meios internos ou da homeostasia, mas a serviço da encenação do sentido, em prol da dramaturgia.

Por fim, é impossível escapar do "chamado" do agir expressivo. A encenação da significação é necessária ao seu advento e à sua transmissão a outrem. De modo que se subtrair à exigência dramatúrgica e travar um discurso monocórdico, plano, inexpressivo, corre o risco de fazer mal tanto à sua compreensão pelo outro quanto à sua potência elocutória. Pois o corpo, no agir expressivo, não apenas carrega o sentido, ele também provoca reações no corpo do outro, ele *age* sobre o outro a quem se endereça. Noutros termos, o agir expressivo é o vetor privilegiado da intencionalidade nas relações intersubjetivas ordinárias.

A captura da intencionalidade

A doença intercorrente, acidental (aqui, a espondilite) – que, em primeira instância, está livre de toda e qualquer intencionalidade subjetiva – intervém como uma perturbação brutal infletindo o curso da dinâmica intersubjetiva na qual se encontrava engajado o sujeito no momento da inoculação iatrogênica acidental (na medida em que funcionamento mental e vida psíquica traduzem-se sempre, na concepção aqui apresentada, num agir expressivo iminente, numa dialógica em andamento, em conformidade com a primazia da intersubjetividade em relação à intrassubjetividade).

É preciso, ademais, para tornar o processo inteligível, fazer intervir uma propriedade universal da dinâmica intersubjetiva, realçada por Freud (1968): é a *ambivalência* (retomada de Bleuler) de que toda relação está sobrecarregada. Nessa dinâmica acometida de ambivalência, o agir expressivo endereçado ao outro exprime simultaneamente duas moções contraditórias: o amor e o ódio – o que é, ao mesmo tempo, inevitável e fonte de dificuldade mental para o sujeito. Dificuldade psíquica que, aliás, o outro percebe, intui ou, às vezes, compreende.

A doença acomete, então, o sujeito às voltas com aquilo que sempre está operando no agir expressivo. A minha experiência clínica me incita a pensar que a doença somática vem interromper esse trabalho segundo modalidades quase constantes: a saber, que ela assume principalmente *o lugar do trabalho a ser realizado com as moções de agressão* na problemática da ambivalência. A doença, noutros termos, viria substituir o componente agressivo do agir expressivo, como se sua função fosse a de preservar a corrente de ternura,[4] ou como se a função da doença fosse salvar um laço afetivo ou erótico ameaçado pela ambivalência. A doença funcionaria, portanto, por *espoliação*, por *predação*. Ela roubaria, ela levaria consigo, em seu movimento, uma parte do trabalho mental em andamento no sujeito; ela tomaria o seu lugar. Ela arruinaria o componente apaixonado da dinâmica intersubjetiva que é tributário da pulsão de morte, ao passo que a pulsão de morte está conformemente intricada à pulsão de vida – de modo que a doença acidental, que acomete inopinadamente o sujeito, o desapropria, ao mesmo tempo, do seu funcionamento próprio. Ela ocasiona, em contrapartida, uma espécie de empobrecimento psíquico do sujeito, que, em total desarranjo, assiste a um fenômeno que o lesa e o deixa, deprimido, bem no meio do enigma.

Daria a esse processo, de bom grado, o nome de *captura da intencionalidade expressiva* pelo fenômeno somático patológico. A captura da intencionalidade pelo fenômeno somático seria um processo fundamental ao cabo do qual um evento biológico já não é unicamente biológico: ele é humanizado. É por meio desse processo que se explicaria, *a posteriori*, no plano teórico, a intuição doutrinal segundo a qual todo evento que acomete o sujeito humano tem um sentido, ou adquire, ao encontrar o corpo erótico (e não somente o corpo biológico), uma dimensão propriamente humana. Esse processo funciona como uma "desnaturação" da causa natural (ou acidental) da doença. A captura da intencionalidade expressiva age como uma "recuperação", no sentido que se emprega esse termo em política (recuperação do sentido de um evento cuja intenção inicial era, em parte, diferente. Por exemplo, a "recuperação" da herança gaullista por Mitterrand).

---

4 Cf. Dejours, C. (2011). Le corps entre "courant tendre" et "courant sensual". *Revue française de psychosomatique*, Paris, (40), 21-42. [N. T.]

É claro que essa captura só é possível justamente porque existe, aliás, uma afinidade entre as duas configurações sucessivas. Ocorre, ao contrário, que alguns sintomas somáticos eclodem de forma tão discrepante em relação à dinâmica intersubjetiva na qual o sujeito está engajado no momento dos fatos, que são totalmente desprovidos de sentido. A experiência clínica sugere que esse caso é raro e que, em geral, a captura é bem-sucedida. Mas a captura só pode ser atestada no a posteriori (*Nachträglichkeit*), quando pôde se beneficiar de um trabalho de reconstrução que *restitui à intencionalidade do agir expressivo a significação que lhe foi roubada pelo sintoma.*

Captura da intencionalidade e espoliação do sentido

O processo de captura da intencionalidade pelo sintoma ocasiona, primeiro, uma predação do agir expressivo. Mas, ao mesmo tempo, esse processo imprime simbolicamente, *em negativo*, o sintoma somático com o conteúdo de sentido agressivo que foi surrupiado. Portanto, em contrapartida, a captura da intencionalidade confere ao sintoma uma dimensão simbolizante potencial que ele não teria caso atingisse não um humano, mas um animal.

A "captura da intencionalidade" é, de certa forma, a noção clinico-teórica que responde simetricamente à noção de "complacência somática" introduzida por Freud a propósito do caso Dora (Freud, 1905/2016). Na complacência somática, é a intencionalidade e o sentido que capturariam o sintoma. Na captura da intencionalidade, é o sintoma que capturaria a intencionalidade e o sentido! (Dois processos, então, para explicar o mesmo fenômeno. Mas ainda tenho dúvidas com relação à complacência somática e minha preferência é pela captura da intencionalidade).[5]

---

5 Em David, C. et al. (1968). *Le cas Dora et le point de vue psychosomatique* (p. 693; colchetes meus) [O caso Dora e o ponto de vista psicossomático], suge-

O processo de captura da intencionalidade é, portanto, passivo: ele é sofrido pelo sujeito, ele é inintencional. Para ilustrar, cito o que aprendi com o trabalho analítico com pacientes somáticos, em especial os diabéticos, a saber: que esse processo pode ser extremamente espoliador para a produção e a construção da identidade, se não for interrompido pela inversão do movimento da paixão em ação. Isto é, *por uma retomada da iniciativa expressiva pelo sujeito* – o que, é claro, depende primeiro dele, mas também da boa vontade do outro (ou do analista).

Na diabetes insulinodependente, a destruição das células β de Langerhans deixa a contrarregulação glicêmica sem contrapartida

---

riam um processo análogo à captura da intencionalidade: "A alteração de um órgão ou de uma função, constitucional ou adquirida, desprovida de alcance semântico e simbólico [= "afecção acidental"?], tenderia então a lhes conferir *o valor de uma nova fonte erógena*. Esta, dali em diante, será capaz de exercer um espécie de atração ou, por assim dizer, de sedução interna sobre a fantasia inconsciente objeto da censura. Quando dessa coalescência, a energia sexual, a libido, engajada [= o engajamento no agir expressivo?] forma uma saída, ao mesmo tempo que confere à fantasia que ela assume uma expressão simbólica [= agir expressivo, expressão?]. Inscrita no corpo, esta, no entanto, tomada em si mesma, será menos elaborada que um sintoma mental" – cf. a espoliação do sentido pelo sintoma ou a afecção somática acidental. Penso que estamos descrevendo o mesmo movimento aqui. Onde está a diferença? Para David et al. (1968), o processo repousa na *nova fonte erógena* constituída pelo corpo atingido por uma doença e por uma sedução interna exercida sobre a fantasia inconsciente. Essa concepção vai prevalecer ao longo de toda a obra desses autores e de Fain, e dará à luz todas as discussões ulteriores sobre a coexcitação sexual. Para mim, trata-se de outra coisa: a doença somática não captura a intencionalidade, nem por erogeneização, nem por sedução – mas, pelo contrário, pelo desvio das moções hostis (agressividade, violência, compulsividade), até então integradas na ambivalência. Noutros termos, a captura da intencionalidade se daria do lado da hostilidade, e não do amor; no destino da pulsão de morte, e não da libido. Com a captura da intencionalidade, é *a dimensão passional-apaixonada* da relação de objeto que é arruinada. *A depressão seria, então, posterior à doença acidental, e não – como a teoria da "depressão essencial" e da "desorganização progressiva" supõe – primitiva!*

(todos os hormônios, exceto a insulina, são hiperglicemiantes). Quando o sujeito sente angústia ou nele se mobilizam moções agressivas,[6] às vezes, "não dá tempo", *stricto sensu*, de ele fazer essas moções virarem agir expressivo, isto é, não dá tempo de empreender o trabalho de perlaboração que o agir expressivo implica, porque a sua glicemia logo se eleva: a falha somática inerente à doença engolfa a excitação antes que ela tenha podido ser posta em ação. Ela atenua a angústia e causa o fracasso da colocação em jogo do *masoquismo primário erógeno* ou da "resistência primária" – na interpretação que D. Rosé (1997) faz desse conceito. Uma espécie de concorrência se instala, também no diabético, entre captura pela doença metabólica e engajamento estruturante na dinâmica expressiva. Essa concorrência pode se dar por muito tempo, em detrimento da dinâmica expressiva, e prejudicar gravemente o paciente – que é progressivamente desapropriado de suas produções expressivas e de seu trabalho psíquico.

O agir expressivo funciona, então, como a válvula – "fisiológica" – da economia psicossomática. A ruptura da junta do cabeçote, ao contrário, coloca o agir expressivo para fora do jogo. Daí, ele se torna inútil. O agir expressivo é uma maneira de funcionar do corpo em prol da expressividade e da dinâmica intersubjetiva. A doença somática crônica, ao contrário, é uma insuficiência do corpo que desvia a excitação de que o corpo precisa para se engajar na expressividade intersubjetiva. Tudo se passa como se a excitação, ao precipitar na espondilodiscite, não pudesse mais alimentar a via do agir expressivo da agressividade.

Antes do surgimento da espondilodiscite acidental, o Sr. Quebra-Cabeça utilizava duas vias para expressar ou descarregar sua agressividade:

---

[6] Aqui se trataria, então, de outra modalidade de entrada na desorganização progressiva.

- a primeira consistia em cometer atos de violência, com ou sem arma. (Por exemplo, ele sempre vinha às sessões com um canivete – do qual, ao que parece, ele sabia se servir de modo muito eficaz);
- a segunda consistia em voltar a compulsão contra ele, assumindo riscos físicos ou esportivos – por exemplo, quebrando-se com uma bicicleta de montanha.

Só que, dali em diante, sequer dá tempo de ele se servir dessas duas vias (as válvulas), pois a espondilodiscite (a ruptura da junta do cabeçote) logo reage com uma crise inflamatória e dolorosa que o imobiliza e o deprime.

Então, numa conjuntura como essa, é grande o risco de que, em situação de impasse psicológico sério, ele tenha uma nova crise infecciosa degradante, com complicações neurológicas cujas formas sintomáticas só podemos recear.

É o que proponho chamar de "captura da intencionalidade expressiva pela doença somática acidental". Quando uma doença é instalada no corpo, nem que seja por uma causa acidental, a sua evolução pode ser agravada pelas crises psicoafetivas. Todos os conteúdos mentais violentos podem ser tragados, de alguma forma, para a doença raquidiana.

Pode-se mostrar que não são apenas os conteúdos psíquicos *atuais* que podem ser desviados assim para a falha somática. A reativação dos eventos compulsivos do passado pela rememoração na transferência corre o risco, por sua vez, de se traduzir em crises evolutivas da doença somática. As situações ou os acontecimentos do *passado*, reatualizados, estabelecem então neoconexões com a doença somática, com o corpo que sofre, no *presente*; situações e acontecimentos do passado podem encontrar uma nova inscrição, uma nova "encarnação". Assim, progressivamente, toda a história dos entraves à expressão (ou à encenação) da violência compulsiva, desde a infância, reescreve-se na linguagem da doença somática – aqui, da doença osteoarticular –, que aparece, ulteriormente, como decorrência da biografia.

Da elaboração secundária da doença somática à noção de "reviravolta psicossomática"

Essa reescrita de todo o passado a partir do presente é, de certa forma, o prolongamento e a extensão da *elaboração psíquica secundária* da doença somática.

Na teoria psicossomática de Marty, essa elaboração secundária é considerada um artifício irrelevante. Fundamentalmente, o sintoma somático não teria sentido, ele seria inclusive a maior testemunha do não sentido e do desmoronamento do processo de mentalização e de simbolização. Nessa perspectiva de Marty, a significação atribuída por certos pacientes aos seus sintomas somáticos é uma construção sem valor, do foro da racionalização, da elaboração secundária ou secundarizada – comparável à elaboração secundária do sonho, durante a vigília –, desembocando, no fim das contas, numa quimera sem significação e vindo mascarar e deformar as produções específicas da elaboração primária do sonho, isto é, beneficiando a censura e a resistência contra o trabalho da análise e da interpretação do sonho.

Se acontece, efetivamente, de às vezes a elaboração secundária do sintoma ou da doença (somática) parar por aí, também acontece, ao contrário, de essa elaboração ser a primeira etapa de um processo bem mais longo e profundo de reelaboração de toda a história singular, a partir da doença somática.

Alguns autores criticam o ponto de vista "deficitário", defendido por Marty e Fain, para prestar contas do funcionamento psíquico de pacientes atingidos por doenças somáticas. Roland Gori e Marie-José Del Volgo, por exemplo, atribuem interesse, em princípio, apenas a esse romance construído pelo paciente sobre a sua doença somática, na medida em que, enquanto palavras vivas endereçadas ao analista, elas possuem todas as características de uma formação do inconsciente. Mas esses autores não pensam que essa elaboração secundária possa ter, em contrapartida, um impacto sobre a evolução do estado somático do paciente (Del Volgo, 1997).

De minha parte, penso que essa elaboração secundária, iniciada a partir do sintoma somático, deve ser levada a sério, como qualquer outra formação do inconsciente. Na base dessa elaboração secundária, com efeito, pode-se inserir progressivamente um remanejamento de fundo de toda a história passada do paciente. Remanejamento e reelaboração que talvez nunca teriam visto a luz do dia sem o surgimento da doença somática intercorrente acidental.

Assim, no caso do Sr. Quebra-Cabeça, a história inicialmente psicopática e delinquente se reescreve a partir da espondilodiscite, como a de uma neurose de caráter ou de uma estrutura *borderline*, apresentando uma vulnerabilidade eletiva às doenças somáticas na esfera psicomotora. Constata-se, assim, que certas doenças somáticas constituem uma verdadeira "reviravolta" da história singular; um ponto a partir do qual toda a história pode ser profundamente remanejada. Tanto para o melhor quanto para o pior. Para o pior, primeiro, na medida em que, sem a doença iatrogênica, o Sr. Quebra-Cabeça talvez tivesse apenas se tornado um psicopata. Mas também, no caso do Sr. Quebra-Cabeça, para o melhor, na medida em que essa doença também se torna a oportunidade de retomar a construção de uma personalidade que permanece em suspenso.

Com efeito, é bem num momento bastante perigoso que ele veio se consultar comigo. E dessa vez, talvez ele tenha "salvo a sua pele". Ainda estava vivendo com Clotilde, mas não a suportava mais – situação altamente perigosa, já que foi numa conjuntura similar que, de bicicleta, ele quebrou o pescoço. Desde a primeira sessão, me diz do seu mal-estar com essa mulher. Só compreendi a gravidade da situação na segunda sessão. Veio me ver radiante, explicando que, graças àquela única sessão, tinha encontrado forças para se separar definitivamente de Clotilde – falando com ela *tão claramente quanto comigo*. Passa-se, assim, da compulsão mortífera e autodestruidora ao agir expressivo simbolizado e mediado pela linguagem. É uma mudança radical. É a utilização de uma válvula flexível no lugar da descarga pela falha da junta do cabeçote ou do disco intervertebral.

Noutros termos, uma doença acidental inaugura, em geral, um processo de captura da intencionalidade, cuja evolução pode ser destruidora, até mesmo letal. Ao contrário, todavia, a captura da intencionalidade por uma doença somática acidental pode também ser esconjurada graças a um processo oposto, consistindo num remanejamento de fundo da história singular. Verdadeira reescrita da intriga de uma vida, a elaboração secundária funciona então como uma *reviravolta*, no sentido literário do termo, isto é, como a inflexão para um sentido novo – inesperado, e totalmente imprevisível – da história de uma vida. A essa inflexão, que dá uma nova configuração à intriga biográfica que está se escrevendo, proponho dar o nome de "reviravolta".

Para isso, todavia, é preciso que a ameaça somática constituída pela doença acidental seja também a excepcional oportunidade de um remanejamento, profundo, dos investimentos afetivos e libidinais. No caso do Sr. Quebra-Cabeça, esse remanejamento é realizado pela *neurose de transferência* que se instala extremamente rápido. A alternância entre a captura da intencionalidade e o processo de reviravolta psicossomática que se opõe a ele (e que restabelece o processo de subversão libidinal) faz funcionar as duas vertentes da humanização do corpo e dos fenômenos biológicos.

Ainda convém precisar que o remanejamento dos investimentos afetivos não vai trazer solução à captura, deletéria, da intencionalidade pela doença, a não ser que esse remanejamento atinja, primeiro, os *investimentos hostis da pulsão de morte*, e não apenas os investimentos libidinais – o que não serviria estritamente para nada do ponto de vista do prognóstico somático. Noutros termos, o trabalho de perlaboração atinge seu alvo se ele incide nas moções violentas, na compulsividade, e se ele reordena toda a economia da violência compulsiva em prol de uma agressividade estruturada, simbolizada e encenada no agir expressivo. Esse ponto é capital. É assim que se pode, às vezes, auxiliar *psicologicamente* os pacientes a lutarem de modo eficaz contra as consequências trágicas de doenças, ainda que de origem acidental – nas quais a causalidade psicossomática está certamente fora de questão.

Concluirei essa teoria da abordagem psicossomática das doenças somáticas acidentais, então, com um fragmento de tratamento que ilustra a luta contra o processo de captura da intencionalidade – fragmento centrado na análise da violência compulsiva.

Reviravolta psicossomática e análise da violência

Há pouco tempo, propus ao Sr. Quebra-Cabeça uma segunda sessão semanal, em particular porque a violência está começando a aflorar e porque isso necessita de uma intensificação da análise – sob pena de perder para a captura da intencionalidade na espondilodiscite.

Do jeito que eu esperava, ele reage inconscientemente como se eu lhe estivesse pedindo demais, como se eu estivesse tentando torturá-lo. Mas, conscientemente, aceita de bom grado. E logo começa a sonhar. Depois de um primeiro sonho – no qual responde "não!", claramente, a uma oferta de trabalho formulada por uma mulher –, ele me conta que tem sonhado toda noite com matanças: alguém não quer compreender o que ele está tentando dizer; ele bate cada vez mais forte, então; como o outro ainda não compreende, ele o estripa, arranca nacos do corpo – e tudo isso termina numa verdadeira carnificina, com sangue por todo lado.

Eis o sonho:

Ele estava com sua nova companheira. Passeavam por uma cidade antiga. O Sr. Quebra-Cabeça quer pegar uma passarela, mas a namorada lhe mostra uma porta entreaberta numa casa, propondo visitar. Eles entram. De repente, ele escuta uma voz e descobre, num canto, uma velha senhora, que se dirige a eles, mas está variando um pouco. Ele pede desculpas e quer ir embora, mas ela parece estar, de alguma forma, tomada de afeição por eles e não quer que saiam dali. Um homem, grande, surge seminu; ele tem pernas engraçadas – próteses de plástico, ao que parece.

A velha vai procurar alguma coisa noutro cômodo. O homem reaparece – mas, dessa vez, vestido. De repente, o rosto desse homem é como o do pai do Sr. Quebra-Cabeça. Este pega o homem pelo colarinho, com uma mão, e pela cintura, com a outra; segura o corpo dele horizontalmente, depois o utiliza feito um aríete, batendo a cabeça dele contra a parede com extrema violência, até que, pancada após pancada, a cabeça tenha sido esmagada e tenha afundado completamente no tronco – desaparecida entre os ombros. Daí, constrangido com ter de explicar à velha que o homem não foi correto com ele e que, por essa razão, teve de matá-lo, ele joga o corpo no canto do cômodo, atrás do divã, a fim de deixá-lo longe da vista da senhora.

Não vou comentar esse sonho, que justificaria, por si só, um texto especial. Eu me contento em contá-lo para mostrar como são encenados dois estados do corpo: um, impotente e portando próteses de resina (de um material comparável ao que ele próprio teve de usar depois do acidente); o outro, dotado de uma força hercúlea. Como se dá o confronto entre as duas condições? Como se simboliza a violência contra o analista, que terminará atrás do divã? Aqui se colocam alguns problemas *técnicos*, os quais aponto, somente, sem desenvolver, para dizer que a luta contra a captura da intencionalidade pela doença supõe sustentar um processo inverso à captura: a saber, um movimento de subversão da violência, passando por um manejo específico da interpretação da transferência – o qual deve se realizar constantemente entre confronto e interpretação, caso se queira ter uma chance de ser mais esperto que a espondilodiscite.

Conclusão

Procurei sair do enquadre teórico do dualismo psique/soma e reunir alguns argumentos críticos contra a causalidade psicossomática – até mesmo, para além disso, contra a causalidade psíquica das doenças. Para tanto, encarei o problema colocado pelas doenças somáticas acidentais, isto é, que certamente escapam de toda e qualquer causalidade psíquica. E tentei mostrar em que condições, no entanto, essas doenças podem ter um sentido na história singular de um sujeito: a teoria da "reviravolta psicossomática" é fundamentada na análise da elaboração secundária, cujo impacto possível sobre uma história psicopatológica – a qual, por vezes, ela pode remanejar profundamente, em sua totalidade – erramos em subestimar, ao que me parece.

Por outro lado, tentei mostrar como uma doença somática acidental pode funcionar, ao contrário, como uma armadilha psíquica maior, em que precipitam todas as moções pulsionais com as quais o sujeito não se vira muito bem. Essa é a teoria da captura da intencionalidade.

Por fim, tentei apresentar as condições graças às quais um trabalho psicanalítico pode, ao que me parece, entrar eficazmente em concorrência com a captura da intencionalidade, a ponto de ter um impacto até mesmo sobre a inflexão, para um sentido favorável, da evolução da doença somática acidental.

Aqui, duas observações podem ser acrescentadas:

- a primeira concerne às relações entre estrutura de personalidade e sintomas somáticos;
- a segunda concerne à discussão sobre a teoria da saúde.

A teoria que proponho da doença acidental e da captura da intencionalidade permitiria compreender como uma doença somática pode atingir sujeitos portadores de qualquer estrutura de personalidade (neurose, psicose ou outra), ainda que entre essas estruturas mentais existam vulnerabilidades distintas. Em todo caso, nessa teoria, nenhum sujeito – seja qual for a sua "estrutura" – estaria protegido das doenças somáticas, e as "somatizações" não seriam o apanágio de nenhuma estrutura particular.

Por outro lado, a teoria psicossomática, até o presente momento, fez a investigação científica incidir essencialmente sobre as *doenças e a patologia*, como se a *saúde* fosse algo óbvio. Do meu ponto de vista, ao contrário, a saúde não tem nada de óbvio. Não é um dom da natureza, mas sim uma construção que coloca problemas muito sérios de interpretação psicossomática (Dejours, 1994).

A ideia que prevalece desde Alexander, e que reencontramos em Fain e Marty, é a de que a doença somática está submetida aos requisitos de um inacabamento do desenvolvimento psíquico. Eu não apenas não subscrevo essa intuição, como também acredito ser preciso admitir um ponto de vista inverso. Por exemplo, algumas neuroses de caráter – particularmente rebeldes e "pouco evoluídas" na ordem do desenvolvimento afetivo, segundo a concepção de Marty – estão notavelmente protegidas das doenças somáticas. O escoramento da sexualidade no funcionamento biológico, a subversão libidinal das funções biológicas em prol do agir expressivo podem conduzir, no neurótico – em certos casos particularmente felizes –, a um estado somático estável. Mas, fundamentalmente, a subversão libidinal acrescenta uma *vulnerabilidade suplementar* ao corpo animal: a vulnerabilidade ligada aos impasses da expressão da intencionalidade no mundo da interação simbólica mediada pela linguagem. De modo que, para concluir, eu diria que a hominização do corpo – e sua desnaturação – aumentam a sua vulnerabilidade *em relação ao que ela seria sem a linguagem humana*. Assim, não creio que o neurótico – nem que fosse o mais sutil – seja, entre os mortais, o mais bem protegido das doenças somáticas. E sua saúde, quando ele a preserva, é resultado de uma luta que também é difícil, se não mais do que o é para o caracteropata; e merece, por conta disso, ser considerada um enigma psicossomático dos mais interessantes.

Referências

Bonnafé, L. et al. (1950). *Le problème de la psychogenèse des névroses et des psychoses*. Paris: Desclée de Brouwer.

Davidson, D. (1970). Mental events. In L. Forster, L., & J. W. Swanson (Orgs.), *Experience and theory* (pp. 79-101). Amherst: University of Massachussetts Press. [Tradução francesa: Neuberg, M. (Org.), *Théorie de l'action*. Liège: Mardaga].

Del Volgo, M.-J. (1997) *L'Instant de dire: le mythe individuel du malade dans la médecine moderne*. Paris: Érès, 2012.

Dunbar, R. (1955). *Mind and body. Psychosomatic Medicine*. New York: Random House.

Freud, S. (1968). *Inhibition, symptôme et angoisse*. Paris: PUF. Publicado originalmente em 1926.

Freud, S. (2010). Além do princípio do prazer. In *Obras completas: História de uma neurose infantil (O homem dos lobos); Além do princípio do prazer e outros textos* (vol. 14, P. C. de Souza, trad., pp. 161-239). São Paulo: Companhia das Letras. Publicado originalmente em 1920.

Freud, S. (2016). Três ensaios sobre a teoria da sexualidade. In *Obras completas: Três ensaios sobre a teoria da sexualidade, análise fragmentária de uma histeria [O caso Dora] e outros textos* (vol. 6, P. C. de Souza, trad., pp. 13-155). São Paulo: Companhia das Letras. Publicado originalmente em 1905.

Marty, P., de M'Uzan, M., & David, C. (1963). *L'investigation psychosomatique*. Paris: Presses Universitaires de France.

Marty, P., Fain, M., de M'Uzan, M., & David, C. (1968). Le cas Dora et le point de vue psychosomatique. *Revue Française de Psychanalyse, 32*(4), 679-714.

Rosé, D. (1997). *L'endurance primaire: de la clinique psychosomática de l'excitation à la théorie de la clinique de l'excès*. Paris: Presses Universitaires de France. Publicado originalmente em 1994.

Sifneos, P.; Nemiah J. C. (1970). Psychosomatic illness. A problem in communication. *Psychotherapy and Psychosomatics, 18*(1), 154-160.

8. Biologia, psicanálise e somatização[1]

O tema que me foi proposto, "biologia, psicanálise e somatização", é um pouco difícil para mim. Isso porque a relação entre biologia e psicanálise é um problema teórico que é quase ontológico ou epistemológico: é muito apaixonante, mas também é bastante austero. Por outro lado, a somatização só pode aparecer neste título como um convite à crítica, uma vez que, pessoalmente, não acredito na somatização. Não acredito na somatização, se nós compreendermos por este termo a doença somática como efeito de um acontecimento psíquico funcionando como causa. Aceitar o termo somatização seria dar uma resposta sobre as relações entre biologia e psicanálise ou entre corpo e psique, à qual, justamente, eu não adiro. Quer dizer, um dualismo entre psique e soma.

Para tentar justificar essa posição, gostaria de apresentar meu percurso na psicossomática a partir da obra de Pierre Marty, Michel Fain e Michel de M'Uzan, com quem discuti durante vários

---

[1] Conferência proferida no Instituto Sedes Sapientiae a convite da Especialização em Psicossomática Psicanalítica, em 11 de abril de 1997. Traduzida e adaptada por Rubens M. Volich.

anos. Depois de ter sido um torcedor da teoria que eles construíram, algumas divergências foram aparecendo, cujo ponto de partida é uma tragédia clínica que vou lhes contar.

A ideia fundamental da teoria de P. Marty é que as descompensações somáticas acontecem quando o funcionamento psíquico entra em pane, seja pela forma de um pensamento operatório ou de uma depressão essencial, que constituem os conceitos mais revolucionários da teoria de Marty. Ao contrário, um bom funcionamento psíquico – contanto que possamos saber o que é um bom funcionamento psíquico, quer dizer, um funcionamento rico em fantasias, em sonhos, em sintomas, em retorno do recalcado etc. –, constitui uma verdadeira proteção, segundo Marty, contra as doenças somáticas. Essas considerações formam a base, as verdadeiras fundações da teoria. Algumas personalidades ou algumas estruturas mentais são vulneráveis à doença somática. Outras, ao contrário, são protegidas desta, como as neuroses mentais, as psiconeuroses de transferência (a fobia, a histeria, a neurose obsessiva), mas também as psicoses bem organizadas.

Um ponto essencial da teoria é que existe uma regularidade entre a estrutura de personalidade e a forma de descompensação somática (e não as descompensações psicopatológicas) que permite uma previsibilidade. No final de sua obra, Marty se concentra bastante no desenvolvimento de uma classificação psicossomática, que descreve estruturas e funcionamentos psíquicos, passíveis de serem diagnosticados pela investigação psicossomática e que permitem prever o futuro.

Mas voltemos nossa atenção para a "tragédia" de que lhes falei: era um paciente que estava em análise comigo havia muitos anos e que, do ponto de vista da teoria de Marty, tinha um funcionamento psíquico excelente, quase exemplar: muitas produções oníricas e outras formas de retorno do recalcado, que me levavam a pensar que este paciente estava totalmente protegido das doenças somáticas. Este paciente era médico, vinha regularmente às suas sessões e, num certo dia, faltou. Foi a primeira vez em três anos e meio, e ele nem me avisou. Imediatamente me preocupei, e imaginei que ele talvez estivesse morto, que tivesse tido um acidente. Uma semana mais tarde, recebi um telefonema de alguém em nome do paciente, no qual foi explicado que ele estava hospitalizado em uma UTI, com uma hemorragia cataclísmica, fruto de uma crise de retocolite hemorrágica. Esse episódio era, na verdade, uma tempestade num céu azul, na minha opinião, absolutamente imprevisível.

Somente mais tarde fiquei sabendo que o pai deste paciente, que na época estava com 80 anos, tinha sido hospitalizado uma semana antes, por uma hemorragia digestiva, marcando a entrada pela primeira vez numa retocolite hemorrágica, o que é extremamente raro na idade do pai. O filho, médico, corre para perto do pai, a saúde do pai melhora, e o filho descompensa.

Hoje em dia, eu lhes conto isso tranquilamente, mas na época eu fiquei verdadeira e profundamente desestabilizado por essa experiência. A história deste paciente me perseguiu durante anos, até hoje, porque colocava em questão as fundações sobre as quais eu sustentava minha própria prática. E, quando perdemos a confiança na própria teoria, é muito difícil continuar a exercer essa profissão, tudo se torna angustiante. Não sabemos mais no que podemos confiar e esperamos todos os tipos de complicações com os outros pacientes. Dessa vez, a crise do meu paciente desencadeou uma crise em mim. Felizmente, eu não fiz uma retocolite hemorrágica. Mas não estava nada bem. Eis o que eu concluo hoje desta história.

Primeiramente, eu não acredito na previsibilidade em psicanálise e, geralmente, no mundo humano. Mesmo que existam regularidades, por um lado, eu recuso a previsibilidade e, por outro, reconheço que o que domina a clínica é a surpresa. Mas, mesmo a surpresa, só é possível se ainda existe um mínimo de predição que faz com que esperemos uma outra coisa que não aquilo que surpreende. Acredito então que é necessário, em psicossomática e em psicanálise, formular uma predição, mas visando a se preparar para uma surpresa e estando pronto a acolhê-la. Nós não partimos às cegas num trabalho psicanalítico, mas devemos esperar que as coisas não se passem como prevíamos. Meu debate com Marty gira em torno do que eu chamo *reabilitar o acontecimento*.

O segundo ponto que podemos extrair dessa vinheta clínica é o que eu chamo de *primado da intersubjetividade sobre a intrassubjetividade*. Penso que é o encontro com o outro que é perigoso. Nada é mais perigoso do que encontrar alguém, encontrá-lo verdadeiramente, em particular no amor. E, como muitos entre nós pressentimos, sistematicamente falhamos nesse encontro. É uma espécie de prevenção eficaz contra os acidentes psicopatológicos e somáticos.

A posição que eu defendo é constituída como uma crítica ao solipsismo, presente na obra de Marty, mas que, em certa medida, também é presente na obra de Freud. Ele consiste em analisar os movimentos psíquicos unicamente em função do que se passa no interior do sujeito tomado isoladamente e, portanto, a não considerar o exterior, inclusive o outro. O exterior é apenas considerado como pretexto, como uma oportunidade, contingente, de revelar alguma coisa cujo núcleo, o motor, se encontra no interior do sujeito.

Afirmar o primado da intersubjetividade é colocar em questão, de certa forma, o privilégio, sem dúvida excessivo, que a teoria de Marty atribui à teoria do traumatismo. A teoria do traumatismo é verdadeira, sem dúvida; mas não podemos explicar tudo desta maneira. Uma outra maneira de dizê-lo é afirmar que o sintoma somático é endereçado a um outro: eu adoeço *por* alguém. A crise somática acontece no âmbito de uma relação com o outro, quando esta relação me coloca num impasse psíquico que, evidentemente, é devido a mim, mas que também é um pouco devido ao outro.

O paciente de que lhes falei fez, manifestamente, uma descompensação *para* seu pai, endereçada *ao* seu pai. Poderia endereçar-se ao pai como poderia endereçar-se ao objeto de amor. Mas sustentar esta posição é muito embaraçoso para um psicanalista, porque quer dizer também que, quando um paciente somatiza durante uma análise, ele o faz para o psicanalista, como, em psicanálise, admitimos que os sonhos do paciente são feitos para o analista e que são animados pela transferência. Penso efetivamente que a psicanálise e, em especial, o trabalho do psicanalista, são autenticamente perigosos. Quando nós nos deitamos no divã, assumimos um risco, inclusive um risco de vida. Porque não sabemos se vamos cair numa falha psicossomática, que talvez possa nos matar.

O terceiro elemento das minhas divergências com Marty é que penso que o sintoma somático *poderia ter um significado*, que seria justamente ligado à dinâmica intersubjetiva. Se o sintoma psicossomático pode ter um significado, (o que estava em jogo durante a "somatização"), se formos capazes de analisar o que se passava naquela relação, seja com o outro, seja como analista na transferência, eu poderia então compreender o sentido do sintoma. Mas isso não quer dizer que possamos voltar atrás e atribuir ao sintoma somático um sentido, como se faz na histeria. O sintoma somático não é uma conversão: ele não vem do recalque.

O lugar do corpo em psicossomática

É necessário, então, juntar outras peças a esta construção teórica, para que esta tese seja uma outra coisa que não uma simples declaração doutrinária dogmática.

Duas coisas: a primeira diz respeito ao lugar do corpo ou da carne, e a segunda diz respeito às relações entre causa, sentido e intencionalidade.

Vou falar principalmente do primeiro ponto: o lugar do corpo em psicossomática. A biologia e a psicanálise não estudam a mesma coisa. Depois de haver trabalhado dez anos sobre essa questão, parece-me que toda tentativa de estabelecer uma articulação – uma continuidade – entre biologia e psicanálise é vã. Ao contrário, o que caracteriza a relação entre biologia e psicanálise é a descontinuidade, que toma uma forma particular que vou especificar, mas que não é uma articulação. Por exemplo: a biologia se esforça por compreender os processos de memória e de aprendizagem. Por sua parte, a psicanálise não pode colocar a questão da memória. Ela se interroga sobre as perturbações de memória, sobre as amnésias, sobre as deformações das lembranças, mas não sobre a memória positiva. São duas coisas completamente diferentes. Duas ordens de fatos que não são comparáveis. Outro exemplo: a propósito do sonho e do sono, a biologia se interessa pela análise do sono, o que se chama "hipnologia", o sono paradoxal e o sono lento. Mas, a partir da biologia, é impossível de se ascender ao sonho, até no seu conteúdo imagético formal, a partir de considerações sobre o ritmo cortical ou subcortical e inversamente. O sonho não é o sono paradoxal. Inicialmente, sonhamos no sono lento. Essa concepção que esteve muito na moda, segundo a qual existe uma equivalência entre sonho e sono paradoxal, está em vias de ser abandonada atualmente pelos biólogos.

Os psicossomaticistas têm razão. Nem todo mundo sonha. O sonho continua sendo fundamentalmente um fenômeno subjetivo e não existe equivalência possível entre a forma subjetiva do sonho, as imagens que surgem durante a noite e a natureza do sonho.

Eu gostaria de precisar um pouco as coisas a respeito do debate sobre a neuropsicoimunologia, que vem se tornando uma espécie de novo horizonte, uma nova esperança de pesquisa entre biologia e psicanálise.

Quando estudamos linfócitos, estudamos linfócitos isolados ou em grupo, mas pertencentes a um indivíduo tomado isoladamente. O problema é que nós adoecemos e que, portanto, nosso sistema imunológico erra; ou, falando mais tecnicamente, ele se deprime no momento em que o sujeito está comprometido numa relação com outro. Não existe, por enquanto, uma biologia da intersubjetividade. Não sabemos estudar os linfócitos em função do que se passa numa relação. Não quero dizer que não vamos conseguir isso, mas, por enquanto, nós não conseguimos. Todavia, é verdade que existem trabalhos de biólogos que começam, atualmente, a colocar esse problema em campos específicos da biologia, em particular no campo da memória e dos comportamentos agressivos, que, como vocês sabem, são ligados ao nível do hipocampo, da amígdala e do giro singular.

Como responder a esse paradoxo, a essa distância entre aquilo que a biologia estuda e aquilo que a psicanálise e a psicossomática estudam?

A solução desse paradoxo é considerarmos que temos dois corpos. Entre eles existe, na verdade, uma *relação*, mas não uma *continuidade*. E essa relação seria de *subversão*. A ideia é a seguinte: nós remontamos à concepção de Freud sobre o que ele chamou de "as grandes funções orgânicas". É uma noção bastante difícil, muito pouco estudada pela biologia contemporânea, mas que foi muito estudada pela fisiologia clássica, principalmente por Claude Bernard. Já faz algumas décadas que a biologia se encaminhou para alguns desenhos que se orientam para o estudo do nível celular e físico-químico. As grandes funções não são mais estudadas. É como se essa parte da fisiologia fosse, atualmente, definitivamente conhecida.

Uma função implica o uso de vários órgãos, colocados a serviço da autoconservação. Por exemplo, a nutrição implica a boca, a língua, o estômago, o tubo digestivo, o ânus etc. A subversão se aplica não à função no seu conjunto, mas sobre os órgãos dessa função. Por exemplo, a subversão da boca consiste na criança dizer de uma outra forma à sua mãe, no momento em que ela vai lhe dar a mamadeira: não é verdade que a minha boca serve à nutrição, ela me serve para mastigar/mascar, ela me serve para cuspir, e já que estou falando disso: *plaft*! E o bebê regurgita o leite sobre o belo vestido da mãe. Isso é um jogo, uma brincadeira. Não é certo que a mãe compreenda isso, mas talvez era isso que a criança queria dizer. Assim, a criança se liberta, de uma certa forma, de sua fome. Em vez de comer, ela brinca. Mas, para poder brincar dessa maneira com o jogo da boca, ela precisa de um companheiro de jogo, é necessário que a mãe queira brincar com o bebê. Se ela quiser brincar com o bebê, porque ela tem tempo, porque ela está relaxada, porque ela não fica angustiada se o seu bebê não tomar a mamadeira imediatamente, se ela não se sente imediatamente uma mãe má, então eles brincam durante cinco, dez, quinze minutos e, depois, o bebê toma a mamadeira. Devagarinho, a criança pode solicitar à sua mãe brincar com diferentes partes de seu corpo, brincadeiras durante as quais, não somente ela brinca, mas também adquire um controle com relação às exigências de autoconservação, a urgência de satisfazer suas necessidades. Devagarinho, todo o corpo pode ser colonizado, até que se constitua o que se chama o segundo corpo, ao qual damos o nome de *corpo erógeno*. É esse corpo que servirá, em seguida, à vida erótica. É com o jogo da boca que mais tarde ele saberá fazer muitas coisas interessantes para os pequenos jogos da sexualidade. Esse segundo corpo é o corpo que habitamos; é um corpo que foi arrancado do corpo biológico, não é mais o corpo fisiológico, mas é um corpo que nos faz verdadeiramente humanos e que nos liberta do reino animal.

É assim que a mulher se liberta do ciclo menstrual para ritmar sua vida sexual. Ela pode ter desejos eróticos em outros momentos que não aqueles implicados pelo cio, período do ciclo menstrual que coincide, no mamífero, com o período da excitação sexual. Fora do cio, *pas de rapport sexuel*.

O estro (cio) é um termo da biologia; é o comportamento que corresponde ao período da ovulação. É quando a fêmea está caçando. Vocês conhecem as gatas que miam durante a noite. As mulheres não são como as gatas: depois da menopausa uma mulher também pode ter relações sexuais e uma vida sexual completa.

Essa é uma emancipação incrível com relação à ordem fisiológica. Dito de outra forma, essa subversão, que chamo de subversão libidinal, é, ao mesmo tempo, a condição da liberdade. Essa noção é oriunda, e vocês reconhecem isso, da noção de *apoio*, presente em Freud, nos *Três ensaios sobre a teoria da sexualidade* (2016).[2]

Eu simplesmente generalizo essa noção, mas também faço dela o fundamento do funcionamento psíquico. A origem da vida psíquica se encontra no corpo erógeno. Na teoria que proponho, é justamente esse corpo erógeno que é primordial. Os fracassos da subversão se traduzem, então, por não permitirem completar o desenvolvimento psíquico. Essa é a diferença com relação à teoria de

---

[2] Freud, S. (2016). *Três ensaios sobre a teoria da sexualidade, análise fragmentária de uma histeria ("o caso Dora") e outros textos*. São Paulo: Companhia das Letras. Publicado originalmente em 1905.

Marty, na qual não existe, finalmente, o corpo, nem biológico, nem psíquico. Quero dizer, com isso, que a teoria de Marty faz um uso um pouco livre demais da biologia, um pouco como se pudéssemos construir, a partir da psicossomática, uma espécie de "mitologia biológica". Acredito que o corpo fisiológico permanece, que ele implica em enormes restrições, que é o fundamento da vida, mas que a liberdade está do lado do corpo erógeno. Porém, se o corpo erógeno existe do ponto de vista conceitual, na prática, ele não é um conceito operacional.

Os pontos de referência práticos para Marty dizem respeito, unicamente, aos mecanismos de defesa psíquicos. O corpo erógeno é um cenário. Para tentar ter acesso ao significado do sintoma somático, eu proponho a seguinte ideia: a exclusão da função do corpo erógeno. Imagino que compreendam que essa subversão não é dada no nascimento, mas que o corpo erógeno tenha que ser construído. E que toda essa construção depende da capacidade dos pais de brincar com o corpo da criança. Mas a maior parte dos pais não são capazes de brincar livremente com o corpo de seus filhos. Eles podem brincar com uma parte do corpo, mas não com outra, porque isso desencadeia neles a angústia. Por exemplo, eles podem alimentá-los, lavá-los, fazer a higiene tranquilamente, mas não podem, absolutamente, suportar a irregularidade da eliminação fecal. E impõem, assim, regras extremamente rígidas à criança sobre a continência e a limpeza. Nesse ponto, "mamãe não brinca mais". Nessas zonas do corpo, que são excluídas dos jogos com a mãe ou com o pai, a subversão não pode acontecer. Cristalizam-se, nesse lugar, partes do corpo ou partes da função, que permanecem, de uma certa forma, na ordem animal. Do ponto de vista do futuro do adulto, essas zonas são excluídas da relação com o outro. Não se pode vir a incomodar o sujeito ou solicitá-lo mentalmente, pela imaginação ou pelo desejo, sobre essas zonas do corpo, porque, nesse caso, corre-se o risco de um acidente somático. Em outras palavras, a doença somática não se localizaria em qualquer lugar do corpo, mas, preferencialmente, nessa zona forcluída da subversão libidinal, que se constitui numa zona de fragilidade.

A última noção que quero introduzir é a de *agir expressivo*. Toda moção pulsional é dirigida ao outro. Ela sempre espera ser recebida por um outro. Existe, portanto, na moção pulsional uma dimensão psicodinâmica e expressiva.

Na relação com o outro, eu mobilizo não somente pensamentos, ideias e desejos, mas também o meu corpo para expressar esse pensamento e esse desejo. De certa forma, eu mobilizo o corpo a serviço da significação. A significação não é o sentido, mas o fato de fazer, de transmitir o sentido. Quando eu busco expressar alguma coisa a alguém, eu busco não somente passar uma informação, o que é evidentemente uma visão simplista, mas eu busco agir sobre o outro, movê-lo, seduzi-lo ou amedrontá-lo, talvez adormecê-lo e, para isso, eu mobilizo todo o meu corpo, tudo aquilo que posso mobilizar de meu corpo. E esse corpo é o corpo erógeno. As partes que são forcluídas da subversão não podem servir à expressão.

Eu ilustro isso com um pequeno caso clínico: Sra. K. tem 60 anos quando vem se consultar comigo. É uma pessoa que fuma muito e, recentemente, descobriu um câncer de pulmão. Ela está convencida de que não sobreviverá à operação. Morrer seria indiferente para ela, se ela não tivesse esse medo terrível. A única coisa que ela lamenta é não poder terminar sua obra, que é um trabalho de pesquisa teórica. Ela é de origem judaica e, como muitos de seus concidadãos da Europa Central, é ateia e progressista. Seu pai foi deportado pelos alemães e desapareceu com muitos membros da família nos campos de concentração. Ela foi salva pela rede Wallenberg. No final da guerra, ela simpatiza com o movimento comunista, mas, depois, no tempo de Stalin, afasta-se do comunismo, quando começa a compreender o stalinismo. Ela atravessa a fronteira da cortina de ferro, arrastando-se sob os fios de arame farpado, escapando das balas, e emigra para a França, onde faz uma carreira universitária brilhante. Durante toda a sua vida, ela escondeu que era judia, mesmo para seu filho, que, portanto, não sabe que é judeu. Isso vai produzir algumas consequências importantes, pois ele vai se apaixonar por uma mulher que pertence a um partido político antissemita. Existe, portanto, um problema com relação a sua identidade que não vou desenvolver, mas que se traduz, na vida do dia a dia, por uma suscetibilidade anormal dessa mulher a todas as ameaças aos atentados à sua dignidade, quer dizer, a cada vez que não recebe as marcas de estima às quais acha ter direito, principalmente na sua vida profissional.

Nesse momento, as coisas estão muito mal para ela, uma vez que esta paciente não sabe reagir a algumas situações quando essas ameaças vêm do seu meio profissional e, principalmente, quando vêm de seu marido.

Na concepção que eu defendo aqui, a escolha da função – quer dizer, o sentido do sintoma –, são as moções hostis que são perigosas e que fazem o papel principal nos processos psíquicos que acompanham os acontecimentos somáticos. Para ser mais preciso, o perigo não está na hostilidade em si, nem na violência, nem na agressividade. Ele se encontra na impossibilidade de colocar em cena o drama intrapsíquico vivido pela paciente e, portanto, na incapacidade de manifestá-lo ao outro. Em outras palavras, o drama existe, mas a dramaturgia está impedida. É o agir expressivo que não pode se manifestar. É verdade que esta paciente é incapaz de expressar sua hostilidade. Cada vez que passa por uma experiência de humilhação, ela experimenta um sentimento de mediocridade, de vergonha e de depressão, que acompanham sua incapacidade de mostrar o que sente.

Não podendo, entretanto, evitar ser solicitada, ela experimenta uma excitação que é deletéria, e ela não pode sentir raiva. Manifestar a cólera é um agir expressivo. Como se manifesta a sua cólera em relação ao outro? Uma outra maneira de dizê-lo: qual é a dramaturgia psicossomática da cólera? Nas nossas culturas, a expressão da cólera passa pela inalação brusca de ar, seguida pelo bloqueio do tórax na inspiração, acompanhada da suspensão da palavra, ao mesmo tempo que os olhos se injetam de sangue e o rosto fica rubro. A inspiração finalmente se faz brutalmente, geralmente concluída com uma vociferação ou com um grito. Isso funciona. Isso informa o outro que ele está em vias de ultrapassar os limites e que, neste momento, eu não posso mais suportar. No melhor dos casos, a expressão tem um valor de proteção, mas implica a mobilização de todo o corpo. A dramaturgia da cólera é, antes de tudo, respiratória e vocal, antes mesmo de ser motora.

Assim, Sra. K. não é capaz de esboçar esse agir expressivo da cólera. Talvez vocês estejam pensando que estou exagerando, que podemos dificilmente aceitar um câncer de pulmão como consequência de uma incapacidade de se colocar em cólera. Mas a dramaturgia da cólera é um elemento determinante no domínio da relação com o outro, e, insisto, ela é insubstituível. Se esse agir está impedido, o risco para a pessoa é não apenas o de não poder expressar a cólera, mas de passar diretamente a uma atuação. Existem boas cóleras que não são atuações, mas que são boas maneiras de agir sobre o outro, justamente sem bater nele. Para alguns pacientes que não podem manifestar a sua cólera, existe a escolha entre a violência agida e a inibição desta violência, com o risco, neste caso, da somatização. Considero o agir expressivo como uma das funções dialógicas necessárias à preservação da identidade e da saúde mental em todo mundo. No lugar desse agir expressivo, Sra. K. acendia um cigarro. A situação que acabo de descrever não tem nada de excepcional. A estruturação da expressividade da cólera é extremamente difícil na criança. Muitos pais se sentem completamente desamparados diante de suas crianças em cólera. Mas é justamente a maneira como eles "brincam" com a questão da cólera na criança que determina a estruturação e a utilização flexível da potência expressiva da cólera no adulto.

A forma como podemos ter acesso tecnicamente, na prática analítica, ao sentido do sintoma somático, é uma outra discussão.

Para finalizar, quero simplesmente assinalar que não é possível fazer uma teoria do *sentido* em psicossomática, se não fizermos, ao mesmo tempo, uma teoria do *não sentido*. Existem, efetivamente, doenças somáticas que *não têm* sentido. São as doenças acidentais, quando, por exemplo, existe uma irradiação por um acidente nuclear. Quando nós nos situamos numa zona endêmica, por exemplo, de paludismo; nesse caso, todas as pessoas que estão nessa região do globo sofrem de paludismo. Se vocês trabalham numa mina de carvão, vocês podem ter uma silicose. Mas existe aí um paradoxo: a evolução dessa doença reage, às vezes, àquilo que se passa no sujeito sob o ponto de vista psicodinâmico. Algumas vezes, nem sempre. Por quê?

Como é possível que, psiquicamente, eu possa ter uma ação sobre a evolução de uma doença totalmente acidental com relação à qual eu não tenho nenhuma responsabilidade, mesmo inconsciente? É sobre essa dificuldade que estou trabalhando. Penso que se pode fazer uma teoria das doenças acidentais, mas essa é uma outra história sobre a qual poderemos falar uma outra vez.

9. O corpo como "exigência de trabalho" para o pensamento[1]

Introdução

Aos olhos de vários especialistas, a "Psicopatologia da experiência do corpo"[2] implicaria uma travessia, de uma ponta a outra, de toda a psicopatologia – desde as doenças mentais mais graves até a "normalidade". A experiência do corpo é uma dimensão fenomenal indissociável da vida, de todas as formas de vida de que os seres humanos são capazes. E é muitíssimo provável, além disso, que essa experiência possa se modificar com a idade e as vicissitudes da existência. Para alguns filósofos, a experiência do corpo constitui aquilo mesmo que chamamos de subjetividade. E caso se quisesse tratar da fenomenologia do corpo, então seria melhor deixar a palavra com o filósofo – que, para teorizar isso, é melhor que o clínico.

---

1 Traduzido por Paulo Sérgio de Souza Jr. do original "Le corps comme 'exigence de travail' pour la pensée". In R. Debray; C. Dejours; P. Fédida, *Psychopathologie de l'expérience du corps* (pp. 63-103). Paris: Dunod, 2000.
2 Cf. Debray, R.; Dejours, C.; Fédida, P. (2002) *Psychopathologie de l'expérience du corps*. Paris: Dunod. [N. T.]

A questão, todavia, como é formulada, colocando a psicopatologia à frente, sugere uma discrepância em relação ao que um título como *Filosofia e fenomenologia do corpo* indicaria – para retomar aqui um livro de Michel Henry (1965), que foi, sem dúvida, quem levou mais longe a análise nesse domínio. Numa outra obra, *Genealogia da psicanálise* (1985), ele se debruça sobre os limites com os quais a obra de Freud se depara para pensar a experiência do corpo. As advertências do filósofo poderiam incitar o psicanalista a se abster de se engajar nesse domínio. Se fosse permitido se aventurar nisso, todavia, seria porque o termo "psicopatologia" abre uma via que, precisamente, não foi, enquanto tal, levada em consideração por Michel Henry – ainda que ele tenha escrito páginas capitais, em particular, sobre a angústia (Henry, 1987, pp. 118-130).

A análise das questões levantadas pela psicopatologia sobre a experiência do corpo certamente mecereria uma discussão com o autor da fenomenologia material. Foram realizadas algumas tentativas nesse sentido, que serão publicadas em breve (Schneider, 2011; Forthomme, 2001). Não abordarei esse debate aqui – no âmbito deste capítulo que me foi confiado por Catherine Chabert[3] –, ainda que ele desempenhe, no que tentarei expor, um papel importante. Vou me ater a recapitular, brevemente, a discussão que se situa na outra extremidade do campo da experiência do corpo, a saber: a discussão com as concepções psicanalíticas do corpo.

O ponto de partida das hipóteses apresentadas anteriormente é a clínica psicanalítica das doenças do corpo que geralmente se estudam sob a rubrica da psicossomática. A discussão começou com aqueles que inventaram a teoria psicossomática, que

---

3 Este texto também foi publicado, em 2009, em volume organizado por Catherine Chabert. Cf. Chabert, C. (2009). *Traité de psychopathologie de l'adulte*, t. 3: "Psychopathologie des limites" (pp. 53-88). Paris: Dunod. [N. T.]

frequentemente se reúnem, há alguns anos, sob o título de Escola Psicossomática de Paris – com P. Marty, M. Fain, L. Kreisler e R. Debray, em particular; e indiretamente com M. de M'Uzan e D. Braunschweig. Progressivamente, foram se revelando distâncias em relação a essa teoria, principalmente por causa do privilégio dado por esses autores ao ponto de vista econômico – pois isso arriscaria, creio eu, apresar a análise na dimensão psicodinâmica e na dimensão do sentido que talvez as doenças do corpo tenham no devir da subjetividade. Diante de certos impasses teóricos, notadamente no que concerne às alternâncias ou às oscilações entre delírio e crise evolutiva de uma doença somática, orientei-me pela abordagem analítica das psicoses, em particular pela abordagem proposta por G. Pankow, precisamente porque ela punha a experiência do corpo no centro da teoria. O principal conceito é, aqui, o de "imagem do corpo", com suas duas dimensões: a da forma espacial que remete à dimensão fenomenológica do corpo vivido; e a da função significante, ou simbolizante, que remete à dimensão psicanalítica do corpo erógeno (Pankow, 2009).

Outra problemática estava sendo aberta, ao mesmo tempo, por D. Anzieu, centrada no conceito de "eu-pele" – com as duas folhas do invólucro psíquico e os significantes formais –, o qual me parece fecundo para uma teorização da experiência do corpo nas doenças somáticas (nesse domínio, a escolha de D. Anzieu ia na direção dos trabalhos de Sami Ali) e, para articular com isso, a referência à teoria do apego, desenvolvida por Bowlby (1984).

A teoria de P. Marty, insistindo na diferença de natureza entre conversão histérica e sintoma somático, tende a afastar da análise da experiência do corpo na somatização aquilo que redunda especificamente no sexual. A esse respeito, no entanto, é preciso insistir nas diferenças entre os autores da Escola de Paris: Michel Fain e Denise Braunschweig – com o conceito de "corpo erógeno" e a teoria da censura da amante (Braunschweig & Fain, 1975) – abrem uma via que me parece ainda de uma grande fecundidade para situar o que redunda no sexual na teoria das doenças do corpo.

Parece-me, na altura em que estou do meu percurso, que a teoria da sedução generalizada – com os seus corolários, que são a primazia do outro, a teoria da mensagem enigmática e da tradução (Laplanche, 1992) – confere, também aqui, um lugar essencial ao corpo, como passagem obrigatória à formação o inconsciente. Ou seja, de certa forma, a "encarnação" do inconsciente. Encontraremos marcas dessa referência ao longo do texto que se segue. Examinarei, com efeito, o que é que, na análise da experiência do corpo em psicopatologia, a referência ao sexual e ao erógeno implica. Mais precisamente, tentarei mostrar o papel que a experiência do corpo desempenha – na medida em que ela é, fundamentalmente, uma experiência do erótico e dos seus impasses – no trabalho de elaboração específico do tratamento analítico.

Para tanto, partirei de fragmentos clínicos – tirados da minha prática analítica – bastante contrastados, para permitir uma análise comparativa das formas como o corpo é implicado no trabalho do tratamento em função da natureza do sintoma: um sintoma somático, uma conversão e uma hipocondria.

Terei em vista aqui apenas as questões teóricas, esforçando-me para mostrar como elas permitem orientar a escuta, mas deixarei deliberadamente de lado as questões práticas (ou praxéologicas) que, creio eu, não são implicadas pelo título desta obra. Centrarei a discussão nas relações entre a experiência do corpo e a elaboração. Esta última é geralmente considerada um processo que compete exclusivamente ao pensamento, isto é, que se desenvolveria à distância do corpo e de sua biologia. Parece-me, ao contrário, que o corpo está no centro do processo de elaboração, e não aquém deste. No decorrer dessa argumentação, tentarei isolar as incidências dessa última sobre a concepção que se pode ter, em psicanálise, das relações entre o corpo e o espírito.

Sintoma somático e corpo erótico

Começarei com uma paciente com 30 anos de idade, que apresenta um estado somático inabitual. Desde os 15 anos, ela sofre de uma *diabetes juvenil*, o que é banal. Menos banal, em contrapartida, é o fato de que, desde então, não faz tratamento com insulina. Não por incompetência dos diabetologistas, mas porque essa diabetes, que deveria ter descompensado faz tempo, nunca entra na fase de insulinodependência. A paciente recebe Glucophage[4] e pequenas doses de Diamicron[5] – e isso há 15 anos. Do lado materno, o avô e a bisavó sofriam de diabetes não insulinodependente. Do lado paterno, uma meia-irmã é insulinodependente.

Essa paciente apresenta certo número de traços neuróticos (fobia, distúrbios de conversão: vertigens, paresias, frigidez etc.) para os quais tentou vários tratamentos: uma psicoterapia analítica, por dois anos, com um terapeuta calado; um tratamento psiquiátrico convencional, com antidepressivos e ansiolíticos, por um ano; uma terapia comportamental, por três anos; uma psicanálise junguiana associada a uma terapia de grupo, com o mesmo analista, por quatro anos (duas sessões de grupo e uma sessão individual no divã por semana). Nenhuma mudança digna de nota em seus sintomas. Acrescento que essa paciente é médica anestesista, que adora literatura, que possui uma sólida cultura geral. Também sonha bastante e – quando começa a análise comigo, três sessões por semana – traz praticamente um sonho por vez, o que é oportunidade de

---

4 Princípio ativo: metformina. [N. T.]
5 Princípio ativo: gliclazida. [N. T.]

ricas associações, graças às quais temos a prova de que uma "neurose de transferência" instalou-se rapidamente.

Esclareço que, antes de lhe propor o divã, fiz com ela um trabalho de seis meses face a face, para tentar recuperar as consequências de uma crise que parecia grave e que motivou suas consultas. Ela então se encontrava mergulhada numa depressão com extrema tristeza, pobreza de discurso, lentidão de pensamento, regressão hipersoníaca, inércia e incapacidade de trabalhar. Durante essa fase do tratamento, os movimentos afetivos que começam pela angústia aniquilam-se rapidamente em sua apatia.

Como é que essa paciente chegou a esse estado de depressão? Ela estava em análise e sonhava muito. Um belo dia, quando estava de mau humor, relata ao analista um sonho no qual o que estava em jogo eram fezes. Muitos outros sonhos do mesmo gênero vieram em seguida. O analista teria declarado que a aparição de defecações nos sonhos faz com que sejam "sonhos de desestruturação". E ele, sem demora, decide medicar a paciente com altas doses de Haldol.[6] Ela então se sente desmoronada por uma fatiga intensa; e, antes de ter a oportunidade de dizer seja lá o que fosse na sessão seguinte, seu analista exclama vitorioso: "Pronto, é uma baixa!". Ele telefona para o marido da paciente para prescrever a todo o entorno que mimasse e cuidasse da paciente a fim de que ela pudesse dormir bastante etc. Resultado: ela permanece completamente acamada, atônica e apragmática e vai cada vez pior. Por fim, tem de hospitalizá-la. As glicemias estão muito elevadas, a diabetes descompensa e é preciso administrar insulina. Quando ela conta esse episódio, noto que não parece nada revoltada com o que a fizeram passar. Ela pensa, antes mesmo, que deve ter um "defeito de fabricação" que justifica essa conduta terapêutica. Está resignada.

---

6 Princípio ativo: haloperidol. [N. T.]

Se estou contando essa anedota, não é tanto para criticar o médico – que agiu racionalmente em função das suas referências junguianas aos arquétipos e, por isso mesmo, recusou o corpo erótico – quanto porque ela ilustra os efeitos de uma decisão que aniquila um movimento de *elaboração* que incide, precisamente, ao que me parece, sobre a estruturação, pelo sonho, das sensações eróticas anais, suscitadas pela transferência, em um modo agressivo. Ao neutralizar o acontecimento do prazer anal, a administração de neurolépticos mina a base erótica do pensamento endereçado ao analista, dando lugar à atonia, à indiferença afetiva e à estagnação do pensamento.

Foram necessários alguns meses para ter novamente acesso a essa dimensão da analidade nas moções eróticas da paciente. Ela começa a análise comigo por uma transferência maciça no limite da erotomania – ímpeto erótico, de certa forma –, ao sair do tratamento neuroléptico. Cinco meses depois, um sonho: "É um sonho horrendo", diz ela. Estava indo para uma estrebaria para ter uma aula de equitação; na estrebaria, o chão estava coberto de um metro de merda encharcada. Horrendo! Havia um cavalo grande que acabava sendo levado pelo fluxo de merda. E ela, ela acabava com um cavalo do seu tamanho, isto é, um cavalo anão (a paciente tem pouca estatura). Esse cavalo não estava muito sujo de merda.

As associações levam ao episódio dos sonhos que motivou a prescrição de Haldol. Ela tem tanto medo da minha reação que só ousa contar o sonho. Outras associações são, no entanto, possíveis: associações que levam ao cavalo grande carregado pela merda; à sua mãe; depois, a mim – o que me permite lhe dizer que ela se livra, sem colocar luvas, de mim, com uma grande cara de cavalo, para subir numa montaria do tamanho dela, que parece melhor lhe convir. Sua diabetes já estava reequilibrada com pequenas doses de insulina diárias numa só injeção.

Na semana seguinte, primeiro ela sonha que teve um mal-estar e que eu a reanimei com um boca a boca. Eu atravesso um sonho em que ela vê o antigo analista, nu, encarando um homem negro que está tendo uma ereção (é uma representação do novo analista, negro porque coberto de merda). Muitos anos depois, relata o seguinte sonho: ela está reclinada numa cama, na casa de campo, ao lado de um rapaz com quem ela teve um caso pouco tempo atrás. Ao lado, sua irmã está deitada no chão. Desordem indescritível no cômodo. Ela sente todo o seu corpo úmido e grudando. O rapaz enfia a mão inteira no seu sexo. Ela não consegue escapar. A dominação do homem! Ela não quer e, ao mesmo tempo, assusta-se com a facilidade com a qual a mão entra nela, apesar da dor (é verdade que com esse rapaz ela havia participado de jogos sexuais escabrosos). Quando o rapaz cai no sono, ela escapa devagarinho pela beirada da cama. De quatro, sem fazer barulho. Consegue chegar ao banheiro, onde se tranca. Está completamente escuro. Sente a umidade pegajosa da sua barriga. Alguma coisa lhe pende do ânus e ela toca para retirá-la de lá, mas não é possível porque, ao fazê-lo, correria o risco de arrancar tudo. (Fim do sonho). Ela associa isso ao primeiro parto ao qual assistiu durante os estudos e à impressão que teve ao ver o obstetra enfiar a mão toda na vagina para proceder a uma revisão uterina. Era insuportável. No sonho, acha que aquilo que lhe pendia do ânus era algo como um cordão umbilical. E, para além disso, devia haver ali algo como um parto. Seria inútil prosseguir na análise das associações. O que gostaria de frisar é como o prazer sexual anal é agora sentido e figurado na relação com o analista/parceiro-sexual/obstetra. E como ele põe o corpo erótico à frente da cena, o que me parece ser a prova de que o pensamento está efetivamente *enraizado na carne*.

O segundo ponto sobre o qual eu gostaria de chamar a atenção é que esse trabalho de perlaboração, que põe o corpo erótico à frente, desfralda-se num momento em que o estado endócrino-metabólico está bem controlado de novo. Várias outras observações me incitam a pensar que, para habitar seu corpo e sonhar com o sexual dessa forma, é preciso que o corpo biológico esteja em bom estado, isto é, que a diabetes esteja corretamente compensada. Caso contrário – como durante a fase inicial de descompensação da diabetes, quando a glicemia é incontrolável –, todas as moções pulsionais se esvaem pela falha somática. Tão logo a angústia nasce, a contrarregulação glicêmica absorve todos esses movimentos, os desdiferencia e captura, ao mesmo tempo, seu conteúdo – que não pode ser elaborado e, portanto, não pode advir. Foi o que tentei teorizar sob o nome de "*captura da intencionalidade*" pela doença somática. A crise evolutiva da doença impede a pulsão de se constituir e aniquila, numa só tacada, o trabalho de elaboração que talvez tivesse podido se inscrever no desenvolvimento da subjetividade (Dejours, 1997).

O terceiro ponto que eu gostaria de frisar é o poder do pensamento perlaborativo, quando ele se apoia no corpo vivido – isto é, aqui, o corpo erógeno, o corpo habitado, o corpo engajado na relação com o analista *via* neurose de transferência. A agressividade, como a moção amorosa, coloca aqui em cena o corpo erógeno. Parece-me que só o pensamento mobilizado pelo corpo é verdadeiramente dotado de um poder mutativo. Pois ele seria então o prolongamento, a continuação ou a retomada, graças à análise, da "*subversão libidinal do peso do corpo biológico*" – subversão que foi iniciada durante a infância, nas brincadeiras com a mãe em torno dos cuidados do corpo (Dejours, 1986).

Sintoma histérico e corpo erótico

Pegarei agora o caso de uma paciente que sofre de um sintoma histerofóbico. Essa mulher é casada com um diretor de empresas cheio de visibilidade. Por conta disso, é frequentemente levada a dar recepções e a participar de uma intensa atividade social. Ela mesma oriunda de uma família burguesa, já na infância havia sido iniciada na vida em sociedade e dispunha de modelos estruturantes – mais os avós, que ela amava e admirava, do que propriamente os pais. E, no entanto, sofre de uma fobia e de sintomas de conversão. A fobia está eletivamente ligada a esses jantares e esses finais de semana em que muitos amigos e muitas relações rivalizam na arte da apresentação de si, na habilidade social e na maldade, na ironia, nas fórmulas mortíferas proferidas, como se nada fosse, a quem aparecer pela frente. O que, aliás, não impede ninguém – tampouco ela – de cair no elitismo e no desprezo pela mediocridade. Isso a ponto de, por medo de não atingir a perfeição, ela renunciar com frequência à realização de uma ou outra atividade. Ela chega a sentir medo desses encontros sociais, sem que por isso se afaste de suas posições ideológicas. A sua fobia se traduz em angústia com constrição laríngea, fraqueza dos membros inferiores, sensação de perda de equilíbrio – forçando-a a se deitar pouco antes do fatídico momento de sair de casa. Seu estado de fraqueza, com taquicardia, frequentemente obriga que ela permaneça em repouso e faz com que ela perca a hora razoável em que ainda poderia honrar o convite. É claro que o seu esposo resmunga, mas com frequência resolve ir ao evento sozinho.

O trabalho da análise vai girando cada vez mais em torno da evocação de uma situação-chave que parece, à primeira vista, bastante distante do palco habitual da sua fobia. Em sessão, ela se põe a pensar na igreja de uma vila onde tem uma casa de campo. Foi nessa igreja que ela se casou. E, no decorrer dessa mesma evocação, de repente, ela se vê tomada por sintomas que usualmente se apoderam dela quando está prestes a ir para uma cerimônia que ela quer evitar. Descreve a igreja, mas revela-se progressivamente que a causa da sua angústia nem é tanto a igreja, mas a missa. Ela se dá conta, então, de que a missa – a qual já faz tempo que ela não assiste – provoca nela, efetivamente, o medo de cair, à medida que ela é invadida por sensações vertiginosas. Impressão de morte iminente. Daí, ela se dá conta de que o que a angustia é a presença de todas aquelas pessoas que assistem à missa. Ressurgem, nesse momento, pensamentos sexuais e uma excitação difícil de controlar, provocadas pelos corpos que se ajoelham, se dobram para frente, expondo os traseiros ao seu olhar. De fato, quando não tem ninguém na igreja, ela é perfeitamente capaz de entrar para se ajoelhar, sem angústia. Acontece que ela teve, alguns dias antes, essa experiência de angústia, na missa de aniversário de morte do seu avô. E é agora que ela toma consciência, de forma perfeitamente nítida, da missa como situação fobogênica. Associa isso à perspectiva do casamento do irmão, que deve acontecer em algumas semanas nessa mesma igreja. Ela pensa que, se tem medo da missa, é porque se sente cupada de algo. Talvez de um pecado? Talvez tenha medo de apanhar? – diz ela. O pecado mais grave é o assassinato. Acaso ela tem pensamentos assassinos? Contra os pais? Ela não sabe.

Um longo silêncio se instala.

De repente, retoma a palavra me perguntando à queima-roupa: "O que é que o senhor está fazendo? Está pensando?".

Eu: "Sim, por quê?"

Ela: "Está me esperando falar? Ou é pra eu deixar o senhor refletir?"

Eu: "A regra é que a senhora diga o que passa pela cabeça".

Ela: "Sim, estou pensando em coisas, mas não é nada; é coisa que posso dizer na próxima vez. Não estou com pressa".

Eu: "Diga!"

Ela: "Toda hora eu penso em Pierre-Édouard [um de seus conhecidos que é psicanalista e, ao mesmo tempo, padre]. Fui vê-lo no meu retorno das férias. Ele é o contrário do senhor, é caloroso – isso o senhor não é, de jeito nenhum. O senhor é o contrário dele. Não sei o que o senhor pensa. Às vezes, quando olho pro senhor, tem vagamente uma expressão no seu rosto. Não sei o que o senhor vê quando tira os óculos. Vê embaçado? Duplo? O senhor não é nem um pouco natural quando diz "bom dia" e "até mais". É de propósito, naturalmente (*sic*!). Com Pierre-Édouard, poderia acontecer o que quer que fosse, tanto faria: estou segura. Aqui, tenho medo quando chego. Eu me pergunto se não seria melhor fazer análise com ele. É uma pergunta que faço pro senhor e fico no aguardo do seu conselho [*silêncio*]... Acho que o senhor é contra".

Eu: "Se estou entendendo bem, tem duas escolas – ou, talvez, duas igrejas – psicanalíticas entre as quais a senhora hesita. Pierre-Édouard é a igreja-refúgio, e aqui é a igreja-missa?"

Ela: "É bizarro. Fico com a impressão de que, com Pierre-Édouard, é como se eu formasse um casal com ele. E estar aqui é como se eu tivesse me separado dele, sem lhe dizer". Trata-se, muito evidentemente aqui, de uma moção transferencial. Na minha presença, ela é tomada por pensamentos sexuais, provavelmente os mesmos que ela tinha na missa, diante dos traseiros das fiéis expostos ao seu olhar. Aquilo no qual eu gostaria de insistir é o fato de que a busca obstinada da origem sexual da fobia na neurose infantil é, para mim, de uma importância secundária em comparação com a sua perlaboração. O retorno às fontes neuróticas só tem interesse na medida em que está a serviço do trabalho de elaboração dos estados somáticos experimentados em sessão, na transferência.

Dois dias depois, a sessão começa com meia hora de atraso. Não encontrei a paciente na sala de espera no horário marcado. Ela me conta que estava no banheiro vomitando. É a primeira vez desde que começou a análise, mas é um sintoma histérico do qual já falou anteriormente. "Esse sintoma, é estranho", precisa ela, "tinha desaparecido totalmente [*silêncio*]...". Ela associa isso às suas regras, que vieram hoje, ao passo que haviam desaparecido há três meses. Ela não queria falar disso porque se trata de um problema de mulher; porque eu sou homem e isso deve me entediar. As regras são um problema. Para as mulheres, para todas as mulheres... ou só para ela? Ao mesmo tempo, ela as *teme* porque se sente muito mal durante os dias que precedem – dor, angústia, instabilidade etc. –; e quando elas chegam, sente como se fosse um *parto*. De modo que, no fim, ela as espera também com impaciência. É assim com as mulheres, acrescenta ela, e elas colocam bastante coisa na conta das regras – o que irrita os homens. Associa isso ao fato de que estava sem vontade alguma de vir hoje à sessão. E, depois, quando se deu conta de que eu não chegava, teve muita vontade de que eu chegasse. Já que ela estava lá, era melhor que a sessão acontecesse.

Eu: "Isso é para me dizer que a senhora sente por mim a mesma coisa que sente pelas suas regras?"

Ela cai na risada; depois para, bastante surpresa. É, é verdade. Tenho total razão. E então lhe vem a lembrança de que, no caminho do meu consultório, estava pensando em falar hoje de casamento. Mas está sem vontade de falar disso hoje. Aliás, esqueceu o que queria me dizer a respeito disso. E então: "Não posso falar porque travou. Estou com vontade de vomitar".

Eu: "O que é que a senhora foi vomitar no banheiro que não pode vomitar aqui?"

Ela: "Já refleti bastante sobre essa questão quando vomitei num outro momento. Mas não encontrei nenhuma resposta. Talvez eu estivesse vomitando a minha mãe, a minha infância. Talvez a mim mesma".

Eu: "Então isso que a senhora foi vomitar agora há pouco: vomitar o analista e a análise, porque era preciso justamente falar disso que a senhora não quer dizer. Disso que a senhora despreza no sangue das mulheres; ou talvez, ao contrário, disso que tanto lhe interessa no meio das pernas das fiéis que se inclinam diante da senhora na missa. Tentou até evitar a sessão e não aparecer na hora em que devia entrar na sala".

O trabalho das sessões seguintes faz reaparecer sua curiosidade pelo corpo da mãe, que a fascina – e, no entanto, cujos pelos pubianos, negros, a enojavam. Sua mãe desejava que ela fosse um menino, e não uma menina; daí suas dificuldades de viver num corpo de mulher e de sentir em si a excitação sexual que era preciso ocultar da mãe, pelo medo de suscitar a cólera dela contra a sua anatomia feminina.

A ideia que eu gostaria de isolar, a propósito desse fragmento de análise de uma sintomatologia histerofóbica, é que a origem e as condições psiconeuróticas da formação do sintoma – em termos de recalcamento e de formação de compromisso – são de pouco interesse. Estou inclinado, isso sim, a atribuir o maior valor àquilo que o sintoma, seja qual for a sua origem, oferece à paciente como meio de não pensar e de não dizer. Tem-se mais o costume, na concepção convencional do sintoma neurótico, de colocar a ênfase no que o sintoma histerofóbico contém, como sentido latente, como pensamento ocultado. E usualmente se crê que seria preciso, na análise, abrir o sintoma como se quebra a casca de uma noz para revelar e liberar o seu conteúdo. Não acredito que seja essa a via mais fecunda. O sintoma produziu-se uma vez. Isso basta. Seja qual for a ocasião, seja qual for o contexto, no fundo, isso praticamente não tem importância. O sintoma se oferece: vertigem, vômito, taquicardia, fraqueza dos membros inferiores etc. produzem-se uma vez. Isso é banal. O que não é banal é o fato de que o paciente se aproprie ou seja capturado pelo sintoma – não se sabe muito bem, mas, em todo caso, sabe-se que a atividade de pensar ligada ao sexual fica, dali em diante, constrangida ou impedida pelo sintoma. E o sujeito sente um alívio em relação à pressão exercida pelo inconsciente. Noutros termos, o sintoma nem é tanto a testemunha da elaboração de um conflito que o teria precedido, mas aquilo que impede a continuação do trabalho de elaboração das sensações experimentadas no corpo erógeno – o sintoma como obstáculo à subversão libidinal e ao que ela impõe, no seu centro, como trabalho de elaboração do corpo vivido no encontro intersubjetivo.

Assim, para sair do impasse do sintoma, não se trata, ao que me parece, de visar à interpretação do sintoma, mas de deixar vir, na transferência – isto é, no agir expressivo endereçado ao analista – aquilo que é propriamente do foro do corpo erótico. Dessa forma, é possível ter acesso àquilo que, em certas funções do corpo, foi imobilizado e barrado do registro da expressão afetiva endereçada a outrem. Se nos referimos à teoria da sedução de Jean Laplanche, esse banimento da função expressiva do corpo foi desencadeado por aquilo que – da mensagem enigmática e sexual endereçada pelos pais, quando dos jogos com o seu corpo – não pôde ser traduzido pela criança. O trabalho analítico retoma esse jogo, que é reatualizada pela transferência. Para ser eficiente, a interpretação não tem de incidir no sentido ou no conteúdo do sintoma; basta acusar recebimento dos *movimentos do corpo* experimentados durante as sessões. A sequência do trabalho de perlaboração não cabe ao analista, esse trabalho é próprio do paciente.

Aqui, mais uma vez, atribuo uma importância capital àquilo que o sonho realiza no registro da elaboração. Em seguida a essa sequência de análise, a paciente sonha que está tendo uma relação sexual comigo. É confuso, mas tem nitidamente a impressão de que foi abusada por mim. Eu tinha uma atitude bruta. Eu tirava então a minha máscara de gentileza – que não passava de uma máscara. Cessam os vômitos.

O que Freud chama de "trabalho do sonho" seria também um trabalho de perlaboração que contribuiria de forma decisiva para a consumação do uso de um registro específico do corpo erógeno que estava excluído do poder expressivo. É o sonho que traz para a paciente a figuração do sentido. Não o analista. Este ponto me parece importante: o analista não precisa fazer as vezes do sonho, porque assim correria o risco de impedir o sonho de fazer seu trabalho.

Hipocondria e corpo erótico

O terceiro caso que eu gostaria de evocar concerne, desta vez, ao problema da hipocondria. Mais uma vez, trata-se de uma mulher. Ela sofre de múltiplos sintomas somáticos organizados em torno de uma impressão extremamente torturante de estar doente, de ser acometida por uma doença grave que a consome e que os médicos não sabem diagnosticar. Uma doença que a esvazia da sua energia, que lhe dá a impressão de estar constantemente à beira do esgotamento. Um corpo que se furta o tempo todo; um corpo que ou se mostra insensível, ou se mostra vazio. Ela consulta vários médicos e especialistas, mas não encontram nenhuma lesão somática que possa corresponder a esses sintomas inquietantes. E ela fica enfurecida. Disseram que ela tinha uma constituição fraca de nascença. O quadro clínico – com suas mirabolações intermináveis, essa astenia persistente, esse confinamento na cama, essa queixa com a qual ela mobiliza todo o seu entorno – evoca o quadro clássico de uma psicastenia com um núcleo hipocondríaco predominantemente físico. Mas também há uma hipocondria mental, estando a paciente sujeita a angústias de perda de funcionamento intelectual, de degradação da memória, de dificuldades cada vez mais significativas de raciocínio e de tomada de decisões, o que a condena à passividade. Tem medo de estar com Alzheimer, ainda que tenha apenas 32 anos de idade. Durante mais de dois anos, as queixas hipocondríacas e o déficit estênico ocupam o primeiro plano do quadro e invadem a análise – uma queda, de certo modo, no vazio, num pensamento empobrecido e concêntrico, inteiramente voltado para si mesmo, sem investimento afetivo, profissional nem intelectual. Nessa época, porém, ela está lendo o livro de Zorn, *Marte*,[7] e se reconhece completamente ali. Pensa, sem dúvida alguma, que tem um câncer, como ele. As fantasias são pouco acessíveis, até ela colocar em cena uma curta série de representações em que o corpo vivido aparece de forma totalmente expressiva e, por fim, tangível. Primeiro fantasia, em sessão, uma pomba com os olhos tapados por uma venda metálica, para que não pudesse ver nem se matar. Dentro de uma arapuca suspensa numa árvore, o pássaro está preso por meio de uma rede complexa de cabos; eles o impedem de voar, mas deixam-no sem equilíbrio, de modo a fazer com que bata as asas e atraia para lá, assim, os voos de pombos migrantes.

Daí ela se recusa a falar, banaliza o que acaba de contar e quer ir embora. Acabo por intervir, interpretando a forma como ela sente o próprio corpo, ali, na sessão, entravado por mim. Querer deixar a sessão é, sem dúvida, manifestar o seu desejo de se libertar de mim, mas a banalização do que ela acaba de sentir ao me contar esse sonho desperto também traz problemas.

Então, ela pensa num caranguejo. Ele anda de través, como ela ontem à noite. Ela própria é do signo de câncer. O caranguejo ataca os seres vivos com as suas pinças (ela hesita: "Os caranguejos têm pinças?" – me pergunta) e mata.

---

7 Zorn, F. (1976). *Marte*. (W. Wehrs, trad.). Rio de Janeiro: Nova Fronteira. Publicado originalmente em 1896. [N. T.]

Eu: "O que ele faria com um homem?"

Ela: "Ele o pegaria no pescoço. A carótida" – ela não consegue continuar a imaginar o que seria, em seguida, do cadáver.

Daí pensa nas medusas na praia, que colam em seu suporte por meio de uma ventosa; que podemos empurrar com um pedaço de pau, mas que não reage – fica no mesmo lugar em que a deixamos. Ela se sente assim: de gelatina, sem iniciativa, completamente passiva. "É exatamente o inverso", acrescenta ela, "daquilo que seria preciso para poder fazer uma análise".

Levando em conta o contexto, o que me parece importante aqui, quanto aos estados do corpo experimentados afetivamente, é a regressão do pássaro (que faz vastos movimentos, mas está preso) para o caranguejo (que se desloca de um jeito pior, mas que tem uma carapaça e algo com o qual matar) e, por fim, para o corpo do molusco gelatinoso e imóvel. E acredito ser útil acusar recebimento à paciente desses estados do corpo vivido segundo os princípios que propõe Anzieu (1987) em sua teoria do eu-pele, isto é, enunciando os significantes formais correspondentes.

Estando o pensamento, há meses, como que dormente num corpo informe e não mobilizável, ele só pode se desfraldar se o corpo engajado no agir expressivo endereçado ao analista for objeto de um aviso de recebimento.

Em resposta à minha intervenção, dois dias depois ela começa a sessão evocando um sonho em que estava dando à luz. Sua mãe estava ao seu lado e isso a enervava bastante. Ela estava parindo, mas isso não lhe causava nenhuma dor e ela não achava isso normal – esse ponto é importante: ela não experimenta sensação alguma no corpo. Por fim, "as pessoas" (*sic*) tomam a criança. Então, ela o via de perfil: era um menino e tinha o cabelo castanho (ela é loira). Não era filho dela – pelo menos era essa a impressão que ela tinha. Sua mãe lhe dizia para pegar a criança, tocá-la, amá-la. Mas isso não provocava nenhuma emoção. Era um sósia da sua irmã mais nova, tirando o fato de que era um menino. Irritada pela presença da mãe. O que ela queria – comenta comigo – era ter uma netinha loira. Nesse momento, a sessão é interrompida pelo toque do telefone. Depois de ter desligado, retomo o que ela dizia: "Então a senhora queria ter uma filhinha loira?".

Ela: "Não! O meu desejo é ter alguém [*pausa*]... hesito entre os dois".

Não há tempo para trazer aqui a sequência das sessões que conduzem à mãe: mulher muito estranha, médica, que a espetava com alfinetes quando ela era pequena – não a paciente, mas sua irmã mais nova –, com o pretexto de que ela era mole demais e insuficientemente ativa (algo de que a paciente tem uma lembrança precisa). A medusa é, portanto, a irmã, mas a hipocondria e a avolia seguiram seu caminho no inconsciente da paciente. Essa prostração, essa inércia, são defensivamente convocadas para fazerem oposição ao sadismo do analista que a tortura como a mãe torturava a irmã.

É preciso justamente remontar àquilo que, no meu trabalho com essa paciente, fez com que ela mergulhasse nessa regressão psicastênica, para permitir que a paciente retome a perlaboração dos agires expressivos endereçados ao analista. Trata-se, é claro, da forclusão, pela paciente, dos jogos sexuais sádicos em resposta à sobrecarga de sentido e de excitação das condutas maternas diante do corpo da irmã.

É assim que se dá a resolução da crise psicastênica: ela sonha que se encontra num cômodo onde está brigando muito violentamente com uma criancinha insuportável. Sente prazer em lhe dar uma coça. Seu filho real está num canto do cômodo. Ela torce os braços da criança, mas eles são feito borracha, uma borracha elástica e resistente. A certa altura, vasculha os bolsos da criança – que, então, confunde-se com o seu filho real. Com horror, encontra ali todas as suas joias, as quais a criança furtou – em especial, todas as que são preciosas.

Ela se vê num outro momento, encurralando a criança e enfiando alfinetes em suas mãos, bem fundo – que era para lhe fazer mal –, mas sem, no entanto, fazê-la sangrar.

Não vou comentar detalhadamente esse fragmento, pois isso seria para dizer, mais uma vez, que se trata do corpo engajado no agir expressivo endereçado ao analista – ainda que, dessa vez, na forma deficitária e inerte –; que é, portanto, a partir do agir expressivo que se inicia o pensamento perlaborativo que permite que o corpo erógeno advenha.

Discussão metapsicológica sobre as relações entre o corpo e o pensamento

Não se pode evitar, depois desses fragmentos, o reexame das diferenças entre sintomas somáticos e conversão histerofóbica. Nessa discussão, até hoje, polarizou-se, sobretudo, em torno da questão da gênese diferencial desses dois sintomas. A partir de Marty, M'Uzan, Fain e David (1968), eles são radicalmente opostos um ao outro. O que acredito poder propor hoje é deslocar a discussão: abandonar a questão da gênese do sintoma e concentrar no *trabalho* analítico que um e outro sintomas implicam. Vamos diretamente ao resultado: do ponto de vista do trabalho de perlaboração do sintoma – quer se trate da diabetes, do sintoma histerofóbico ou mesmo do sintoma hipocondríaco –, é sempre na forma de uma exigência de trabalho que ele se dá a conhecer. Esses sintomas parecem, no fim das contas, impor o mesmo trabalho de perlaboração, tanto do lado da paciente quanto do lado do analista. No fim, nem o sintoma somático é tão besta quanto se diz.[8] Pelo contrário, é uma das principais formas pelas quais o corpo se faz exigência de trabalho, se faz exigência de pensamento. Como prestar contas desse resultado inesperado? A explicação é simples, caso se leve em conta o fato de que, nos três casos, o desafio lançado ao analista é sempre o mesmo. O que o paciente tem de fazer para se *livrar* do domínio que as reações de seu corpo exercem sobre a liberdade do seu desejo e da sua vontade? No sintoma, o corpo se dá a conhecer ao sujeito, primeiramente, como uma limitação da sua liberdade, como um real que se experimenta como resistência ao seu querer, ao seu poder de viver e de experimentar a vida nele próprio. E isso que se experimenta é, antes de mais nada, radical e absolutamente vivido como um *sofrimento*. Antes de qualquer outra coisa, o sujeito é primordialmente sujeito de um sofrimento. Seja qual for o sintoma – seja ele lesional, histérico ou hipocondríaco –, o corpo se dá a conhecer subjetivamente como sofrimento. E o sujeito desse sofrimento corporal fica à espera de oportunidades de superar o dito sofrimento. O sofrimento não passa de uma vivência passiva. Ele o é – essa é uma propriedade transcendental do sofrimento, até –, mas é também, simultaneamente, protensão em direção ao mundo e ao outro, na esperança de encontrar a oportunidade de se transformar, de evoluir, de se superar. O sofrimento, como *paixão* radical, é também o ponto de partida de toda *ação*. A passividade como origem da atividade. Mas de qual atividade? Essa atividade só surge quando se torna *trabalho*. Trabalho da subjetividade pelo sofrimento. Trabalho do sofrimento pelo seu sujeito. Trabalho do sofrimento sobre ele mesmo. Reconhecer a esse sofrimento o primeiro lugar acarreta, *de facto*, reconhecer também a primazia do *afetivo*. Pois não teria como haver sofrimento sem um corpo para senti-lo. A atividade

---

8 Cf. p. 104, nota n. 2.

que eventualmente se desfralda a partir da passividade do núcleo de sofrimento que se encontra em sua origem está, portanto, enxertada no corpo – entendamos por "corpo", aqui, o *corpo vivido*, o corpo afetivo, o corpo habitado pela subjetividade. A herança da psicanálise nos convida a considerar que o corpo aqui em causa não é o corpo biológico, mas o corpo erógeno. Ainda que a liberdade de uso do corpo só tenha efetividade quando ele é movido pelo desejo e pelas atividades sexuais, o dito sofrimento é não apenas corporal, ele é limitação do potencial erótico, do potencial de gozo do seu próprio corpo e do corpo de outrem.

Se livrar desse entrave que faz sofrer passa, então, fundamentalmente, por uma atividade que tem como nome: "trabalho" – "*Arbeit*", no texto freudiano.

O sofrimento do corpo aparece, então, sob os auspícios de uma exigência de trabalho, para se emancipar do dito sofrimento. Quer o sintoma seja diabético, histerofóbico ou psicastênico, ele só se dá como exigência de trabalho. "*Exigência de trabalho imposta ao psiquismo por conta das suas relações com o corporal*". Exigência que o paciente submete ao analista para que ele o acompanhe nesse trabalho.

Reconheceremos aqui, é claro, a definição da pulsão dada por Freud (1915). Assim, a explicação dessa similitude no trabalho, seja qual for a natureza do sintoma, vem do fato de que o sintoma é exigência de trabalho, cuja forma mais refinada é a perlaboração: "*Durcharbeiten*".

A ideia que vou defender, portanto, é a de que o sintoma é uma forma capital, por intermédio da qual o corpo se faz exigência de trabalho para o psiquismo. O sintoma como ponto de partida da atividade de pensar.

Vamos voltar um pouco. Acaso essa exigência de trabalho é a mesma, sejam quais forem as manifestações somáticas do sofrimento (somática, conversiva ou hipocondríaca)? Sujeito a verificações ulteriores, responderei que sim.

Vamos, agora, para o lado do analista. O trabalho a ser feito é o mesmo? Nas três conjunturas, trata-se sempre de perlaborar. Se há diferenças, é em relação às referências teóricas que o analista tem de convocar para poder desenvolver seu trabalho de interpretação no tratamento. Precisemos, contudo: o trabalho do analista permanece sempre centrado no corpo e em sua mobilização na neurose de transferência. Mas, no caso do sintoma somático – o distúrbio da glicorregulação, nesse caso –, o corpo erógeno *se furta*. A moção erótica – ou, para dizer noutros termos, a pulsão – não pode se desfraldar porque a função biológica na qual ela poderia se apoiar é defeituosa. O apoio da pulsão sobre a função (ou a subversão libidinal) só é possível se o corpo biológico está em condições de funcionar de modo conveniente. Daí, a importância, nesse caso, de suprir corretamente a função deficiente com os tratamentos médicos convencionais. Para que a perlaboração do desejo erótico seja possível, é preciso então que o corpo seja tratado o mais convenientemente possível. Com efeito, logo que surgem o sofrimento, a angústia, o desejo ou a excitação erótica, o risco é o desencadeamento da contrarregulação glicêmica – na qual se afunda na apatia e no esgotamento aquilo que poderia ter se tornado exigência de trabalho. Esse fenômeno, tentei descrevê-lo com o nome de "captura da intencionalidade" pelo sintoma somático (Dejours, 1997). A descompensação diabética dessexualiza os estados afetivos experimentados pelo corpo. No caso da paciente que apresentei acima, vimos como, ao contrário, a neutralização das moções eróticas anais de expulsão pelo tratamento neuroléptico pôde esgarçar a falha fisiopatológica – mas não a provoca: a doença diabética já estava lá e tem, provavelmente, um "caminho causal" orgânico independente (Fagot-Largeault, 1986).

Para o analista, o trabalho incide – precisa e prioritariamente – nos afetos e nos estados corporais mobilizados pela transferência (que tendem a fazer descompensar a diabetes e impedem que o trabalho de perlaboração seja feito) a fim de restituir ao paciente, por meio da interpretação, os seus conteúdos sexuais e intencionais.

Em contrapartida, no sintoma histerofóbico, o corpo erógeno está "no lugar" e os estados do corpo vivido são mais fáceis de captar. Mas precisam ser *desligados*, justamente porque sempre tendem a se cristalizar na formação de compromisso que constitui o sintoma, contra o desencadeamento dos estados afetivos no corpo. Por que o trabalho analítico deve, aqui, ir no sentido do desligamento? Porque é preciso passar por isso para restabelecer a continuidade da pulsão sexual parcial, graças à interpretação. Abre-se a possibilidade, então, de um novo trabalho de ligação; trabalho que, desta vez, poderia escapar da atração do sintoma. No caso da fobia da missa e dos vômitos, é a curiosidade sexual pelos "traseiros" – e pelo que se oculta em sua parte de baixo – que é barrada pelo medo de sentir excitação erótica ao avistar os pelos pubianos e os órgãos genitais das mulheres.

No que concerne ao sintoma hipocondríaco, ele se situaria no meio do caminho entre os dois sintomas, somático e histerofóbico, na medida em que remete a uma perturbação profunda da capacidade de sentir afetos e excitações corporais na relação com o outro. O distúrbio se localiza no nível do eu corporal que Didier Anzieu caracteriza como eu-pele. Esse distúrbio da experiência sensorial corresponde a um fechamento defensivo concêntrico, egocêntrico, que é grave porque o corpo tende, aqui, a se fazer sentir como inerte ou como morto: moleza da medusa, insensibilidade da carapaça do caranguejo. Parece que, aqui, o distúrbio do corpo erógeno estaria mais próximo da psicose do que da neurose atual, desde que concebamos essa última – a exemplo dos psicossomatistas – mais como antecâmara da somatose do que da psicose. Uma dificuldade específica aparece para o analista: o risco do mutismo do paciente, que anuncia a ameaça da guinada melancólica; ou o risco da hipocondria delirante, que anuncia a síndrome de perseguição. O manejo da transferência supõe, creio eu, referências precisas ao tratamento dos psicóticos. Tanto num caso como no outro, com efeito, não há apenas uma deformação grave de percepção dos estados corporais, há também o risco de que o pensamento "se embale" após ter perdido sua relação com o corpo. Um pensamento separado do corpo como uma locomotiva que se embala após de ter desengatado da composição. Para o analista, a dificuldade também é a de não perder o contato com o paciente – contato que a astenia e a inércia tendem perigosamente a dissolver. Fora do agir expressivo mobilizado pela transferência, a perlaboração da experiência corporal-afetiva é impossível.

Afeto e representação

Todas essas considerações colocam, em primeiro plano, o trabalho analítico com o *afeto*, com a experiência corporal do paciente na relação com o analista. Afeto, então, quer dizer a vivência radicalmente passiva no início, a qual, num segundo momento, tende a projetar o paciente no agir expressivo endereçado ao analista – para tentar tornar perceptível, para esse último, aquilo que, da vivência subjetiva, é radicalmente *invisível*.

Insistir no afeto dessa forma redunda em atribuir à representação apenas um segundo lugar naquilo que coloca o pensamento e a perlaboração em movimento. A exigência de trabalho imposta ao psiquismo é, primeiro, do foro do corpo e do afeto – o que, é claro, é cheio de implicações técnicas para a condução do tratamento. A perlaboração passa por palavras – *talking cure*, afinal – e por representações, mas o trabalho com as palavras e as representações é em vão se a interpretação não retoma o corpo erótico como ele se dá a conhecer em sua mobilização a serviço do agir expressivo na transferência.

Intersubjetividade e intrasubjetividade

No sucesso da perlaboração do corpo vivido, é evidente que a exigência de trabalho imposta ao psiquismo encontra sua fonte no sofrimento do sujeito. Mas a pulsão não tem como origem o corpo *biológico*. A pulsão eventualmente retransmite os estímulos (ou as excitações) corporais, mas ela não é diretamente oriunda das regulações biológicas. Entre o corpo biológico e a pulsão, há a intervenção decisiva do *outro* – o analista, a mãe, o companheiro –, que, respondendo a esses *estados do corpo* que ele percebe no paciente, lhe dá uma *interpretação eroticamente situada*. O sujeito se vê, então, apanhado na mensagem, na atitude enigmática do outro. É aí que se situa o convite ao *trabalho*: cabe ao sujeito decifrar aquilo que o outro é suposto saber, ter captado ou ter compreendido do sujeito – coisa que ele mesmo, o sujeito, ignora. A perlaboração, enquanto exigência intrínseca à própria pulsão, não pode ocorrer sem que o analista *acuse recebimento* desses estados do corpo que lhe são endereçados nos agires expressivos que escandem a neurose de transferência. Noutros termos, a pulsão, para advir, necessita do outro. É a "primazia do outro" que constitui o cerne da teoria de Jean Laplanche. O outro, é preciso justamente reconhecer, desempenha um papel decisivo em sua capacidade de acolher os conteúdos eróticos da neurose de transferência que lhe são endereçados pelo paciente ao longo da análise. Decisivo porque também pode recusá-los, negá-los e, então, impelir o paciente para o seu sintoma. O analista obtém esse poder da herança que o paciente detém desde o jogo da sedução parental. A análise é, assim, uma sequência, um prolongamento da dinâmica da sedução que Laplanche explicitou em sua teoria da sedução generalizada, na mesma medida em que o interesse atribuído ao corpo erógeno pelo analista situa o próprio trabalho analítico no espaço da sexualidade.

Ao reconhecer a primazia do outro na gênese da pulsão e do corpo erógeno, iremos considerar que a *intrassubjetividade* tem pouco peso? Creio que não. Irredutivelmente singular, a exigência de trabalho imposta ao psiquismo se desfralda na *interioridade*. Esse ponto me parece importante de ser levado em consideração. O que pertence propriamente ao sujeito, e somente a ele, é aquilo que tentei mostrar detalhadamente ao longo dos meus fragmentos clínicos: o *relato dos sonhos* dos pacientes. O sonho – Freud (1900) insiste nisso no Capítulo 6 de *A interpretação dos sonhos* – também está centrado num trabalho: o trabalho do sonho. Já argumentei noutros textos (Dejours, 1986) que o trabalho realizado pelo sonho seria uma etapa indispensável à perlaboração e ao enriquecimento do inconsciente dinâmico. Para sonhar, o corpo tem de estar num estado muito particular, adormecido e a sós, absolutamente a sós consigo mesmo – como sugere, aliás, a belíssima teoria da censura da amante, proposta por D. Braunschweig e M. Fain (1975). O trabalho do sonho é perlaboração do corpo vivido na absolutidade da não visibilidade da subjetividade. Assim, se relatei os sonhos correspondendo ao trabalho iniciado a partir dos sintomas é porque acredito que o processo de perlaboração só pode ser considerado como assimilado subjetivamente e reapropriado pelo paciente quando ele dá à luz o trabalho de um sonho. É o que chamo de "perlaboração pelo sonho". O sintoma é, então, desapropriado de uma parte do potencial erótico nele aprisionado, da qual o sujeito se reapropria pelo sonho.

Corpo, pensamento e teoria psicossomática

É hora de revelar o artifício da apresentação clínica. Os três fragmentos de tratamento que relatei vêm, na realidade, da mesma paciente. Se separei os sintomas foi porque a teoria de Marty, M'Uzan, Fain e David (1968) – teoria que estava na origem da minha abordagem – considera esses complexos sintomáticos incompatíveis entre si. Esse caso não confirma a teoria, portanto. Ela repousa na busca etiológica das causas nas doenças somáticas. Penso que a busca de uma psicogênese dos sintomas somáticos talvez não tenha o interesse que a ela geralmente se atribui. A maioria das doenças somáticas lesionais – ao menos aquilo em que consistem os *processos crônicos* que as subjazem – provavelmente não compete a uma psicogênese. É diferente com *crises* que, por sua vez, podem ser escandidas pelos eventos psíquicos. Mas há quem confunda crise e cronicidade. A teoria do trauma, tanto quanto a da depressão essencial, não contribui com nenhum elemento decisivo para a análise da paciente cujo caso estou apresentando. Já evoquei, noutros momentos, vários pacientes cujas doenças surgem fora de todo e qualquer contexto de depressão essencial e de trauma. Em contrapartida, não é totalmente impossível que, uma vez instalada a doença crônica, num segundo momento possam aparecer uma depressão essencial ou uma neurose de angústia. Penso ser o caso dessa paciente. Do meu ponto de vista, a maioria das doenças somáticas é de origem biológica, química, física ou mecânica. O debate com as teorias psicossomáticas ganharia, creio eu, se fosse deslocado. O problema nem seria tanto o da origem das doenças somáticas, mas o do impacto de um corpo mutilado ou doente sobre a exigência e a capacidade de trabalho impostas ao psiquismo. Não é a mesma exigência quando o corpo está doente, porque acontece frequentemente de a doença somática funcionar como uma espécie de bacia de atração que captura os estados corporais de estimulação erótica, que atrai o sentido desses estados à espera de perlaboração ou de ascensão, para dissolvê-los ou neutralizá-los numa crise que vem acompanhada de uma crise evolutiva da doença somática. Às vezes, se tem a impressão de que é o evento psíquico que provoca a doença somática, ao passo que, com frequência, creio eu, é o contrário. O evento psíquico e afetivo à espera de perlaboração se esvai pela falha somática preexistente, e é a crise somática que, no fim das contas, atrapalharia o trabalho de perlaboração – levando, com o tempo, a um empobrecimento do pensamento e até, em certos casos, à depressão essencial.

Noutros termos – mas isso apenas a título de indicação, pois essa hipótese necessitaria de longos desenvolvimentos –, o desafio da psicossomática não seria explicar a gênese das doenças somáticas, mas explicar como é que a gente *se livra* dessas doenças, como a gente consegue estabilizá-las, até mesmo curá-las. Ou, para dizer de outro modo, o problema central da psicossomática seria o da cura ou, mais amplamente, aquilo que possibilita a saúde ou a normalidade; e, mais precisamente, a forma como se dá a exigência de trabalho imposta ao psiquismo por conta das suas relações com o corpo, no contexto das doenças somáticas crônicas.

Para encerrar, vou precisar algo sobre essa paciente que está em contradição tanto com a teoria de Marty quanto com a teoria de Dement e Jouvet. Essa paciente é uma grande sonhadora, o que não bate muito com a teoria da pobreza da vida onírica nos pacientes que sofrem de doenças somáticas graves.

Acontece que essa paciente, por outro lado, sofre de sonolência e de distúrbios do sono às vezes preocupantes. Ela foi examinada no plano hipnológico e eletroencefalográfico. Os principais diagnósticos foram eliminados, em particular a narcolepsia e a síndrome das pernas inquietas.

A conclusão das medições que foram feitas dos ritmos de ativação cerebral mostra, no entanto, que essa paciente tem uma latência de adormecimento de um minuto, o que é francamente patológico.

> *Importante alteração da macroestrutura do sono cuja organização cíclica desapareceu. O sono é muito superficial e comporta um nítido déficit em sono lento profundo e em sono paradoxal. A primeira fase de sono paradoxal só aparece após seis horas de registro. No total, o sono paradoxal representa apenas 2% do tempo de sono.*

Esse caso clínico sugere que a equivalência estabelecida entre sono paradoxal e sonho é contestável. O sono paradoxal é do foro de uma análise hipnológica, mas não nos ensina nada sobre os sonhos, que pertencem definitivamente ao mundo invisível, como tudo o que é do foro da afetividade, do sofrimento e da subjetividade. Ora, o que não pertence ao mundo visível é impossível de demonstrar pelo método experimental – dado de base da epistemologia das *Geisteswissenschaften*.[9] O mesmo acontece com o que tentei dizer aqui. O que proponho não é do foro de uma demonstração experimental. É apenas uma argumentação teórico-clínica das relações entre o corpo e o pensamento. Não é pouca coisa, mas não é nada de mais. O que apresentei ilustra a forma como o corpo está implicado no pensamento. Quando digo que, no pensamento, o corpo ocupa um lugar central, não estou dizendo apenas que o pensamento tem uma relação com o corpo; não estou dizendo apenas que o pensamento está enraizado no corpo. Estou tentando dizer que o corpo está no próprio princípio do pensamento; que ele

---

9 Do alemão, "ciências humanas". Literalmente, "ciências do espírito". [N. T.]

é, ao mesmo tempo, aquilo que move o pensamento e aquilo que lhe confere a sua forma. E as relações entre o corpo e o pensamento que tenho aqui em vista não são relações entre o cérebro e o pensamento como encaradas por um filósofo das ciências (como Canguilhem (2006)), um biólogo (como Changeux (1983) ou Dement (1972)) ou ainda por uma neurofilosofia analisada por Bernard Andrieu (1988) – porque desse modo se trataria de mecanismos neuroquímicos do pensamento ou ainda de um pensamento, que seriam reduzidos a processos cognitivos. O que tenho em vista é o corpo enquanto corpo vivido. Não o cérebro, mas o corpo inteiro. Em alemão, há dois termos: *Leib* e *Körper*. Um é o corpo vivido, o corpo habitado; o outro é o corpo biológico. O corpo cuja presença no próprio pensamento eu procuro restituir é o corpo do filósofo Maine de Biran (1932), o corpo que experimenta afetivamente o mundo, cuja experiência afetiva é primordial: experiência que é a própria condição do conhecimento do mundo e do outro, que é também a forma irredutivelmente afetiva – e eu acrescentaria: erótica – que o corpo experimenta, ele próprio, em sua relação consigo mesmo e com o outro.

Referências

Andrieu, B. (1988). *La neurophilosophie*. Paris: Presses Universitaires de France.

Anzieu, D. (1987). Les signifiants formels et le moi-peau. In D. Anzieu (Org.), *Les enveloppes psychiques* (pp. 1-22). Dunod. Paris.

Biran, M. de F. (1932). *Essai sur les fondements de la psychologie et sur ses rapports avec l'étude de la nature*. Paris: Alcan. Publicado originalmente em 1812.

Bowlby, J. (1984). *Apego*. São Paulo: Martins Fontes.

Braunschweig, D.; Fain, M. (1975). *La nuit, le jour: essai psychanalytique sur le fonctionnement mental*. Paris: Presses Universitaires de France.

Canguilhem, G. (2006). O cérebro e o pensamento. *Natureza humana, 8*(1). (S. Yedid, M. Winograd, trad.). Publicado originalmente em 1980.

Changeux, J.-P. (1983). *L'homme neuronal*. Paris: Fayard.

Dejours, C. (1986). *Le corps entre biologie et psychanalyse: essai d'interprétation comparée*. Paris: Payot.

Dejours, C. (1997). Causalité psychique et psychosomatique: de la clinique à la théorie. In G. Le Gouès, G. Pragier, *Cliniques psychosomatiques: Monographies de la Revue Française de Psychanalyse* (pp. 46-66). Paris: Presses Universitaires de France.

Dement, W. (1972). *Some must watch while some must sleep*. Stanford: Stanford Alumni Association.

Fagot-Largeault, A. (1986). Approche médicale de la causalité dans les systèmes complexes. *Archives Internationales de Physiologie et de Biochimie, 94*, 85-94.

Forthomme, B. (2001). La folie est-elle affectivité?. In A. David; J. Greisch (Orgs.), *Michel Henry, L'épreuve de la vie* (pp. 79-94). Paris: Éditions du Cerf. Publicado originalmente em 1996.

Freud, S. (2012). *A interpretação dos sonhos* (R. Zwick, trad.). Porto Alegre: L&PM. Publicado originalmente em 1900.

Freud, S. (2013). *As pulsões e seus destinos* (P. H. Tavares, trad., Obras incompletas de Sigmund Freud). Belo Horizonte: Autêntica. Publicado originalmente em 1915.

Henry, M. (2012). *Filosofia e fenomenologia do corpo* (L. P. Rouanet, trad.). São Paulo: É Realizações. Publicado originalmente em 1965.

Henry, M. (2009). *Genealogia da psicanálise* (R. V. Marques, trad.). Curitiba: Editora da UFPR. Publicado originalmente em 1985.

Henry, M. (1985). Généalogie de la psychanalyse. Paris: PUF.

Henry, M. (2012). *A barbárie* (L. P. Rouanet, trad.). São Paulo: É Realizações. Publicado originalmente em 1987.

Laplanche, J. (1997). *Le primat de l'autre en psychanalyse*. Paris: Flammarion.

Laplanche, J. (1992). Fundamentos: rumo à teoria da sedução generalizada. In J. Laplanche, *Novos fundamentos para psicanálise* (C. Berliner, trad., pp. 95-160). São Paulo: Martins Fontes. Publicado originalmente em 1987.

Marty, P.; Fain, M.; de M'Uzan, M.; David, C. (1968). Le cas Dora et le point de vue psychosomatique. *Revue Française de Psychanalyse, 32*(4), 679-714.

Pankow, G. (1969/2009). *L'homem et sa psychose*. Paris: Flammarion. Publicado originalmente em 1969.

Schneider, M. (2001). Le sujet en souffrance. In A. David, A, J. Greisch. (Orgs.). *Michel Henry, L'épreuve de la vie* (pp. 281-298). Paris: Éditions du Cerf. Publicado originalmente em 1996.

10. Os ferimentos do corpo[1]

Introdução

"A violência assombra o combate entre o agir e o pensar" – está escrito no argumento destas jornadas da APF (Association Psychanalytique de France).

Como é que se deve entender essa fórmula que quase passa por aforismo? Abordarei a questão por sua face mais crítica: a da capitulação do pensar no combate que o opõe ao agir – pois é preciso justamente reconhecer que, com frequêcia, a partida é desigual. A violência, com efeito, quando seu espectro se delineia no horizonte, ocorre do lado do agir.

Há diferentes formas de derrota do pensamento frente à violência. Imre Kertész (2003) mostra uma delas: a impossibilidade de pensar aquilo que ocorre durante o próprio momento da deportação

---

[1] Traduzido por Paulo Sérgio de Souza Jr. do original "Les meurtrissures du corps". Conferência (não publicada) realizada na Association Psychanalytique de France (APF). Paris, 2004.

e, depois, durante a sobrevivência no campo. O pensamento não estagna, em Kertész, mais ele é vão, ele não chega a dar forma ao que ocorre e permanece definitivamente deposto. É de uma maneira prosaica que eu gostaria de seguir, na psicanálise, o caminho indicado por Kertész quando ele inflige à fórmula que Goethe havia pegado de Píndaro ("Torna-te o que tu és") uma inversão funesta: "Torna-te o que não és" – como Danièle Cohn havia mostrado em sua conferência na APF, no último 4 de março de 2004.

Aqui vai, para começar, um excerto do livro de Jacques Rossi, *Fragments de vies* [Fragmentos de vidas], que relata algumas cenas da vida no Gulag.

A VACA

Tudo é branco: a tundra, o céu, o horizonte. Somos em seis zeks:[2] dois homens armados nos escoltam. Estamos acompanhando três engenheiros topógrafos. Eles avançam com dificuldade na neve profunda. Estamos ali para carregar o material deles: teodolitos, pranchetas, balizas. Uma brincadeira de criança... Os escoltadores não nos importunam. Parece que estamos de férias. Que beleza!

— O que será que é aquilo? – pergunta Artchil. Ao longe, no brancor, divisa um ponto cinza, está certo disso. Eu forço as vistas. Não vejo nada. À medida que vamos nos aproximando, alguns outros também começam a avistar algo. Aquilo parece um toco. Todos nós – engenheiros, soldados, detentos – mantemos os olhos fincados naquele objeto enigmático.

---

2 Termo que designava os prisioneiros, especialmente nos campos de trabalho russos (Gulag). [N. T.]

— É engraçado, parece um homem sentado – declara um dos engenheiros.

— Sim, e está perfeitamente imóvel! – um outro se admira. Que diabos pode ele estar fazendo sozinho neste deserto de gelo?

— É uma "vaca" – comenta meu vizinho.

Com efeito, é justamente um homem. A chegada do nosso grupo não o demove. Ele permanece sentado, sem se mexer. Seus pés somem na neve. Seus braços cruzam-se em volta dos joelhos. Pelas suas roupas, só pode ser um detento. Tem cara de ser bem jovem. Sem dizer uma palavra, um dos escoltadores aproxima-se e o empurra com a coronha da sua arma. O homem, ainda imóvel, cai de lado sem descruzar os braços. Deve ter morrido faz tempo. O soldado se debruça sobre ele. Sem tirar a luva, afasta o cachecol verde e vermelho do morto. De cada lado do pescoço, surge uma incisão no nível da artéria. O soldado endireita o cadáver e descobre os rins. A roupa estala, verdadeira carapaça de gelo. Vêm-se duas grandes feridas na altura dos rins. Uma "vaca"...

Também se diz "carneiro" ou "bornal"... Todos termos que designam provisões de viagem ou, para ser mais preciso, aquele cujo sangue e os rins serão consumidos ainda quentes pelos companheiros se, no decorrer de uma fuga, encontrarem-se sem mantimentos. Os bandidos veteranos confiam o papel de "vaca" a um jovem que não suspeita de nada, que fica todo orgulhoso de se ver associado a um projeto de fuga por sumidades

> *da máfia. Às vezes as coisas acabam bem, e é só mais tarde que a "vaca" vai compreender o risco que correu. Quiçá poderá, então, saborear o humor dos criminosos que aconselharam levar um punhado de sal. Com efeito, quando se está em fuga, não se pode acender fogueira pelo medo de se fazer localizar. Contenta-se, portanto, com os pertences da "vaca" que podem ser consumidos crus: o sangue e os rins. Com um pouco de sal fica melhor. . . .*
>
> *Ignoro o motivo de os consumidores dessa "vaca" lhe terem deixado o cachecol. Em todo caso, certamente foi o seu senso de humor que os incitou a sentar o cadáver, ao passo que teria sido mais simples abandoná-lo assim. Os bandidos adoram uma piada. (Rossi, 1995, pp. 88-90)*

O efeito que essa leitura produz sobre vocês eu não sei. Faz muitos anos que tomei conhecimento desse livro e não dou conta de ficar tranquilo com ele. O que isso significa? Simplesmente que não dou conta de *pensar* essa história. Eu fico siderado. Não consigo me livrar da imagem, a de um jovem vivo que outros dois metodicamente degolam para dele beber o sangue e, depois, entalham suas costas para arrancar-lhe os rins, fazer a partilha e, por fim, comê-los. E não consigo ir adiante, pois primeiro fico siderado; depois, como que aflito, com uma sensação de vazio no abdômen, parecido com o que se sente no início de uma queda acidental num abismo.

Derrota do pensamento. Apesar da dramaturgia macabra do final do relato que deveria, segundo Rossi, firmar o gosto dos bandidos pela piada, ou talvez por causa dela, é a frieza afetiva dos bandidos do Gulag que me enche de estupor: *Schreck*![3] A estagnação do pensamento, que se apaga diante da imagem, toda vez que volto a pegar o livro. Reler não me serve de nada. As mesmas impressões se repetem de maneira idêntica quando passo de novo pelo mesmo fragmento. A leitura, por si só, é o bastante para produzir em mim esse estado. O medo físico, aquele no qual já não me é possível pensar. Eu o senti várias vezes em situações de perigo – bem menos atrozes do que a da vaca, todavia. Frente a doentes em estado de furor, em particular, quando, ainda jovem, eu trabalhava no sistema prisional.

No meio da noite, chamam-me por causa de um estado de agitação. Enquanto subo a escada metálica da quarta divisão, escuto os berros do enfurecido e seus murros contra a porta e as paredes que sacodem todo o prédio. E essa violência que se reverbera horrivelmente desencadeia nos outros detentos como que uma sinistra epidemia de crises e de berros. Os carcereiros me fazem ver pelo buraco da porta e depois – sutil vingança – abrem a porta e me empurram para dentro da cela: "É com o senhor, doutor!".

Que espetáculo! Um homem furioso, pulando pelos seus 4 m², batendo nas paredes e nos objetos. Sangue por todo lado. Ruínas: o assento sanitário está quebrado; o lavabo está solto e caído no chão; a cama, os lençóis: tudo está rasgado, quebrado, arrancado; até aos ladrilhos do chão estão quebrados em alguns pontos. Curiosamente, um lencinho com os quatro cantos bem enrolados permanece, como quem não quer nada, sobre a cabeça do homem, onde cumpre a função de chapéu.

Eu estou congelado, aterrorizado, paralisado: nunca tinha visto aquilo na vida. Era um estado de furor epiléptico. E então, numa

---

3 Do alemão, "susto, assombro, pavor". [N. T.]

espécie de gagueira lamentável, eu me esforço para gritar: "Aqui é o doutor!", "Aqui é o doutor"!... Não sei por que, mas os pulos ficam menos incessantes. Quando isso para, a porta se abre por trás de mim. Os carcereiros entram: "E então? O senhor deu uma injeção nele, doutor?". Incapaz de proferir uma palavra a mais, abro a caixa de madeira que trouxe comigo e preparo a injeção.

Agora é preciso ir acalmar os outros prisioneiros.

Foi ao andar para a outra cela que a sensação se revelou para mim de modo inevitável. Sim, estou molhado. Certeza. Impossível descartar a evidência. Eu mijei nas calças.

Outros, diferente de mim, seguramente não teriam ficado estupefatos. Pois na coisa toda, eu sequer recebi um golpe. Para outros, mais talentosos e mais fortes que eu, é preciso muitos golpes para colocá-los em estado de sideração.

Mas enfim, a partir de uma certa intensidade, a violência exercida sobre o corpo estagna o pensamento. Porque o corpo, precisamente, quando submetido à tortura, invade o pensamento, ocupa-o por inteiro, captura-o para reduzi-lo paulatinamente a algo que não passa de um eco obsedante das alterações do corpo fisiológico. O corpo que impedem de se deitar e dormir – como em "A confissão" (A. Koestler) – vai reduzindo aos poucos o pensamento a uma vontade de dormir, uma vontade total. O corpo que privam de alimento, como em *A espécie humana*,[4] transforma o pensamento em dor de fome. Sob efeito da violência, o pensamento monoideico se impõe ao aparelho psíquico. Para além disso, a violência total contra o corpo dissolve o pensamento da vítima e pode até, ao cabo, fazê-la desaparecer.

---

4 Antelme, R. (2013). *A espécie humana* (M. F. O. do Coutto, trad.). Rio de Janeiro: Editora Record. Publicado originalmente em 1947. [N. T.]

Aquém da intensidade extrema, a violência exercida com moderação distorce o pensamento e o degrada: a subjetividade se estreita. É o que eu reteria aqui como a característica essencial da violência: tendencialmente, ela impõe à subjetividade uma retração, até mesmo uma abolição. Partindo desse poder que a violência tem de neutralizar o pensamento, pode-se se perguntar como, na análise, os estigmas da violência se fazem ouvir, isto é, como é que retorna – se possível for – aquilo que, em razão da violência, sequer pôde ser pensado (o que evocarei, mais adiante, com o termo "amencial"). O que procuro, noutros termos, é captar a essência da violência pela análise das marcas que ela deixa no "aparelho anímico".

Clínica

O senhor Vacca tem 33 anos quando vem se consultar comigo. Há muitos anos, se vê sujeito a crises insuportáveis, como ele diz. É uma angústia monstruosa que invade seu espaço psíquico e o inunda totalmente. Ao mesmo tempo, seu corpo lhe oferece impressões difíceis de descrever. É como se não houvesse mais corpo, ou como se esse corpo se furtasse; mas, bizarramente, também é totalmente o contrário: como que uma espécie de hiperestesia dolorosa. Ele já não suporta nada, em particular os barulhos. Aliás, as crises se anunciam frequentemente da seguinte forma: ele não suporta mais os barulhos da vizinhança, da rua, da música; sente-se cada vez mais irritado; não consegue mais controlar esse aborrecimento que se transforma em angústia, até virar uma angústia generalizada. Acontece, então, de se pôr a berrar. Um berro que não passa de um grito desarticulado, desertado de todo pensamento.

A análise engrena de uma forma curiosa, porque, segundo ele, não vê como é que isso poderia dar em alguma coisa. Talvez a psicanálise seja útil quando as pessoas têm uma história cheia de enormes dificuldades, de horrores, de abusos de todo tipo. Mas com ele não aconteceu nada do tipo. Sua infância é banal e sem perturbação em comparação com o que acontece com tantos outros. Na psicanálise, ele acredita saber, é preciso pesquisar na infância aquilo que esteve na origem dos distúrbios. Mas ali não tem nada pra achar, nada pra procurar. O mínimo que se pode dizer é que ele não parece interessado num percurso analítico.

Poderíamos vislumbrar que, dada a gravidade dos seus distúrbios, sua demanda seja instrumental: demanda de alívio, de tratamento, de cura ou sei lá mais o quê. Só que não! Não é o que ele demanda. Ele não demanda nada, como se fosse evidente que não houvesse nada a esperar do outro, nem do analista. O sofrimento é seu quinhão, e se ele tem de viver com essa doença, será preciso justamente que descubra como suportá-la, como coabitar com ela. Parece-me que ele encara isso como uma espécie de ascese, isto é, essencialmente como um percurso ou um trabalho pessoal. Será que ele está verdadeiramente determinado a lutar com o seu mal? Seria, sem dúvida, uma fórmula excessiva. Ele se resigna, antes mesmo, a essa obrigação. O que me surpreende, em suma, é que ele não capitule diante daquilo que outros considerariam uma fatalidade, uma desgraça. Ele procura algo como uma coexistência pacífica com o seu mal. Não sem coragem, aceita andar curvado, mas ainda lhe falta encontrar os gestos e os movimentos que fariam com que evitasse tropeçar e sempre voltar a cair.

A análise começa, então, sem convicção nem do lado dele nem do meu. Do lado dele, porque não acredita na análise. Se resolve fazer, é porque não tem escolha, conforme diz. O fracasso dos medicamentos obriga-o a procurar uma outra via para viver com as suas crises. Do meu lado, porque tenho dúvidas sobre a minha capacidade de conduzir essa análise.

Ele tem uma boa formação filosófica e encara a análise como uma filosofia prática. E, de fato, ocupa as sessões com reflexões sobre a doença e o sofrimento, entrecortadas por longos silêncios em que reflete, como se faz antes de falar para não dizer platitudes ou besteiras.

A concepção que ele tem dos seus distúrbios se explicita. Trata-se de uma doença como outras que afetam as vísceras. É o seu cérebro que é atingido por uma afecção que não se conhece, e para a qual tampouco se conhece o tratamento. Para poder diminuir seus efeitos desastrosos, ele precisa aprender a circunscrevê-la, a conhecê-la, a reconhecê-la. A análise, como filosofia prática, é um aprendizado e o psicanalista é um maiêutico.

Eis-me ali, portanto, desalojado do meu lugar habitual de analista, posto em posição de um Sócrates retribuído com honorários para progressivamente, de fato, ser pago para nada dizer. Se faço uma pergunta, ele leva um tempo para responder... e em geral acaba dizendo "Não!", e depois retoma sua cogitação do ponto em que ela estava. "Não estou demandando nada do senhor; então, fique quieto!" – ele parece me indicar, talvez mais educadamente do que eu imagino.

É a ausência de expectativa para comigo que me incomoda. De onde vem isso de ele não demandar nada e nada esperar, a esse ponto de radicalidade? Não se pode dizer que ele procure me controlar, nem me imobilizar. Não sinto nada, na sua atitude, que evoque o que quer que seja de uma influência paranoica.

Alguns meses depois do início da análise, diz que é filho único. Nunca lhe faltou nada, precisa ele. Teve uma boa educação, ainda que não particularmente brilhante. "Uma única coisa poderia me interessar", admite: é que seus pais se divorciaram. Mas, no fim, isso é banal. Não tem nada ali pra ver. Pode ir circulando!

Mesmo assim, insisto um pouco; arrisco algumas perguntas, jogando verde pra colher maduro. Os pais do senhor não discutiam? Não houve agressões? Não! Nada! A mãe dele teve um amante, o divórcio veio em seguida. Depois ela foi morar com esse homem e o Sr. Vacca permanece com eles desde então. Uma coisa, no entanto, lhe retorna: seu pai foi quem ficou com todas as fotos e todos os filmes que datam de antes da decisão do divórcio. Diante do filho, ele joga o pacote todo no fogo dizendo: "Acabou tudo!". Dessa cólera do pai ele se lembra. Mas não tem grande coisa além disso pra contar.

Como o Sr. Vacca manifesta mais uma vez uma indiferença afetiva em relação à evocação dessa lembrança, digo-lhe que, mesmo assim, esse gesto do pai dele me parece grave; que isso me parece um pouco brutal: dar sumiço assim nos rastros do seu passado e apagar, na mesma leva, o passado dos outros e o dele (do paciente), em particular.

Ele me responde que acha esse gesto do pai infantil, mas não violento.

Algumas horas depois da sessão, ele telefona. É a primeira vez que isso ocorre desde o início do tratamento. Ele está extremamente mal. Sente que a crise de angústia paroxística, como noutros momentos, está próxima. Com o que foi dito na sessão, sente medo de que a visão que ele tem do pai mude, que não possa mais suportá-lo e que, quiçá, fique violento com ele. (Aponto o caráter insólito desse medo, na medida que ele não encontra o pai há mais de 18 anos!).

Consigo fazer com que ele aguarde a próxima sessão.

Na sessão seguinte, conta que, em razão de seu estado de angústia, sua tia – a irmã do pai, com a qual ele sempre teve boas relações; e que, de sua parte, também rompeu com o pai dele – falou com ele. O pai do paciente, conta ela, era violento com a irmã (a tia do paciente) quando eles eram adolescentes. Teve um dia em que tentou estrangulá-la. Por fim, ela conseguiu se soltar, *in extremis*, e se refugiou no andar de cima, na casa dos vizinhos.

No decorrer dessa mesma sessão, relata uma lembrança: logo antes do divórcio, os pais haviam se mudado para um chalé. O paciente, aos 12 anos de idade, havia chegado na manhã do dia seguinte e havia sido recebido pelos pais na soleira da casa. A mãe ainda estava de camisola. O pai logo tomou a palavra: vindo para o chalé, tiveram um acidente de carro; ele teve de frear brutalmente e era por essa razão que a mãe estava com um olho roxo... o para-brisa...!. Por sua vez, o Sr. Vacca repete que não tem lembrança de nenhuma violência do pai contra ele.

A crise de angústia que sucedeu à sessão sugere que uma clivagem, preservada ao longo dos meses anteriores, foi ameaçada.

Por que falar aqui de clivagem? Parece-me que as cogitações do paciente que agora foram retomadas no divã caracterizam-se – já fiz alusão a isso – pela ausência de toda e qualquer expectativa relativamente ao analista.

Graças a esse dispositivo por ele instalado, o Sr. Vacca cogita feito uma mente pura, na incapacidade – ou, mais provavelmente, na recusa – de entrar numa relação com a pessoa do analista. Suas cogitações prosseguem, mas como se não houvesse encontro, como se não houvesse, na sala, dois corpos, mas uma mente que cogita e uma outra que escuta ou registra. A sensação que se impõe é a de que não há contato; de que tampouco há tato, como se o paciente fosse dotado de uma insensibilidade total à minha presença corporal.

A análise, aqui, deveria se dar entre dois intelectos puros. Em tudo o que diz, dou-me conta de que também nunca há corpo. Aliás, há pouquíssimos fatos, raras anedotas; é como que uma abstração permanente, e é nisso que reconheço uma clivagem: clivagem entre um pensamento distante do corpo e um pensamento mais afetivo, mais encarnado, que não tem lugar na análise, mas graças ao qual ele mantém relações – das quais não sei grande coisa, a bem da verdade – com amigos, também com uma moça, com a mãe dele e o namorado dela... Sei, por exemplo, mas sem mais precisões, que há vários meses ele faz cursos de dança, o que não deixa de me surpreender. Não saberei mais muito a esse respeito. Mas isso basta para que eu chegue a pensar que provavelmente há uma clivagem entre as duas modalidades de vida psíquica do Sr. Vacca: uma em que não há corpo (a da análise) e outra em que há um corpo (a sua vida ordinária).

Quinze meses depois da sessão da lembrança das fotos jogadas no fogo pelo pai, a angústia reaparece. Ela se faz cada vez mais intensa, com crises de dar medo, apesar do aumento das doses de medicamentos prescritos pelo psiquiatra que o trata.

A angústia é controlada em sessão, ao menos aparentemente, e um belo dia eis que "a questão do afeto" – se assim posso me expressar –, que me preocupa há tempos, aparece repentinamente na fala do paciente de forma totalmente inesperada: "Quando a gente se senta à mesa", diz ele, "em cada lugar tem um jogo de talheres com uma faca. A gente não pensa que a faca é tanto um instrumento pra cortar carne... quanto pra matar! Porque se a gente pensa nisso, não consegue mais aguentar a situação. A gente fica com medo de tudo. Angústia".

Fico completamente espantado, mas tenho tempo de me recompor porque ele mergulha novamente em seu silêncio.

E eis que, após uma longa pausa, retoma a palavra e diz que está pensando em Salomé. Salomé que dança diante do grego. O rei bárbaro, naquela ocasião... [*silêncio*].

De minha parte, durante esse tempo, fico pensando que talvez ele ainda faça dança. E tenho vagamente a impressão, sem estar certo disso, de que a moça com quem ele convive é grega e que, se não me engano, ele começou com dança grega.

Mas não é nisso em que ele está pensando, durante esse tempo, não: "Será que nessa história..." – diz ele de um modo questionador, mas também dubitativo –, "será que nessa história eu não seria São João Batista?".

Tarde demais para refletir e eu respondo que Salomé, sem ter usado diretamente sua violência contra João Batista, ainda assim chegou ao resultado: separar a cabeça do corpo. E encadeio, sem transição, perguntando a ele quem, na história dele, seria Salomé.

Dessa vez, ele responde sem atraso: "Na história, Salomé não tem nada a ver com isso! É a mãe dela quem ordena que ela dance diante do rei".

Em relação ao corpo, eis aí um bocado dele – e de uma só vez – na análise. E nada de rodeios para cortar a cabeça e interromper as veleidades que São João Batista Vacca poderia ter de pensar: as relações eróticas entre os seus pais.

Depois dessa sessão, as crises de angústia são menos frequentes. Os fios que se desenrolam a partir dessa evocação acabam formando a trama do que compreendo como uma primeira tradução das relações entre seus pais; e parece que essa perlaboração, cujas morosidade e obstinação ninguém pode imaginar – isso dura várias semanas, sem lugar para nenhum pensamento intercorrente –, afasta as crises de angústia.

Depois dessa virada da análise, toda a vida do Sr. Vacca parece ganhar uma outra direção. Até me ocorre me perguntar, para tão logo me repreender – mas é como que um pensamento diabólico que sempre volta –, se ele não estaria se curando.

Sua vida, com efeito, evolui em diferentes planos: ele trabalha, primeiro, num emprego sem qualificação, bem abaixo do seu nível intelectual; depois, passa num concurso de alto nível e fica em formação, durante um ano, em tempo integral, numa escola de especialização. Em seguida, deixa, pela primeira vez, o domicílio materno e se instala num apartamento na cidade. Tem alguns encontros com mulheres; encontros bastante difíceis, decerto, mas que lhe permitem – pela primeira vez, aos 37 anos de idade – ter relações sexuais. Por fim, assume um emprego estável e encontra uma mulher com a qual começa a viver.

Durante toda essa evolução, contudo, queixa-se reiteradamente dos efeitos secundários dos medicamentos, que lhe deixam com a cabeça pesada, impedem-no de se concentrar, de ler, de trabalhar e atrapalham a sua vida sexual (ausência de todo e qualquer prazer sensual, anejaculação).

Genealogia do corpo

Sabe-se que entre corpo e pensamento, entre soma e psique, o aparelho teórico freudiano propõe um conceito-chave: o de pulsão.[5] Pois bem! A pulsão é, aos olhos de muitos autores, um con-

---

5 "Voltando-nos agora do lado biológico à observação a partir da vida anímica, então nos aparece a 'pulsão' como um conceito fronteiriço entre o anímico e o somático" (Freud, 2013, pp. 23-25).

ceito-limite entre o corpo e a alma, até mesmo o conceito mais somático da metapsicologia. Mas não se sabe bem se o recurso ao conceito de "pulsão" para estabelecer uma continuidade entre fisiologia e psicologia constitui uma resposta para o problema do dualismo ou do monismo somato-psíquico, se ele constitui um compasso de espera ou serve para esquivar-se do problema não apenas teórico, mas substancial.

A pulsão, com efeito, não é pensamento. Seria absurdo dizer, de uma pulsão, que ela pensa. A pulsão é, antes de mais nada, busca de prazer; até mesmo – caso se acompanhe Jean Laplanche em seu comentário dos dois princípios do funcionamento psíquico – *busca de excitação*. Essa última interpretação, isso merece ser frisado, é congruente com a ideia do filósofo, segundo a qual o prazer seria ontologicamente consubstancial à experiência do corpo que se experimenta a si mesmo e da vida que se revela em si, como afetividade (Henry, 2011). De modo que o inverso do prazer seria, tipicamente: a insensibilidade; a anestesia do corpo; o apagamento de toda e qualquer excitação, até da excitabilidade em seu próprio princípio; a extinção da afetividade; a vivência da frigidez absoluta; a experiência do vazio. Há, para a subjetividade, um perigo muito mais grave que o sofrimento: é a extinção, a experiência do desaparecimento de todo e qualquer afeto quando o corpo é vivido como indiferente, inerte, frio, morto por dentro.

Parece-me que essa deserção do corpo poderia ser um estigma deixado pela violência do adulto. Em que consiste esse corpo que está em questão? Não se trata, é claro, do corpo biológico, ainda que ele esteja fisicamente presente, mesmo no auge dos acessos de ansiedade do Sr. Vacca. É do outro corpo que se trata, a saber: o corpo erótico. Na teoria da sedução, Jean Laplanche sustenta não somente uma certa concepção da sexualidade, mas, no mesmo movimento, uma certa concepção da gênese do inconsciente. Entre a sedução pelo adulto e a formação do inconsciente, há a mensagem e a sua tradução.

Eu gostaria de insistir na comunicação inicial, até mesmo originária, entre o adulto e o *infans*. Ela passa essencialmente pelo corpo, pelos cuidados prestados pelo adulto ao corpo da criança. Vamos ousar mais um passo. Esses cuidados implicam um contato entre o corpo da criança e o do adulto. A comunicação, em suma, antes de ser assumida pela fala, seria *primeiramente um corpo a corpo*.

Parece-me que o esforço de tradução da criança poderia incidir, mais que sobre a própria mensagem, sobre o efeito que a mensagem comprometida produz no corpo da criança. Antes de mais nada, o que é experimentado sensualmente no corpo é que seria aquilo que, para a criança, se trata de traduzir.

Na medida em que a tradução parte do corpo, parece-me possível atribuir ao corpo, mais uma vez, a primeira etapa da tradução. A criança, ao mobilizar seu próprio corpo, procuraria reproduzir ativamente aquilo que foi, primeiro, experimentado numa passividade absoluta como presença excitante da estrangeiridade em si.

As gesticulações da criança teriam duas dimensões indissociáveis: seriam aquilo por meio do qual ela tenta se apropriar da sua sensualidade; e, ao mesmo tempo, seriam, *nolens volens*, "agir expressivo" endereçado ao adulto – continuando, assim, a comunicação com esse último. Na noção de "agir expressivo", o pensamento da criança seria, em certa medida, primeiramente corporal.

É dessa forma que compreendo a asserção de Freud na nota acrescentada à tradução inglesa de "O eu e o isso", em 1927: "O eu é sobretudo corporal, não é apenas uma entidade superficial, mas ele mesmo a projeção de uma superfície"... E eis a nota:

> *Ou seja, o eu deriva, em última instância, das sensações corporais, principalmente daquelas oriundas da superfície do corpo. Pode ser visto, assim, como uma projeção mental da superfície do corpo, além de representar, como vimos acima, as superfícies do aparelho psíquico. (Freud, 2011, p. 32, trad. modificada)*

Se é verdade que as gesticulações e, mais amplamente, os movimentos do corpo da criança são expressivos ("agir expressivo"), então o cortejo tradutório que passa pelo corpo convoca, no final da caminhada, a reação do adulto. Se a comunicação pode prosseguir – isto é, se o adulto pode acusar recebimento do esforço tradutório da criança –, o processo pode continuar.

Então, na sombra da tradução, se formaria o inconsciente, aquilo que não foi traduzido. "Pensamento-tradução", tanto quanto o inconsciente, seriam formados por intermédio do corpo, primeiramente. Assim, os jogos do corpo levam à formação de um segundo corpo a partir do primeiro (de um corpo erótico a partir do corpo biológico) por intermédio do comprometimento – até da corrupção – sexual do corpo pelo adulto, e sua retomada pela criança.

> *Já se discutiu bastante, na psicofisiologia [escreve Freud], de que maneira o corpo sobressai no mundo da percepção [esse corpo próprio é aquele que designo aqui pelo nome de "corpo erótico"]. Também a dor parece ter nisso um papel, e o modo como adquirimos um novo conhecimento de nossos órgãos, nas doenças dolorosas, é talvez um modelo para a forma como chegamos à ideia de nosso corpo. O Eu é sobretudo corporal [...] [etc.] (Freud, 1923/2011, p. 32).*

Freud não leva em consideração aqui, explicitamente, a aquisição de um novo conhecimento dos órgãos pelas afecções sensuais do corpo. Ele se atém às doenças dolorosas. Pois bem!

Quer seja na ocasião de doenças dolorosas ou de gesticulações sensuais, o corpo é engajado na comunicação com o adulto.

Violência e proscrição

Porém, às vezes acontece de, ao agir expressivo do corpo, o adulto reagir por meio da violência. É o caso quando, em contrapartida, aquilo que a criança expressa provoca no adulto uma reação de aversão, de asco, de cólera ou de ódio contra o corpo da criança. Quando, nesse estado, o adulto bate na criança, certamente há uma mensagem sexual inconsciente, mas a violência pode então criar na criança uma dor e um medo que estagnam muito facilmente o seu pensamento. Pode-se imaginar, ao que me parece, que o cortejo da tradução seja interrompido aqui. Se for esse o caso, a falta de tradução implicaria também não haver sombra ou resto da tradução. Noutros termos, *não poderia haver, nesses casos, nem recalcamento nem rastro.*

O agir expressivo da criança, barrado da comunicação, deixaria nesse lugar do corpo uma mutilação ou uma agenesia do corpo erótico. Uma zona fria. Essa mutilação poderia então encontrar uma réplica, no nível tópico, na forma de um inconsciente que não teria sido constituído por *recalcamento*. Esse inconsciente, formado por aquilo que se poderia chamar de *proscrição* ou por uma *exclusão*, fora da dinâmica da sedução, inacessível à tradução ou ainda ao pensamento, proponho qualificá-lo como *inconsciente amencial* – o que permite diferenciá-lo do inconsciente sexual recalcado.

Entre essas duas partes do inconsciente haveria uma *clivagem* que seria o resultado de uma diferença fundamental de origem, de formação e de estrutura desses dois sistemas entre os quais não poderia haver passagem.

A *desestabilização da clivagem e a "angústia de vacar"*

Como ter acesso ao que não pode ser pensado porque falta uma parte do corpo erógeno suscetível de fazer advir a experiência afetiva necessária à gênese de um pensamento?

Para formular em termos mais explícitos, eu diria que, para ter acesso àquilo que, do corpo, está excluído da subversão libidinal pelo ódio do adulto contra o corpo da criança, é impossível evitar a desestabilização da clivagem, o que vai necessariamente passar por uma crise psicopatológica. Decerto, se pode esperar sair da crise com orientações mais precisas sobre o que está proscrito e é do foro do inconsciente amencial. Mas nunca se sabe qual a forma que a crise assumirá, nem qual será a sua gravidade; tampouco se pode estar certo de que o prognóstico vital não será colocado em jogo por uma passagem ao ato ou por uma doença somática.

Uma pista se esboça, no entanto. Quando o paciente passa por uma fase particularmente penosa, marcada pela ameaça do retorno dos acessos de ansiedade, sua tia, a irmã do pai, decide prevenir o pai, informá-lo do estado calamitoso do filho e exigir que retome contato com ele.

E eis que o pai telefona. Ele se apresenta para o próprio filho dizendo nome e sobrenome: "Alô! Aqui quem fala é Gastão Vacca".

Sem mais delongas, declara ao paciente que a psicanálise é uma merda; que um grande pensador conhecido, que publicou bastante sobre Freud e cuja obra ele sabe que o paciente aprecia... que esse pensador não passa de um idiota; que a sociologia (pela qual sabe que o filho também se interessa) não interessa mais a ninguém. Resumindo, ele pode apresentar o filho a outro autor conhecido (que o pai respeita e conhece pessoalmente), mas que não tem nada a ver nem com a psicanálise, nem com a sociologia. É o que pode fazer por ele!

E desliga.

Primeira conversa após dezoito anos de ausência.

Algum tempo depois, o filho decide encontrar o pai. Quando se veem, nenhuma efusão, nenhum abraço. Nada. Tudo se passa como se fosse um encontro banal de quem se viu no dia anterior.

No paciente, não percebo nenhuma reação afetiva no relato do encontro com o pai, nem sequer a sombra de uma decepção. Será que ele não esperava nada do pai, assim como não esperava nada do analista quando dos primeiros encontros e dos meses que se seguiram?

De minha parte – provavelmente porque fico particularmente atento ao que se diz do corpo na fala do Sr. Vacca –, fico intrigado com a ausência total de contato: sem grandes saudações, sem abraço nem aperto de mão. Nenhum corpo a corpo. Nenhum corpo a corpo e nenhum afeto; e também nenhum comentário. Só que me dou conta de que, de novo, as crises de angústia não se perfilam mais unicamente como ameaças. Elas são, de novo, patentes.

Esses episódios de angústia, ele sente que estão por vir. A barriga dá alguns sinais disso. A impressão de se esvaziar de sua substância. A crise de ansiedade é terrível e assume a forma de um acesso. Ele distingue perfeitamente entre a sua angústia, ou as suas angústias habituais, e os acessos – que nada têm em comum com elas. Ainda que as angústias hipocondríacas, às vezes, possam se agravar. Cada vez menos ele suporta barulho. Uma espécie de hiperestesia generalizada. O barulho dos vizinhos, em particular, o deixa louco. Perde a capacidade de pensar. O vazio se instala no corpo. Depois vem a queda: uma impressão de abismo sem fundo, assustador, no qual se cai sem que essa queda possa ter fim.

Esse tipo de angústia é como uma angústia de *vacar* – isto é, de "perder a mão e cair de uma parede rochosa" –, que é um termo do alpinismo. Vaca-se, o chão falta e é queda certa. Nada pode ser comparado a essa angústia. Ela é absolutamente intolerável. O pensamento se desorganiza, as sensações tornam-se anárquicas. A angústia de vacar logo confina a um quadro de confusão mental, de *amência* – no sentido que esse termo tem para Meynert, citado por Freud.

Como indica com precisão o comentário de Jacques André,

> *a associação regular do nome de Meynert à palavra "amência" é ainda mais notável por não restar praticamente nada da teoria deste na retomada feita por Freud. A obra de Meynert – da qual dispomos de uma tradução de Christine Levy-Friesacher – expõe uma conceituação principalmente neurofisiológica, centrada na ideia de uma desagregação da organização associativa, tudo ligado a estados muito dessemelhantes.* (André, 2002, p. 25).

Parece-me efetivamente que a ideia central no texto de Meynert é a de uma *desintegração* das associações e das ligações. E essa ideia é interessante porque é bastante próxima do que os pacientes sentem na angústia de vacar: fisicamente, ela se manifesta como uma sensação de frio que toma o corpo, mas que começa com a queda; e, mentalmente, ela é experimentada como uma desagregação radical e cataclísmica do pensamento, que é a experiência crítica e atroz da loucura. "Amência" é justamente o termo que vem a calhar.

Essa angústia é tão intolerável que impele o paciente, irresistivelmente, na direção de um gesto suicidário. Matar-se é a única solução para parar esse estado. Por duas vezes, ele toma todos os seus medicamentos e se vê hospitalizado. O ódio de si é patente, então. A compulsão violenta contra si replica, sem dúvida, o ódio e a violência outrora dirigidos contra ele. Por quem? Como?

Mas o mais preocupante é o metrô. Quando está na plataforma, sente que isso faz voltar os pródromos da angústia de vacar; beira o acesso com cada vez mais frequência e sente crescer em si uma imperiosa vontade de se jogar debaixo do trem.

Na referência ao tópico da clivagem do inconsciente, essa angústia poderia ser patognomônica de uma desestabilização da clivagem. A angústia de vacar poderia ser o cruzamento das descompensações psicopatológicas. Para o paciente, vê-se bem que, para fazer cessar esse estado, a via do suicídio (ou talvez o encontro violento com a massa esmagadora do trem para fazer cessar essa sensação de esvaziamento, essa queda e essa impressão de já não sentir o corpo) abre-se de forma inquietante como uma livração possível.

Outros pacientes não têm a mesma possibilidade de permanecer muito tempo nesse estado, pois são portadores de uma doença crônica. O acesso de ansiedade desencadeia uma crise evolutiva da doença: estado de mal asmático; crise de epilepsia; coma cetoacidótico, no diabetes; crise inflamatória e dolorosa, na poliartrite reumatoide etc. Com a crise somática, o acesso se acalma.

Outros pacientes chegam a erotizar os pródromos da crise de ansiedade, o que levanta questões teóricas espinhosas. Isso ocorre quando a crise é desencadeada pelo encontro com o outro. Às vezes, apenas o fato de o outro estar de pé na vida é o suficiente para que essa presença, num corpo que esse último habita efetivamente, faça o sujeito sentir sua fragilidade, constitua até mesmo um insulto e faça com que aumente nele a impressão de estar expulso da sua própria vida. Agora, ele considera o outro como responsável pela ameaça de deserção do seu próprio corpo. Num movimento compulsivo, a violência pode explodir em passagem ao ato. A insistência na vítima, fazendo reaparecer a sensação da vida no corpo, transforma-se no frenesi do assassinato ou do estupro.

Eis o que se encontra no diário do assassino dos oito vereadores de Nanterre em abril de 2002:

> *Mãe, faz tempo que eu devia estar morto. Não sei fazer nada na vida. Nem morrer sem fazer mal. Faz tempo que entreguei os pontos. Queria amar, aprender a trabalhar, aprender a lutar pelas pessoas e pelas coisas que eu amo. Queria ser livre. Mas tenho uma mentalidade de escravo, de fraco. Me sinto tão sujo. Faz anos, desde sempre, que eu não vivo. Me toquei demais, no sentido próprio; e de menos, no figurado. Estou fodido. Não tenho nem passado nem futuro. Não sei viver o presente. Meu corpo está caindo aos pedaços porque eu não me respeito, eu não me amo . . . . Sendo um cara frouxo, egoísta e tão fechado, não mereço viver. Mas tenho que bater as botas pelo menos me sentindo livre e gozando. É por isso que tenho que matar pessoas. Uma vez na vida vou experimentar um orgasmo. Vou experimentar*

a sensação de potência de ser alguém. Viver é assumir responsabilidades... (Le Monde, 2002, p. 12)

O Sr. Vacca não chega ao frenesi do crime, mas ao risco da passagem ao ato suicidário.

De uma sessão a outra, o paciente se engaja na única via que ainda lhe parece possível para tentar estagnar a desagregação do seu pensamento. Tenta descrever com cada vez mais precisão aquilo que experimenta em si mesmo com o aumento da angústia de vacar. E fala do metrô. E me deixa com medo! Temo a livração pelo suicídio. Os medicamentos cujas doses são aumentadas, tanto quanto as mudanças de tratamento, não dão em nada.

Ao fim de uma de suas descrições, digo a ele que se uma criança sentisse o medo de cair debaixo do metrô, de repente, o que é que seria então capaz de acalmá-la? Um adulto pegá-la no colo e apertá-la fortemente contra ele, até a calma se restabelecer. Ele não protesta.

A angústia de vacar se afasta e isso é um alívio para mim. Restam os efeitos secundários dos medicamentos. Será preciso muitas sessões, fazendo o mesmo trabalho de análise introspectiva das sensações desastrosas ocasionadas pelos medicamentos que alteram as sensações que lhe vêm do corpo. Certa vez, ele decide parar de tomar seus medicamentos. Os sinais secundários desaparecem. Ele está bem consigo mesmo.

Afeto e "expressão"

Aqui levaria tempo para tentar compreender como essa imagem do enlaçamento – do abraço, no sentido etimológico do termo –, que é um agir expressivo, surge, um belo dia, no pensamento do analista. Parece-me que foi a essa questão que Laurence Kahn[6] se ateve em sua conferência, quando dos encontros de dezembro de 2002. Ela levantou ali, muito precisamente, a questão das relações entre o econômico e o afeto, propondo a ideia de "que a potência do afeto se impõe à custa do ponto de vista econômico, quando a linguagem da experiência prevalece. Isso dá pouca margem para dúvidas", diz ela. E adiante:

> *Que a transferência reatualize um afeto que não foi experimentado numa circunstância em que ele deveria ter sido sentido coloca ao menos a questão disso que o mecanismo da transferência atualiza. É o próprio afeto inscrito sem ter sido sentido? Mas inscrito de que maneira, com que forma, então? Como pensar a reatualização transferencial fora de toda teoria dos traços mnésicos, isto é, fora da descrição econômica dessa inscrição?*

Nesse caso, parece-me que efetivamente o afeto de sedação da angústia no corpo a corpo do abraço não pôde ser experimentado, nem inscrito, porque esse corpo a corpo não pôde se dar. Vamos ver por quê.

Pode-se notar que o afeto aqui em questão advém em mim e não no Sr. Vacca.

---

6 Os textos da conferência estão publicados no livro: Khan. L. (2012). *L'écoute de l'analyste: de l'acte à la forme*. Paris: Presses Universitaires de France. [N. T.]

Laurence Kahn, um pouco adiante, cita Jean-Luc Donnet:

> *A ação desintegradora – reconheceremos aqui as próprias palavras da definição da amência – dessas transferências para a pessoa do analista e a necessidade na qual este se encontra de trabalhar com as suas próprias vivências subjetivas fizeram dos efeitos contratranferenciais a ferramenta pela qual o analista pode constituir, imaginar ou construir nele um material transferencial que o paciente não pode nem reconhecer nem nomear [e aqui ela faz referência a Fédida].*

A sequência da sua conferência propõe uma leitura das relações entre o montante de afeto e o próprio afeto que me parece convincente: o afeto pode ser concebido economicamente como "uma expressão conforme a quantidade" – sendo essa última formulação emprestada de Freud (2013) por Laurence Kahn (2003, pp. 30-35).

Acidente da sedução

De onde vem o fato de que o agir expressivo do abraço esteja proscrito? Nessa etapa, é da seguinte maneira que me parece possível compreender as coisas: o cortejo tradutório parte da comunicação entre o adulto e a criança. O corpo a corpo mobilizado por ocasião dos cuidados dados à criança pelo adulto – comprometido pelo inconsciente sexual do adulto – faria nascer efeitos sensuais no corpo da criança. Para a criança, no entanto, traduzir passaria por movimentos, gesticulações do corpo que, por sua vez, teriam um efeito potente sobre o inconsciente do adulto. Quando essas gesticulações tinham por vocação convocar, no adulto (no caso, o pai do Sr. Vacca) um movimento de abraço, penso que aconteceu a esse pai ver-se tomado por uma vontade, sem dúvida incoercível, de bater na criança ou, em vez de abraçá-la, de se deixar levar pela vontade de estrangulá-la – como ele já havia feito muitas vezes, na adolescência, com a sua própria irmã.

A violência exercida contra o corpo da criança estagna, aqui, o pensamento. O cortejo tradutório é interrompido. O pensar entrega os pontos, no seu combate com o agir, sob efeito da violência. Ali, os jogos do corpo não seriam mais possíveis. Ao convocar esses últimos, inclusive pela análise, nós nos aventuraríamos nas zonas frias do corpo. Surgiria então a sensação de frio, depois a angústia de vacar. Em vez de *um* pensamento, é *o* próprio pensamento que começaria a se desagregar de novo. Surge a angústia amencial. Em vez do abraço, o Sr. Vacca procura outra saída: fazer-se acachapar pelo metrô para acachapar a sua angústia. Não sou eu quem diz, é ele.

Resta que, nesse "mal-encontro", como diria La Boétie, entre o filho e o pai, que faz adir a violência do adulto, o *primum movens* parece justamente ser de natureza sexual. Pois a violência do adulto vem do seu próprio inconsciente sexual, que desencadeia repentinamente o ódio desse corpo de criança, ou ainda o frenesi do assassinato, o agir que impõe à criança: "Torna-te o que não és!".

É por isso que a clivagem no corpo – como a clivagem do inconsciente que resulta do regime de formação do inconsciente por *proscrição*, que se diferencia do inconsciente tradutório – poderia então também ser reconhecida como uma produção da sedução pelo adulto. Precisamente, nesse caso, não se trataria do jogo ordinário da sedução, mas sim de um "acidente da sedução". Para dizer em termos mais exatos, a violência do adulto como acidente da sedução deixaria rastros muito particulares – se é que se pode falar aqui em "rastros" – sob a forma da clivagem e da formação de um inconsciente amencial, particularmente propício, quando mobilizado, a desencadear uma descompensação psicopatológica.

Ferenczi

Ora, eis o que escreve Ferenczi: ele fala de "fantasias lúdicas" que ocorrem às crianças; e fala também desse "jogo [que] pode assumir uma forma erótica, mas conserva-se", segundo ele, "sempre no nível da ternura" (Ferenczi, 1932/2011, p. 116).

O que Ferenczi tem aqui em vista corresponde mais ou menos ao que tentei descrever como o "agir expressivo" endereçado pela criança ao adulto. Adiante, ele escreve: "o jogo, até então anódino, apresenta-se agora como um ato merecedor de punição" (Ferenczi, 1932/2011, p. 117). E depois: "Os delitos que a criança comete, de brincadeira, só passam a ter um caráter de realidade pelas punições passionais que recebem de adultos furiosos, rugindo de cólera" – aquilo que tentei caracterizar como "acidente da sedução" –, "o que acarreta numa criança, não culpada até então, todas as consequências da depressão. Um exame detalhado dos processos do transe analítico ensina-nos que não existe choque, nem pavor, sem um anúncio de clivagem da personalidade" (p. 119). "Se a criança se recupera de tal agressão [pelo adulto], ficará sentindo, no entanto, uma enorme confusão; a bem dizer, já está dividida, ao mesmo tempo inocente e culpada, e sua confiança no testemunho de seus próprios sentidos está desfeita" (p. 117). Isso remete às consequências deletérias da violência do adulto sobre a formação do corpo erógeno da criança.

Esses excertos foram tirados do famigerado artigo de Ferenczi sobre a "Confusão de língua entre os adultos e a criança" (1932/2011, pp. 111-121). Parece que, nesse texto, Ferenczi tinha em mente aquilo que hoje, 86 anos depois, constitui o objeto da minha apresentação, isto é, as marcas da violência no aparelho psíquico. Para Ferenczi, a violência das punições passionais do adulto contra o corpo da criança que tenta brincar com a própria sensualidade e com a do adulto parece estar eletivamente na origem da clivagem. Ferenczi se atém aos distúrbios no corpo da criança que resultam disso, os quais ele caracteriza como uma quebra da confiança no testemunho que a criança tem de seus próprios sentidos. E ele para por aí. Da parte arruinada do corpo, ele não diz mais nada. Desvia sua atenção para o que se passa do outro lado da clivagem, do que não foi abrasado pelo trauma; e encontra termos comoventes para descrever como aquilo que sobrevive na criança – o que ele chama de "personalidade ainda fracamente desenvolvida" – "reage ao brusco desprazer" e ao "medo intenso" (pp. 118-117). "O medo diante de adultos enfurecidos, de certo modo loucos, transforma por assim dizer a criança em psiquiatra" (p. 120). Ferenczi escreveu isso! A violência cliva a criança entre um setor no qual ela perde o contato com seu próprio corpo e um setor no qual a hipersensibilidade do corpo se transmuta em extraordinária capacidade de identificação com o adulto, fazendo dela um psiquiatra – ou, como ele diz adiante, um auxiliar – do adulto.

A perlaboração pelo sonho

Se o agir expressivo dos braços estendidos ou dos braços que abraçam tiver sido proscrito da relação entre o filho e o pai pela violência deste, pode-se dizer que o acesso ao que não é pensável pelo paciente só é possível por uma forma de perlaboração. Mas essa última se desenvolve do lado do analista e não tem correspondente do lado do paciente. Acontece de o trabalho da análise ir mais longe se um mero conhecimento dos estragos ocasionados pelos acidentes da sedução e de algo do trabalho de perlaboração provocado no analista pela angústia amencial do paciente for reapropriado pelo paciente.

Depois da minha intervenção, o paciente parece entrar num período novo. É um acontecimento e tanto, pois esse paciente praticamente nunca sonha. De fato, o sonho – ao que me parece – converte o esforço da análise como, no rugby, se converte um ensaio.[7] Pelo sonho, parece justamente que a estrutura clivada do inconsciente possa ser remanejada. Desse processo se pode dizer, creio eu, que ele não é somente uma testemunha do trabalho analítico. Poderia ser justamente o sonho que realizaria a reapropriação, como se os pensamentos latentes produzidos pelas sessões fossem subitamente utilizados como material para o trabalho do sonho. É por isso que proponho designar esse processo com o termo "perlaboração pelo sonho".

Eis, portanto, uma salva de sonhos que, creio eu, marca o profundo remanejamento da arquitetura tópica.

Sonho número 1: um fosso de elevador num imóvel, mas sem elevador. O Sr. Vacca sobe vários andares, direto, pelo cabo, mantendo-o firmemente apertado entre as mãos. Os pés não se apoiam em nada. Sensação de medo, com a ideia de que há um risco, em razão da altura.

---

7 O *try* [ensaio] é a forma de pontuação máxima do rugby, quando o jogador alcança ou ultrapassa a linha de fundo do time adversário e apoia a bola contra o solo – havendo, assim, um contato simultâneo e voluntário entre o atleta, a bola e o chão. Além de valer cinco pontos, a jogada dá ao time que pontuar o direito de um chute a gol, dito "conversão". [N. T.]

Nas associações, o paciente precisa duas coisas:

- Ele aponta que as suas angústias na plataforma de metrô tendem a se esvair.
- Ele tem a impressão confusa, mas insistente, ao acordar, de que já teve esse sonho antes, talvez há alguns anos; talvez num imóvel onde ele morou antes com a sua mãe.

Sonho número 2: ele se vê desdobrado em dois corpos. Vai tomar um banho ou uma ducha. Há pessoas. E ele carrega a si mesmo. Esse corpo é como que o de um velho, que ele deve carregar, nos braços, como se carrega... (ele não chega a precisar seu pensamento)... e dá banho nele. Mas ele também vê suas costas (o que não é possível, precisa ele). E sente o contato desse corpo que ele carrega, e o seu peso – e é pesado! Angústia.

Nesse sonho, encontra-se representado o que sempre fez falta – esse amparo de um homem, que é a antítese figurada da angústia de vacar –, e isso pesa cada vez mais, isto é, figura-se assim o inverso da sensação de esvaziamento e de dessubstancialização. Por fim, e esse ponto é capital, ele carrega a si mesmo, o que significa que substituiu a análise por um relação de si para consigo – intrassubjetividade *stricto sensu*.

Sonho número 3: ele tem um sonho que o espantou bastante. Seu pai acabara de perder o próprio pai. Parece triste. O Sr. Vacca se aproxima dele e o pega nos braços para reconfortá-lo.

Sonho número 4: ele está numa paisagem com colinas. Chegando a certa altura, descobre, mais ou menos escondida, a abertura de um caminho de areia que desce em sinuosidades bastante íngremes, bem regulares, bem geométricas. Desce com bastante prazer e agilidade. Depois, treina um grupo no qual há mulheres – mas que não correspondem a nenhum rosto conhecido – para lhes fazer descobrir esse caminho maravilhoso. Sente-se mais ou menos responsável pelo grupo. Para alguns membros desse grupo, mulheres, é manifestamente custoso descer. Então, ele se propõe a sair por último, para prestar auxílio àquelas com dificuldade. Ele começa a sua descida. A impressão de prazer é como a de uma descida de esqui ou de bicicleta. Deixa-se levar pelo prazer, não consegue se segurar e ultrapassa todos os outros para chegar bem rápido em baixo. A sensação intensa de prazer é sucedida pela impressão de certo constrangimento, até de uma culpabilidade em relação aos seus compromissos. A paisagem é soberba. Há casas e algumas delas são muito belas.

Parece, agora, que à angústia de vacar sucede o prazer da descida controlada, vivida como um prazer sensual experimentado pelo corpo erógeno. Essa série de sonhos relatados em quatro sessões sugere que ele está perlaborando a tensão exercida sobre a clivagem e que essa perlaboração é também a conquista de novos registros expressivos e eróticos – uma ampliação, em suma, da subjetividade.

Se ouso essa expressão é porque os sonhos dessa espécie – que, ao que me parece, marcam uma virada transformadora num tratamento em que a marca da violência é identificável – não surpreendem apenas o analista. O paciente também fica abalado. No caso do Sr. Vacca, é inclusive o momento em que, de algum modo, revela-se para ele – simultaneamente a novos registros de sensibilidade – a verdade da análise. Por quê? Porque dos seus sonhos o paciente guarda uma memória extremamente precisa e duradoura, proporcional à impressão intensa de prazer que ele experimenta ao acordar. Prazer que o habita em seguida, por vários dias, como uma espécie de reconciliação consigo mesmo. Quase uma jubilação.

Ao mesmo tempo, é como se as reservas, as reticências, os preconceitos contra a análise se esvaíssem. No caso do Sr. Vacca, é também uma mudança que modifica completamente o clima do tratamento.

Reconhecer que o sonho tem uma função tão importante não deixa, é claro, de colocar alguns problemas técnicos e metapsicológicos. Se utilizo esse termo, "técnico", é me autorizando a partir de um texto de Danielle Margueritat: "Dizer o que se faz com os sonhos", escreve ela, "é sem dúvida o que há de mais cativante para um analista. É o lugar de condensação de toda a prática e onde, de si, se diz ao máximo". Nessa conferência, que data de 1996, Danielle Margueritat havia falado de sua técnica e também precisado que a considerava um trabalho, *stricto sensu*. A respeito desse ponto, eu também estou com ela. Tudo bem que a minha forma de trabalhar com os sonhos que ocorrem num contexto como esse não é a que Danielle Margueritat expõe, com bastante clareza. Não creio, entretanto – mas talvez esse não seja o ponto de vista dela – que haja incompatibilidade.

Sobre um jogo de palavras que ela relata a propósito do sonho de um dos seus pacientes, ela escreve:

> Ao dizer "mãe de-cedida", eu não sabia que eu estava falando de mim. Um colega, ao ler o relato dessa sequência, um dia me diz: "No fundo, essa história toda é só fantasia sua". Um pouco abalada com essa observação e tomada, ali, pelo que se passava entre mim e ele – condição que favorecia o deslocamento de proibição do objeto inicial para as relações entre nós,

> *exatamente como o que se passou durante a sessão –, me veio então, numa revelação, que as minhas iniciais, durante os primeiros 25 anos da minha vida, foram D. C., como a morte.[8] Sim, com efeito, a inversão do C e do D para significar a mãe morta era fantasia minha, e graças a isso – é como eu penso – o trabalho com esse sonho foi como foi. O trabalho com o sonho também se faz com o inconsciente do analista. A escolha do gancho das suas intervenções é tributária dos seus próprios investimentos, conscientes ou não, e do que é marcado pelo pulsional imediato. Sem dúvida, é necessário ser assim para que as suas intervenções tenham um alcance transferencial. (Margueritat, 1997, p. 70)*

Se concordo com o que ela diz, não é apenas porque minhas iniciais também são C. D. – e que isso, *via* Dr. C. D., resulta D. C. D.[9] –, mas porque ela levanta aqui a questão disso que de mim está em ação na análise das relações entre as marcas da violência e sua perlaboração pelo sonho. Sem dúvida, a minha própria história e a minha própria análise têm algo a ver com isso. A violência deixou marcas sobre mim. A criança que mijava nas calças – personificada no dr. Medroso, que foi trabalhar depois no sistema prisional – ainda está presente naquele que, hoje, põe à prova da escuta dos senhores as relações entre os ferimentos do corpo e sua perlaboração pelo sonho.

---

8 Em francês, a pronúncia das iniciais *D. C.* e do termo *décès* [decesso, falecimento] são bastaste próximas. [N. T.]

9 Em francês, a pronúncia das iniciais *D. C. D.* e dos termos *décéder/décédé* [deceder, falecer/decedido, falecido] são idênticas. [N. T.]

Referências

André, J. (2002). Les raisons de l'amentia. *Document & Débats*, (59), 24-27.

Ferenczi, S. (1932). Confusão de língua entre os adultos e a criança. In *Psicanálise IV* (2a ed., A. Cabral, trad., pp. 111-121). São Paulo: Martins Fontes.

Freud, S. (2013). *As pulsões e seus destinos* (P. H. Tavares, trad.). Belo Horizonte: Autêntica. (Obras incompletas de Sigmund Freud). Publicado originalmente em 1915.

Freud, S. (2011). O Eu e o id. In *Obras completas: O eu e o id, "autobiografia" e outros textos* (vol. 16, P. C. de Souza, trad., pp. 13-74). São Paulo: Companhia das Letras. Publicado originalmente em 1923.

Henry, M. (2011). *L'essence de la manifestation*. Paris: Presses Universitaires de France. Publicado originalmente em 1963.

Kahn, L. (2003). L'expression. *Documents & Débats*, (61), 27-36.

Kertész, I. (2003). *Sem destino* (P. Schiller, trad.). São Paulo: Planeta do Brasil. Publicado originalmente em 1975.

Laplanche, J. (1987). Fondements: vers la théorie de la séduction généralisée. In J. Laplanche, *Nouveaux fondements pour la psychanalyse* (pp. 89-148). Paris: Presses Universitaires de France.

Le Monde, quarta-feira, 10 de abril de 2002, p. 12.

Margueritat, D. (1997). Écouter le rêve comme tout discours. *Documents & Débats*, (47), 67-77.

Rossi, J. (1995) *Fragments de viés: 20 ans dans les camps soviétiques...* Paris: Elikia.

11. Uma fórmula da clivagem estabilizada: a submissão[1]

Introdução

Há alguns anos, quando vim à Escola Belga de Psicanálise, tomei a terceira tópica – ou tópica da clivagem – como apoio para o esboço de uma teoria sobre uma clínica da *descompensação psicótica*. Hoje, vou tentar fazer o exercício inverso, isto é, embasar a teoria não mais numa clínica da crise, mas, ao contrário, numa clínica da *estabilidade da clivagem*. Mais precisamente, gostaria de tentar abordar um problema bem particular, o da *submissão*. Ou, caso queiram, a submissão como "solução". Solução elaborada para esconjurar o risco de descompensação ou de crise psicopatológica.

A submissão é uma forma calma da alienação. Se entendermos por "alienação" aquilo que a tradição psiquiátrica coloca no capítulo da alienação mental, a dita alienação assume, em geral,

---

[1] Tradução por Paulo Sérgio de Souza Jr. do original "Une formule du clivage stabilisé: la soumission", conferência realizada na École Belge de Psychanalyse, Bruxelas, 23 de novembro de 2007. Versão revisada da publicação em *Communications* (École Belge de Psychanalyse), 46, 80-94, 2007.

uma forma ruidosa, até mesmo espetaculosa: a de um estado de demência, de monomania ou de delírio. A alienação psiquiátrica – na medida em que remete ao fato de ser habitado pelo desejo ou pela vontade do outro, que substitui a do sujeito – indica, o mais frequentemente, um estado conflituoso *crítico*. Mas também há uma alienação calma em que o conflito parece ausente ou ultrapassado. Tudo se passa como se o sujeito tivesse parado de lutar; como se ele, sem condições, houvesse entregado os pontos: a submissão ocorre, então, sem turbulência; ela ocorre sem alarde.

A submissão levanta questões psicanalíticas e filosóficas árduas em razão precisamente desse "sem alarde". Primeiramente, porque assinala a vitória do domínio exercido pelo outro, com a formação de um par conceitual específico (o par domínio-submissão); em seguida, porque a semiologia da submissão sendo silenciosa, frequentemente corre o risco de passar despercebida pelo clínico, *a fortiori*, pelo filósofo.

O caso da Sra. Subdue

A Sra. Subdue tem 57 anos quando vem me ver. Ela é bonita, sedutora; está maquiada, com cabelo bem cortado, vaidosamente vestida – sem frescura nem afetação. Fala de modo simples, com uma locução rápida, testemunhando uma bela energia vital. Enquanto fala, não para de fazer movimentos complexos e ágeis de flexão e de oposição com os dedos, de brincar com os anéis etc.

Ela chega se queixando do seu estado atual: estado em que, segundo diz, ela está se degradando, e em razão do qual o seu círculo pessoal está seriamente preocupado com ela – especialmente seus três filhos, que a incitam continuamente a consultar um psicanalista.

Diante dessa mulher extremamente simpática e sedutora, fico um pouco espantado com o fato de que, ao falar de si mesma, ela se descreva num estado de progressiva decadência, chegando a preocupar as pessoas próximas e os amigos. Ela trabalha como diretora numa empresa. Então, que decadência é essa que a deixa com medo e na qual não reconhece a si mesma?

Ela aluga um apartamento pequeno num prédio meio feio. Não tenta deixá-lo verdadeiramente agradável; não o decora; vive sozinha ali; não recebe ninguém ou quase ninguém, tirando talvez uma moça árabe que ela alfabetiza. Chegando tarde do trabalho, não faz nada, estritamente nada. Não fuma, não sai à noite e não vai a nenhum espetáculo – ou quase nenhum. Em vez disso, faz um prato, instala-se na frente da televisão, coloca o prato no colo e fica assim por horas: comendo; olhando sem ver de verdade, sem escolher ou acompanhar a programação. Ganhou peso, as pessoas próximas não a reconhecem – logo ela, antes tão magra e esbelta. Sua abulia também desconcerta as pessoas próximas – logo ela, antes sempre tão ativa...! Ela já não se suporta; essa impossibilidade de reagir a desconcerta; ela não consegue mais se olhar no espelho – aliás, às vezes, se esquece de se maquiar pela manhã e vai para o trabalho se esquecendo também de se pentear.

Todo esse discurso me parece, de primeira, muito exagerado. Essa mulher não é obesa. Para dizer a verdade, serão necessárias várias sessões para eu encarar o fato de que ela era, de fato, mais cheinha do que eu havia notado durante as primeiras sessões – o que não deixa de me espantar. É certo que caí no encanto de uma forma muito regozijante de feminilidade, que não vou descrever em pormenores porque receio que, com todos os detalhes, se saiba muito mais sobre mim do que sobre ela. Se insisto a respeito desse ponto, no entanto, é porque, durante muito tempo, vou ficar me perguntando se a lacuna entre a minha percepção dos seus distúrbios e aquilo que então considero como uma avaliação muito exagerada e muito depreciativa do seu estado pela paciente resulta do fato de que tive uma queda por ela ou do fato de que há, precisamente aí, – nesse local, nesse intervalo – todo o problema psicopatológico.

Escuto-a ao longo de duas sessões bastante próximas. Ela fala da infância, dos pais, da sua nostalgia do Oriente-Médio, do mar, do sol, da areia. Tem a intuição de que bastaria voltar para lá, para o Líbano – e, se a situação política o permitisse, reinstalar-se ali e provar o calor do sol sobre a pele, sentir o perfume das flores, da grama e dos temperos... –, e ficaria curada e feliz.

O apego quase físico, corporal, à materialidade dessa terra, dos seus perfumes, parece-me efetivamente excessivo. Ela deixou o local aos 10 anos de idade e nunca conseguiu superar isso. Conheço esse apego, essa dependência do sol – que já encontrei em alguns pacientes, sempre mulheres –; essa espécie de relação sensual e cutânea com o sol. E sei que, em geral, isso dissimula problemas bastante sérios. Seria preciso, para ser mais específico, evocar o caso de uma paciente que acompanhei durante um bom tempo, sofrendo de um vitiligo extremamente extensivo. Eu me pergunto, então, se a Sra. Subdue não seria portadora de uma afecção cutânea. Mas não. Fisicamente, ela sofre de uma tireoidite de Hashimoto[2] compensada por um tratamento substitutivo. Nenhum outro distúrbio somático. Ela está perfeitamente regulada e não apresenta o menor sinal de menopausa, nem de pré-menopausa.

Fala também dos pais e da família bastante longamente.

Ao cabo dessa investigação, tenho a ideia – que conservo voluntariamente num estado provisório e aproximativo – de que se

---

2 Doença autoimune que ocorre quando o sistema imunológico ataca a glândula tireoide. [N. T.]

trata de uma neurose estruturada do lado histérico, todavia, com uma forma de colar um pouco demais aos acontecimentos e aos fatos que sugere uma fragilidade que lhe confere algumas falhas de tipo estado-limite, com uma passagem depressiva atual, sem maiores gravidades.

Coloco-me a lhe dizer que não estou certo de que ela esteja pronta para fazer uma psicoterapia ou uma psicanálise, de que ela esteja verdadeiramente interessada com o que está se passando com ela, mas sim com o que se passa em torno dela – com as coisas, com os lugares, com as atmosferas, com as pessoas etc. Ela reage muito vivamente a essa intervenção e insiste no fato de que chegou a mim por intermédio de sua melhor amiga, que é psicanalista; e que, ao contrário, quer sim fazer uma psicoterapia!

Tenho de reconhecer que, na verdade, não disponho de horário disponível no momento e que, de fato, não estou entusiasmado a ponto de aceitá-la em tratamento. Mas, no fim, não há nada de excepcional nisso: estou acostumado a aceitar pessoas sem entusiasmo. Minha reticência sempre vem do que pressinto confusamente das verdadeiras dificuldades por vir na análise e das falhas bastante graves. Frequentemente, passo por cima dessa minha reticência, senão não teria pacientes. E não teria sentido algum em ser psicanalista se fosse para fugir das dificuldades. Logo, sigo adiante, em geral; e o interesse e o entusiasmo pelo trabalho analítico vêm depois, quando o enredo da análise começa a se desenhar. De toda forma, na falta de tempo disponível para ela, indico-lhe vários colegas. Ela fica muito decepcionada. Digo-lhe que, ao que parece, ela está pronta e decidida a fazer algo agora; que eu certamente só vou ter horário dali a vários meses e que, sem dúvida, ela deveria tentar com outro analista, então.

Efetivamente, ela começa uma terapia de várias sessões por semana com um de meus colegas e amigo. Ela é perfeitamente assídua, mas me telefona para dizer que não está dando certo com ele. Eu a tranquilizo e digo a ela que continue. Meu colega, de sua parte, parece muito interessado por essa paciente; não compreende mais do que eu o porquê de ela dramatizar dificuldades que, no entanto, não parecem tão terríveis assim.

Ela torna a ligar noutro momento e, como insiste muito para me rever, dou minha anuência para um encontro – contanto que, todavia, ela fale primeiro com seu analista.

Reservando manifestamente suas críticas contra esse último, ela me faz compreender que, com ele, nada acontece; ao passo que comigo, pelo contrário, ela havia ficado perturbada depois das sessões. Ora, na época, eu não havia me dado conta de nada disso, e ela não me disse nada a respeito. O que isso quer dizer? Foi a queda que tive por ela que me cegou para o que estava se passando? Se fosse esse o caso, seria mais uma razão para não dar sequência à demanda da paciente. Mas talvez seja por uma razão outra, rigorosamente *analítica*, em relação a alguma coisa que escutei na fala da paciente e com a qual eu já estava um pouco intrigado, e que teve sobre ela esse efeito tão perturbador.

Só que, em todo caso, eu só teria horário dali a vários meses. Ela coloca um fim à sua análise e, a partir de então, me liga a cada dois meses para saber se tenho disponibilidade.

Aí, então, a história de partida. A terapia começa com uma sessão por semana – não tenho mais disponibilidade que isso – em janeiro de 2006; depois, a partir de abril: duas vezes por semana. Lá se vão vários meses de tratamento, então. Difícil descrever essa terapia em termos de conteúdo. Quanto à forma, em contrapartida, ela continuou sem alterações desde o início. A paciente ainda é charmosa e assídua às sessões. Minha sensação, no fundo, é de que não está avançando muito. O que é que isso significa, exatamente? Que a fala dela permanece, em geral, bastante próxima dos acontecimentos. De vez em quando, contudo, ela retorna à infância, às vezes que passou as férias em colônias, para onde seus pais a enviavam enquanto passavam as férias deles sozinhos – e isso desde que a paciente tinha 3 anos de idade. Seria preciso retraçar sua história para poder tornar acessível aquilo que, por fim, de algum modo, "não cola", "não dá certo" em suas palavras.

Rumo ao ronronar

De sessão em sessão, a Sra. Subdue conta algumas lembranças de infância que se perdem no relato da sua vida cotidiana e das suas queixas sobre a sua solidão afetiva, sobre a vida aparentemente mais invejável de suas amigas e de algumas primas, sobre a pobreza dos encontros que ela tem nas festas de casamento e sobre o caráter fundamentalmente desinteressante, mais que decepcionante, dessas festas.

Aqui estão, reunidos por mim mesmo, alguns dados recolhidos, por vários meses, ao longo das sessões:

- Ela é a mais velha. Um irmão vai nascer cinco anos depois. A partir do nascimento do irmão, os pais nunca mais vão ter relações sexuais e vão viver em quartos separados. A razão para tanto permanece completamente desconhecida pela paciente. Parece que foi por causa do pai. A mãe havia sido infiel? O filho era de outro homem? O pai queria evitar outros filhos? Não se sabe. A mãe é descrita como uma mulher particularmente bonita, magra, esbelta, elegante, cercada de pessoas, que gosta de roupas e de sair, bastante incomodada com a filha – espécie de estorvo que só suscitava preocupações por causa da sua agitação, das suas desobediências, das suas fugas. A despeito do embotamento das relações sexuais, esse casal de pais se livra dos filhos durante as férias, enviando-os para lares ou colônias de férias na França;

- O pai era engenheiro agrônomo. A única pessoa que havia sido um tanto quanto atenta, afetuosa ou maternal com a pequena era uma secretária dele;
- A menina lidava bastante mal com ter de ficar em casa. Invariavelmente, ela saía de casa e ia atrás dos comerciantes ou dos operários agrícolas da fazenda dos avós, ou para a casa de um ou de outro – qualquer coisa, contanto que não ficasse em casa. Tinha medo do pai. Era aterrorizada pelos seus berros, seus gritos, suas exaltações, seus gestos de ameaça física;
- Resultado: desde os 3 anos de idade, ela estava sujeita a terrores noturnos. Terríveis! Refugiava-se debaixo da cama; não conseguia, de jeito nenhum, dormir sozinha. Todos os pretextos serviam; todas as desculpas possíveis eram invocadas para conseguir que uma tia, um avô, os pais de alguma amiga etc. a hospedassem à noite. Uma vez que se sentia protegida pelos outros, dormia. Senão, ficava acordada, despertava em sobressalto tão logo tivesse adormecido, se trancafiava, metia os móveis uns sobre os outros para bloquear a abertura da porta. Tem medo de que venham à noite com facas para degolá-la;
- Tudo isso se passa enquanto movimentos insurrecionais e uma guerra civil se desenrolam no país – de fato, utiliza-se muita arma branca; há mortes todos os dias etc.

Esse medo é cria da guerra? Seja como for, ele perdura sem nenhuma descontinuidade até a idade adulta. Muito precisamente e de forma quase mágica, até seu primeiro parto. Sem que ela jamais tenha compreendido o porquê, ao voltar da clínica depois do parto, acompanhada do seu primeiro bebê, os terrores noturnos desapareceram de uma só vez e não voltaram nunca mais.

Essa é a história à qual ela retorna de tempos em tempos, procurando nela como que uma chave, uma revelação, uma causa dos seus distúrbios atuais. Mas não há nada! Ela fala também da sua vida de mulher casada e da sua bela família, com uma sogra bastante detestável, advogada, exercendo uma verdadeira ditadura sobre os filhos (também eles advogados); da decisão de, num belo dia, bater a porta, deixar o marido e ir se instalar sozinha com as crianças; do divórcio; da sua entrada no mundo do trabalho; da sua carreira bastante brilhante; dos seus amantes.

Não parece inibida sexualmente. Mas hoje pensa que sua vida não tem estritamente nenhum sentido. Só conseguiria se "recompor" caso fosse para um homem. Sente falta dos braços de um. Sente falta, miseravelmente, de relações sexuais. Espera uma menopausa o mais rápido possível, pois acha que talvez isso vá libertá-la de seus desejos sexuais. Mas não tem ninguém. Nenhum homem se interessa por ela. Para dizer a verdade, parece que nenhum homem a interessa; aliás, não há homem disponível para uma mulher na idade dela. Todos os homens da idade dela têm casos com mulheres de vinte anos a menos. E ela também não vai viver com um velho de 80 anos!

No decorrer desses meses que se passam, sente que está um pouco melhor: parou de roer as unhas. Às vezes, chega a sair à noite. Acontece de ir comprar roupas etc., mas é frágil, instável, incerta. Quando de uma feira organizada por sua empresa, encontra um rapaz, de 25 anos. Depois da feira, ele mantém correspondência com ela por e-mail. Depois, um belo dia, convida-a para irem juntos a uma casa, sem água nem eletricidade, no meio de uma floresta, em plena montanha. Ela aceita o convite. Quatro dias maravilhosos, a metade do tempo na cama. Ela levou consigo uma foto de quando tinha 25. Ele é subjugado por sua beleza. Ela era um "avião". Ele rouba a foto dela e guarda consigo.

Essa aventura sai do ordinário da sua vida. Mas ela é fonte de poucos comentários; afinal, não teve continuações – ainda que eu pressinta que a Sra. Subdue teria adorado que o caso tivesse podido durar mais tempo. Os únicos comentários sobre essa aventura concernem ao rapaz, a propósito do qual ela dá vários detalhes quanto às suas escolhas, suas orientações, suas preferências, seu modo de vida, sem comentar o que se passou afetivamente com ela – a não ser na forma de uma alusão, dando a entender que foi um momento bem agradável.

Das lembranças de infância, ela retira a convicção de que era efetivamente uma criança difícil – até mesmo detestável e insuportável –, em razão da sua agitação, da sua indisciplina, da sua desobediência. Quanto aos pais, as suas preocupações e a sua indiferença para com a filha deviam-se, naquele período, pensa ela, talvez tanto à guerra (fonte de preocupações que os afastava da menina) quanto a um estilo de educação comum à época, caracterizado por uma grande distância em relação aos filhos de pouca idade.

Tudo isso é enumerado sem turbulência, com bonomia, em meio a coisas outras concernindo à sua vida cotidiana, sobretudo profissional; eventualmente, às vezes – mas raramente –, concernindo às suas relações com seus filhos.

Se fosse continuar assim, a análise se passaria calmamente e bem, sem sombra de um conflito comigo. Perfeitamente regular às sessões, aceitando sem dificuldade todas as exigências, ela se queixa, no entanto, do fato de não saber bem como prosseguir a análise. Ela queria que talvez eu lhe fizesse perguntas ou lhe desse indicações, até mesmo prescrições de "deveres de casa".

A coisa vai apertando pro meu lado, então. O que essa paciente dá a ver corresponde a uma vida psíquica sem dificuldade maior, apenas com uma vaga impressão de tédio em sua vida sem história. De minha parte, há como que uma sensação de relaxamento, de conforto, com uma instalação num ronronar sem problemas.

Ora, por outro lado, sei que havia, no início do percurso da Sra. Subdue, algo de preocupante, não na forma de uma crise ou de uma ameaça de descompensação grave, mas sim na forma torpe de *uma vida desabitada*, de algo de morto. *Por razões estritamente ligadas à teoria*, eu me recomponho e me pergunto se não estou passando ao largo de alguma coisa. Mas do quê?

Em busca da clivagem e da prescrição

O que diz a terceira tópica? Onde é que se deve ir procurar, então? Em que direção? Pode-se notar que, no fim, eu me faço as mesmas perguntas que a própria paciente se faz.

A terceira tópica – em caso de torpor, de ronronar, de regime de cruzeiro sem turbulência – sugere que se trata de uma clivagem estabilizada, permitindo afastar os conflitos intrapsíquicos e os conflitos transferenciais. Sem ter ideia da natureza da clivagem, só sei – e isso por razões teóricas – que aquilo que silencia aqui é o inconsciente amencial. E que aquilo que se faz ouvir em modo *piano* ou *mezzo forte* é a melodia do setor neurótico, isto é, daquilo que funciona de modo conveniente.

Como ir em busca do proscrito ou do amencial? A teoria da terceira tópica sugere que aquilo que foi proscrito está em relação com a violência do adulto sobre o corpo da criança. Então, é nessa direção que é preciso ir buscar, vasculhar. O que é que se passou verdadeiramente nas relações entre a Sra. Subdue, quando ela era criança, e seus pais, que seria especificamente do foro da violência? Essa busca deliberadamente decidida – fora de todo e qualquer sinal de apelo, por razões rigorosamente teóricas – vai se desenrolar em vários tempos:

- Inquérito sistemático sobre as lembranças de infância;
- Descoberta inesperada da fórmula-chave da clivagem;
- Análise e perlaboração da clivagem.

Há algumas sessões, a Sra. Subdue evoca várias situações da sua infância; depois, da sua adolescência; e, por fim, da idade adulta até bem tarde – época em que os seus pais, sobretudo a mãe, cometem injustiças contra ela constantemente. Objeto dado, depois pego de volta. Divisão francamente desigual dos objetos preciosos de família em prol do irmão – no que concerne a apartamento, joias, quadros, móveis, bibelôs etc. –, ela sendo preterida todas as vezes. O irmão é tabelião. É muito distante da irmã e continua todas as injustiças como se fosse perfeitamente normal; em suma, como se assim devesse ser.

No decorrer de uma sessão desse tipo – na qual se enumeram as histórias –, quando aponto várias vezes e faço com que ela note que não parece muito revoltada, que é surpreendente que ela nunca tenha reagido nem exigido explicações..., não sei o que me toma: ponho-me a falar durante quase quinze minutos a fio, retomando várias anedotas e me indignando com o fato de que ela não está indignada, nem revoltada. E quanto mais eu falo, mais me escuto falar, e mais me dou conta de que estou lhe dizendo – de forma de cada vez mais veemente e escandalizada – que a sua apatia, a sua resignação, a sua submissão em relação aos seus pais e ao seu irmão são, isso sim, um verdadeiro problema. E ela me escuta sem dizer nada. Por fim, toma a palavra: "Puxa! Nunca ousei dizer um centésimo do que o senhor está dizendo" – mas, nesse momento, tenho sobretudo a impressão de que ela sequer havia *pensado* essas coisas. É falando, em suma, que descubro a interpretação da fórmula da clivagem: a submissão sem contrapartida alguma, a ausência total de pensamento crítico em relação aos pais.

Ocorre, então, nesse meio tempo, a sessão-chave. Ela retoma algo que eu teria dito há tempos, sem dúvida quando ela se encontrava "no seco", sem nada mais para me dizer e sem encontrar nada em todas as suas reflexões e buscas entre as sessões ou até mesmo em seu passado... Eu teria dito: "Não tem que preparar as sessões. Basta dizer o que vem à cabeça, quando vier. Mas a senhora não faz isso. Fica se censurando". Ela acha que tenho razão. Na última sessão, contou que, quando os filhos eram pequenos, nunca os deixava com os pais dela. No momento em que estava contando isso, lhe veio uma cena familiar, mas não conseguiu contá-la. Pensou novamente sobre isso depois e chegou à conclusão de que precisava me contar. Isso se passou na casa dos pais: uma chácara convertida em casa de cidade. Uma entrada separava uma sala de jantar de uma sala. Ela está na sala com a mãe, provavelmente. Através das portas abertas e do corredor, ela vê seu pai na sala de jantar com a filha dela – então com 3 anos de idade – no colo. Ela como que pressente um gesto inapropriado do pai. Os olhares deles se cruzam. Ele está com um olhar inacreditável, indescritível, de alguém que não queria ter sido visto. *Ela não consegue se mexer, está paralisada*, petrificada. Mais tarde, quando consegue se recompor, vai embora com as crianças e decide nunca mais deixá-las sozinhas com os pais dela. Com esse pai que passava a noite bebendo, cambaleava e às vezes não conseguia subir para o quarto...

Ela nunca falou disso com a filha, nunca se explicou com a mãe – que protestava contra o fato de nunca ver os netos. Mas até que eles fossem adultos, nunca os deixou com os seus pais.

[*silêncio*]

Está pensando numa de suas amigas. Ela se casou com um homem que tem uma família grande, rica, e que se ausenta com frequência em viagens de negócios. Desde que é casada, isto é, desde os 25 anos de idade – ela agora está com 51 –, essa mulher, que é particularmente bonita, é assediada sexualmente pelo pai do marido. Ele a encurrala, fica agarrando toda hora. Quando ela está em casa, ele aparece sem avisar e a coloca contra a parede. Ele sempre fica sabendo quando ela está sozinha em casa, pelas empregadas, pela sogra etc. e essa história já dura 25 anos. Essa amiga não sabe como se defender do sogro. Ela está aterrorizada. E quando ele a toca, ela fica como que acometida de paralisia. É por essa razão que frequentemente ela chama a minha paciente, pedindo-lhe que a acompanhe à casa de campo no final de semana ou nas férias, para protegê-la do sogro. Ela tentou falar a respeito com o marido, que minimiza as coisas, banaliza e mostra-se incrédulo. A paciente acha que o pai do marido tem ciúmes do filho – que é um homem bonito, charmoso, cheio de disposição –, e que é por essa razão que ele não larga da nora.

Há algum tempo, a Sra. Subdue foi convidada. Ela vê o sogro entrar no cômodo. Ele leva a amiga dela embora para uma sala. A paciente os escuta falando, e calando-se em seguida. Ela fica inquieta e faz força para se mover. Com muita dificuldade, põe-se em movimento e abre a porta da sala, como se estivesse entrando sem querer. Sua amiga está sentada num sofá. Ao lado dela está o sogro, passando a mão entre as suas coxas. A amiga fica paralisada, olhando para o vazio, sem expressão.

Teve outra vez que a paciente estava reclinada, de maiô, na beirada da piscina tomando sol. O sogro chega e pede chá para a nora. A paciente logo se levanta e propõe ajudar. A amiga agradece. A paciente volta à sua posição e se reclina de novo na beirada da piscina. O sogro e a nora pegam o chá e, a um metro da paciente, ele começa a acariciar a perna da mulher sem nenhuma discrição, sem nenhuma vergonha.

Ela evoca, em seguida, várias outras coisas: como as filhas da amiga – uma das quais, em particular, é muito bonita – recebe do avô um enorme colar de pérolas finas como presente. Ele se interessa por ela e...

Temos aqui uma configuração, por meio desse relato, do que entendo por domínio e submissão. Estamos aqui num meio social no qual não se divorcia. É impossível por múltiplas razões sociais. Pois bem! Fato é que essa mulher não pode se livrar da situação. Ela está submetida a um sogro que exerce um domínio sobre ela. Bem se vê que não se trata aqui de constrangimento pela força. Não há violência. O domínio se exerce sobre uma pessoa que, diante dessas ações, cai imediatamente na submissão-imobilização. De onde vem, então, essa vulnerabilidade à submissão? De onde vem a impossibilidade de protestar, mesmo num segundo momento? A impossibilidade de se defender? A impossibilidade de contra-atacar? A impossibilidade de se revoltar? A impossibilidade de denunciar? Não se pode dissociar, aqui, a relação domínio-submissão das relações de gênero: dominação-servidão. A paciente diz, sem que eu pergunte nada: "Mas a minha amiga cresceu numa família muito boa e nunca lhe aconteceu nada na infância". Ao que eu respondo, então: Tem certeza?

[*silêncio*]

Ela não sabe se o mesmo vale para ela. Essa história de terrores noturnos... a sua incapacidade de se revoltar contra o pai...? A atitude dele com a neta. Ela não se lembra de nada do tipo. Nenhuma lembrança. Ela ficou procurando, desde aquele dia. Nada! É possível esquecer? Apagar?

E aqui estamos: não se trata de recalque, mas de proscrição = exclusão. Os sinais pragmáticos da proscrição são:

- a submissão;
- a depressão;
- a bulimia;
- o apagamento do pensamento;
- a ausência de sintomas e, ainda assim, o enigma da fobia.

Reencontramos aí a violência do comportamento compulsivo sexual de um adulto sobre a criança: acidente da sedução! Efração por intermédio do agir do adulto sobre o corpo da criança (o que remete à "intromissão", à supraexcitação, à paralisia do pensamento, à ausência de rastro. Um "em-talhe").

Seria preciso discutir aqui a amnésia histérica no sentido clássico do termo. Essa discussão permitiria introduzir o que se entende pelo conceito de "recalque". O apagamento amnésico não é um bom sinal pragmático do recalque. No recalque, não há uma supressão; há, ao contrário, a persistência e a lembrança da cena, da situação ou do conflito. Em contrapartida, o afeto que surge nesse contexto é o que o sujeito não compreende e que, no entanto, se impõe a ele (acontece o mesmo caso se trate de uma frieza afetiva, de uma indiferença afetiva). A superação de um conflito que gerou um recalcamento não consiste na suspensão de uma amnésia, como a teoria convencional supõe, mas no restabelecimento da congruência de uma lembrança e de um afeto ou de um rastro e de um afeto. Em contrapartida, o apagamento dos rastros corresponde a uma coisa totalmente outra que não recalque: a uma proscrição e à formação do inconsciente amencial.

Para tentar delimitar ou imaginar – construção? – as circunstâncias da proscrição, pode-se imaginar:

- que a paciente foi abusada pelo pai;
- que a paciente assistiu, a convite, à violência do pai contra o corpo da mãe;
- que a paciente assistiu a manobras abortivas da mãe, ou ela mesma foi alvo de manobras infanticidas da mãe – que não teria querido essa criança.

Do ponto de vista da prática, as investigações necessárias para ir em busca do acidente da sedução que conduziu à proscrição supõe aproximar-se da encruzilhada da zona de sensibilidade do inconsciente entre:

- a submissão;
- os sintomas comportamentais (avolia + bulimia);
- e o risco de uma descompensação somática... – do lado endocrínico ou na esfera genital?

A perlaboração pelo sonho

Chegamos, agora, a uma versão mais estrita da origem da proscrição: a violência do pai presumivelmente associada a uma supraexcitação pedofílica, ao passo que esse homem era incapaz – por razões que ainda desconheço – de fazer amor com essa mulher, ainda que tão bela e desejável.

Eis um sonho que vai dar acesso a uma perlaboração, uma parte daquilo que sofreu proscrição pela violência do adulto e que se traduz, aqui, numa dificuldade em habitar, *por si mesma*, o seu corpo (habitar uma morada).

Ela está numa casa, num andar alto de um prédio situado num conjunto que parece com algo como um CDHU. Mas é extremamente violento. Tem um homem ali, muito agressivo, que está num tipo de aparelho mecânico: uma grua com uma lança na ponta da qual está suspensa uma espécie de caixa, aberta embaixo, com a qual ele golpeia os imóveis por cima e os destroça. Todo mundo foge. (O corpo como habitat inabitável de onde ela é literalmente desalojada).

Ela decide subir de volta ao apartamento para recuperar, às pressas, algumas roupas para se cobrir e para cobrir seus filhos, de modo a não ficarem com trajes de dormir. (Problema da nudez e da excitação do adulto). Suas associações a conduzem à sessão anterior, na qual estava em questão a sua incapacidade de escolher, de encontrar para si uma morada onde poderia verdadeiramente se instalar – que ela habitaria, em suma. Isso a remete à infância; à guerra no Líbano; aos riscos das bombas; à obrigação de dormir no chão, com a barriga para baixo, no banheiro, esperando o fim de uma operação militar.

Daí, ela se dá conta de que o homem que dirige a grua-escavadeira destruidora se parece com aquele homem do Sul da França, com quem já faz um tempo que ela mantém uma correspondência por e-mail. A relação deles começou com pedidos de informação formulados por ele a respeito dos produtos vendidos pela empresa na qual ela trabalha. Daí, começaram a contar coisas mais pessoais, sem se verem nem se conhecerem. Mas é interessante, diz ela. Eles têm muitas coisas em comum. Na última feira de que ela participou, o homem em questão foi até o seu estande. Ele não é o tipo dela e, além do mais, ela estava com tanto trabalho que não podia se delongar com ele.

Isso lembra não só a guerra, mas a violência do pai dela: o medo que ela tinha dele, escondendo-se debaixo da cama por medo do barulho dos seus gritos, e sua vontade de fugir – de ir para a casa dos vizinhos não só para dormir, mas mesmo no decorrer do dia.

Aqui as conotações sexuais ficam mais nítidas. O pai é também aquele que gritava com a mãe... – por acaso a escavadora-grua não é uma figuração do órgão masculino desejado, mas destruidor? Uma série de equivalências: o pai, o correspondente e cliente do Sul, o psicanalista. O que perturba sua capacidade de habitar um lugar, de habitar seu corpo, de ser ela mesma, é a agressão, a excitação sexual, a excitação do encontro.

Sem acesso ao conteúdo latente, o que podia então significar o conteúdo manifesto? Vamos conferir Laplanche: "Psychanalyse, mythes et théories" [Psicanálise, mitos e teorias], em *Entre séduction et inspiration: l'homme* [Entre sedução e inspiração: o homem]:

> *O método analítico original não tem em vista um segundo sentido, coextensivo ao sentido consciente, mas elementos significantes que foram originalmente excluídos, recalcados, sem por isso terem se organizado em um segundo discurso. Para dizer em uma só palavra, o isso não é um segundo eu, eventualmente mais verdadeiro que o primeiro. (Laplanche, 1999, pp. 276-277)*

Retomada do inquérito sobre a proscrição

A abolição de todo e qualquer pensamento crítico com relação aos pais traduz-se, até a morte deles, numa submissão a ambos. Ela se fez usar por eles e por outros, recebendo em troca apenas as repreensões e as críticas de todos. Uma particularidade merece ser ressaltada: todos os membros da família partilham do romance materno sobre a infância indisciplinada da Sra. Subdue – sobre a generosidade e a má sorte da mãe da Sra. Subdue.

Levaria muito tempo examinar aqui as transações feitas pela mãe com os outros membros de uma família que se presta, assim, a toda sorte de acordos tácitos em que cada um limpa a própria barra em detrimento de um terceiro. Apesar desses pactos – que dificultam qualquer inquérito verdadeiro da Sra. Subdue sobre a sua própria família e sobre o passado de seus pais –, ainda assim insisto que ela veja, com pessoas mais velhas ainda vivas, se consegue recolher informações aqui ou acolá. E eis que, enfim, uma tia resolve falar. E assim a Sra. Subdue fica sabendo que, na realidade, a sua mãe – tão pura e tão privada de amor – tinha amantes, efetivamente.

O pai, de sua parte, durante a guerra de 1940, passara por coisas extremamente duras. Alistado com três de seus amigos num comando de desminagem, antes de prosseguir em sua guerra pela Campanha da Itália,[3] teria passado por circunstâncias extremamente difíceis. Havia partido com vários colegas e amigos que morreram todos ao seu lado. Casou-se após a guerra, mas guardaria sequelas desses combates, em particular uma impotência, considerada como devida a déficits vitamínicos. Certamente, não conseguia aceitar nem reconhecer esse distúrbio – e não conseguia aceitar, portanto, procurar tratamento.

Sua mãe teria finalmente aceitado ter um segundo filho em troca da promessa de ter um carro! Ela certamente não queria filhos. Desde o nascimento desse menino, o irmãozinho da Sra. Subdue, os pais dormiam em camas separadas e nunca mais tiveram relações sexuais. O pai é quem teria se recusado.

A Sra. Subdue passou toda a infância lamentando sua pobre mãe, desejando para ela ternura e amor, pois estava privada deles. Mas ela tem agora a sensação de ter sido tapeada; pois sua mãe, se ela não mostrava nenhuma ternura pela filha, dava a entender que

---

3 Durante a Segunda Guerra Mundial, uma série de operações perpetradas pelos Aliados na Itália entre julho de 1943 e maio de 1945. [N. T.]

era porque estava infeliz e sendo privada de amor e de homem. Mas tudo isso não passava de baboseira.

O pai, dizem as tias, amava loucamente a filha. Mas nunca fez um gesto de ternura em direção a ela. Era contra a sua ideologia. Ele era um homem violento, dava chutes e, sobretudo, berrava. A mãe tinha medo dele. Ainda que não batesse nela. Exceto uma vez, tempos depois, quando ele jogou – na frente da Sra. Subdue – uma chaleira bem no meio da cara dela, deixando um machucado com vários pontos em seu rosto. E a mãe, por que não se divorciou? Ela fingia que era pelas crianças. Mas, a essa altura, não se ocupava delas. Bem depois ela retomaria o trâmite do divórcio, mas o teria interrompido "para não prejudicar o casamento da Sra. Subdue, que já estava anunciado".

(O desaparecimento dos terrores noturnos quando a Sra. Subdue, depois da estada na maternidade, voltou para casa com o seu primeiro filho bem poderia ter uma relação com o receio de se ver grávida após uma relação sexual desejada ou indesejada. A chegada de uma criança talvez a livrasse, de uma vez por todas, do receio – sentido também por sua mãe – de estar grávida... de um de seus amantes? Veremos ulteriormente que estar grávida também podia significar, para a mãe, uma ameaça de morte por razões médicas, em particular cardiovasculares.)

Ao sair da última sessão, indo em direção ao metrô, viu-se habitada como que por uma martelação verbal, segundo a qual ela teria constituído uma ameaça para a vida da mãe. No fim de semana, ela encontra uma de suas primas, que lhe conta que disseram à sua mãe que, em razão de um sopro que ela tinha no coração, uma gravidez poderia matá-la.

A mãe teve um quadro sério de vômitos quando estava grávida, a ponto de ser preciso repatriá-la para a França, para que ela recobrasse as forças. A Sra. Subdue repensa a forma com que, certo dia, a mãe decidiu que tudo o que pertencia a ela devia ser evacuado da casa da família. A Sra. Subdue era jovem e não tinha onde guardar seus móveis e suas roupas. Tentou negociar, mas o pai acabou intervindo brutalmente: "Se você continuar com isso, vai matar a sua mãe".

A mãe da Sra. Subdue nunca foi maternal nem afetuosa. É claro que ela estava num mundo egocêntrico e narcísico bastante estreito.

A desestabilização da clivagem e seu contexto

A Sra. Subdue conta que, há algum tempo, ela vem perdendo objetos: seu bilhete de metrô, os brincos que seus filhos lhe deram de Natal... Frequentemente, de fato, ela também fica perdida em seus pensamentos, e isso desde que reflete a respeito de tudo o que acontece na análise. Ela rememora o *estágio de desenvolvimento pessoal* que realizou em 1998. Seu patrão, ocupando um posto muito alto numa grande organização, enviou-a para lá porque receava ter de ir ele próprio. Nesse estágio de desenvolvimento, havia quatro sessões e quatro graus de formação. Os dois primeiros graus eram relativamente *"soft"*; o terceiro, a princípio, era para oferecer uma formação em gerenciamento, o que era coerente com as suas novas responsabilidades profissionais.

Mas ela não havia entendido direito. Na realidade, lá havia pessoas que tinham responsabilidades importantes: um general de corpo de exército, dirigentes de empresas enormes... Faziam com que eles trabalhassem das 7h da manhã até tarde da noite, às vezes, sem comer, para cansá-los e deixá-los enfraquecidos. De noite, eram organizadas sessões bizarras em que uma hora era preciso fazer um movimento qualquer sobre uma música sem ligar para os outros; outra, tinham de se deitar no chão – a sessão começava às 11h da noite, sendo que estavam a postos desde às 7h da matina. Música *new age*, os animadores fazendo sonho acordado dirigido, dando instruções de imaginarem uma roseira que é jovem e que se torna adulta. No final, quando a roseira fica adulta e brota por toda a fachada da casa, ela imagina que agora a roseira vai morrer, enquanto os outros imaginam que a roseira vai rebrotar sempre. Dizem para ela que isso não é normal e que ela deveria fazer análise.

Outra vez, também deitada no chão à noite, ela revê repentinamente – com uma extraordinária nitidez – a criança que ela era por volta dos três ou quatro anos. Incrível! Como se ela estivesse lá! Daí, de repente, ela desmonta, desata a berrar e a chorar. Incoercível! Não é seu costume, ela nunca gritou na vida. Por fim, dois animadores vão até ela e a contêm fisicamente.

Ela está completamente desestabilizada e angustiada, como a criança que ela era na imagem rememorada, mas da qual não tem lembrança. Tem de voltar para casa totalmente sozinha ao fim dessa sessão, à noite, no carro da empresa, do Leste da França até Paris. Durante o trajeto, ela está em estado subconfusional. Desestabilizada, volta ao trabalho na manhã seguinte. Durante vários dias – uma boa quinzena, acredita ela –, sente-se "espiada". Essa é a primeira vez, é a fratura. E, desde então, algo nela se quebrou. Os organizadores dos estágios de formação a importunaram, em seguida, para que fizesse a sessão do quarto grau, mas dessa vez ela recusou. Foi bastante criticada por eles.

No decorrer do terceiro grau, do qual acabamos de falar, uma mulher recusou-se a se dobrar às instruções e deixou o estágio em dois dias. Ela então foi alvo de críticas terríveis por parte dos animadores, na frente de todos os outros estagiários, como uma pessoa incapaz, que não tinha condições de ser gerente etc. No decorrer dessas sessões, ela viu um homem de uns 40 anos de idade

– diretor de uma empresa que tinha várias dezenas de milhares de empregados – desmontar, rolar pelo chão chupando compulsivamente o polegar. Horrível!

Depois do estágio, de volta ao seu posto de trabalho, ocorrem eleições e o presidente do conselho de administração é substituído por um outro dirigente cujas orientações são exatamente opostas às do anterior. A mudança muito brutal nos métodos traduz-se, para ela, no fato de que lhe retiram todas as suas funções e atribuições. Agora lhe dão missões aberrantes, para as quais ela não tem nenhuma competência particular. Mudam-na para uma seção situada no fundo de um prédio velho sem abertura, com tarefas que a obrigam a atravessar as seções dos outros e a atrapalhar todo mundo, uma vez que ela tem de ir buscar um documento a distâncias mais ou menos afastadas da sua seção. Um dia, saindo da sua seção, cruza uma telefonista que fica preocupada ao ver seus joelhos, que haviam ficado disformes. A Sra. Subdue sequer havia se dado conta, mas seus joelhos estão vermelhos e inchados – indolores, mas disformes. Então, passa um homem dos serviços de segurança e lhe pergunta onde ela trabalha. E ele lhe explica que o local onde ela trabalha é insalubre por causa do pátio interno – que é cheio de fezes de pombos – e porque o assoalho está infestado de pulgas. Sabe-se perfeitamente que aqueles locais são insalubres e que é proibido trabalhar ali. No entanto, foi lá que a exilaram.

Ela protesta. Dentro de alguns dias, mudam-na de lugar. Ela se encontra numa sala compartilhada com uma mulher. Porém, essa mulher – ela nunca soube o porquê, talvez inveja? – fez de tudo para lhe prejudicar sistematicamente a partir do momento em que a Sra. Subdue virou diretora do gabinete do presidente. Ficar cara a cara com essa mulher era insustentável. Com a mudança de direção no conselho de administração, depois de tensões extremamente vivas – inclusive com violências físicas entre partidários de uns e de outros, com brigas pelos corredores, trocas de sopapos... –, alguns efetivos compreendem que não há outra saída, a não ser pedir demissão.

Os outros que restam são eventuais. Na época, 75% do pessoal era temporário e apenas 25% era efetivo, com contrato de duração indeterminada. Os eventuais não querem deixar a cidade e adotam uma atitude oportunista, totalmente submissa e apostática. Com isso, todas as pessoas com as quais ela se dava bem até então, mas que eram de níveis hierárquicos muito inferiores ao seu, deixam de falar com ela, não lhe dizem mais "bom dia". É que a desgraça da qual ela é alvo torna-se também uma ameaça para quem quer que dela se aproxime. Não querem ser vistos com ela, falando ou em boas relações com ela. Certamente iria pesar contra eles. E certamente eles seriam mandados embora.

É a partir dessa situação na nova sala que ela desmonta verdadeiramente: encontra-se em casa, completamente prostrada durante o final de semana inteiro, incapaz de se mexer, de comer... uma espécie de paralisia. Acaba ligando para um amigo pediatra e pede que ele indique, com urgência, um psiquiatra. O pediatra fica francamente preocupado; sequer reconhece a voz da Sra. Subdue. Ela então vai receber o acompanhamento de um psiquiatra durante quatro meses, uma vez por semana, com um potente tratamento para depressão aguda.

Essa, então, é a primeira descompensação.

Em suma, hoje, é algo de toda essa série inicial de encadeamentos que perdura. Ela ficou "quebrada"; algo nela se quebrou permanentemente.

Inquérito sobre o setor neurótico

Bem se vê, depois desses fragmentos da análise, que existe, na Sra. Subdue, um setor amencial, isto é, um setor de onde todo e qualquer pensamento está proscrito, onde todo e qualquer pensamento é impossível, cuja origem pode ser determinada pela violência dos adultos contra ela, segundo modalidades que associam a violência física e as pancadas a um clima de erotização francamente pedofílico. No setor amencial, portanto, nada de pensamento; é um acidente da sedução que deixa, em alguma medida, uma zona não pensável, mas também não exprimível pelos agires expressivos: paresias do corpo. Espera-se, então, encontrar uma vida sexual inexistente ou muito gravemente alterada, estigma ou rastro da violência dos adultos e das mutilações correspondentes do corpo erótico.

Ora, a realidade clínica não se apresenta dessa forma. A Sra. Subdue teve efetivamente uma vida de mulher, e quando estava numa boa relação com um homem, seu pudor até se apagou em prol de uma espontaneidade e de uma grande liberdade de comportamento. Foi esse o caso com o homem com quem ela estava, que ela havia escolhido e que ela própria foi procurar. Como compreender essa discordância entre uma vida sexual bastante bem-sucedida – até mesmo bastante livre –, de um lado, e uma mutilação relativamente importante do lado da formação do inconsciente recalcado tanto na gênese dos agires expressivos do desejo quanto da sedução? Como compreender, então, esses setores de mutilação amencial e a existência de uma vida erótica bastante bem-sucedida, conforme o que ela mesma dizia?

A explicação vai permitir elucidar um pouco mais esse ponto quando dessa sessão, por um lado, mas igualmente no decorrer de várias sessões ao longo dos meses que vão se seguir. Existe, nessa mulher, uma forma de intolerância ansiosa frente a atitudes sexuais dos homens para com ela: quando o desejo de um homem é percebido, logo é experimentado como um sinal de violência ou um potencial de violência contra a paciente. Ela então fica tomada de ansiedade. Mas essa ansiedade não dá à luz uma fuga ou uma derrota. A ansiedade se transmuta aqui, diretamente, numa forma maior de frigidez. Ela experimenta então uma espécie de frio no corpo, frio que não apenas tem o efeito de refrigerá-la, mas também parece muito potente sobre os homens que a abordam. Isso a ponto de a paciente poder passar – aos olhos das outras mulheres que, por vezes, a comunicam – por alguém que mete medo. Seu próprio medo, portanto, se transmuta num poder de fazer pouco caso dos homens que a abordam.

Os homens que ela amou, e que eventualmente teve como amantes, sempre foram surpreendidos pelo fato de que ela podia ser uma mulher vivaz sozinha, pois ela não deixava estritamente espaço algum para nenhuma ambiguidade sobre seus estados de ânimo quando estava na presença de um homem – fazendo passar, ao contrário, uma espécie de distanciamento que era, em determinados aspectos, congelante. Quando, ao contrário, sentia desejo por um homem, não fazia de jeito algum uma manobra de sedução – algo de que seria perfeitamente incapaz. Ela se arranjava, segundo diz, para que esse homem se visse obrigado a cruzar com ela sempre, de modo a virar como que uma peça da sua paisagem; daí, esperava que esse homem acabasse notando a sua presença. (Essa manobra é interessante do ponto de vista da estratégia de abordagem e do seu corolário em termos de agir expressivo).

Formulo então a hipótese de que a proscrição dos agires expressivos relativos à sedução vem da violência dos pais exercida contra ela quando criança. Mas então de onde vem sua aptidão para amar, ainda assim, no corpo a corpo, com certa liberdade, uma vez ultrapassada a etapa crucial do encontro com um homem? A ideia que me vem é a de que essa possibilidade de se engajar no corpo a corpo – e, então, de sentir prazer e excitação no seu próprio corpo –, de que essa aptidão foi adquirida por ela noutro lugar que não com os pais. Cumpre então ir investigar se, em sua infância, não havia outras pessoas implicadas em sua educação além dos próprios pais. Do lado dos avós, a paisagem é completamente barrada. A avó materna é descrita como detestável e particularmente agressiva, odiando tudo o que tinha relação com a feminilidade e tendo cultivado constantemente um olhar pejorativo com relação à filha – no caso, a mãe da Sra. Subdue –, cujos charme físico e beleza ela manifestamente não suportava. A avó paterna talvez fosse um pouco mais acessível, mas incapaz de manifestar a menor ternura.

Empregadas? Sim! Tinha as assistentes do pai, tinha uma empregada, tinha uma babá e tinha uma cozinheira. As relações que a Sra. Subdue, quando criança, mantinha com essas mulheres eram calorosas – e, aliás, a maioria dessas mulheres não era francesa. Sentia-se particularmente protegida por aquela que era a assistente direta, a assistente profissional de seu pai, e que sempre dava um jeito de evitar que a menina apanhasse dele.

Quando a Sra. Subdue estava atormentada por suas fobias noturnas, com frequência ia se refugiar na casa de uma prima da sua mãe que tinha filhos da idade dela. Lembra-se do contato com o lençol, da cama no andar de cima... Uma delícia... e ela dormia feito uma pedra. Totalmente o contrário da casa dela, então, onde era sistematicamente um horror. Mas e ali, na calada da noite, onde será que ela ia se refugiar? Como de costume em casos como esse, o medo atrai a criança para o local que lhe causa medo, em virtude de uma fórmula segundo a qual a fobia ainda não se constituiu como tal. Então, ela ia se refugiar, na calada da noite, debaixo da cama dos pais. Para dizer a verdade, tratava-se de duas camas separadas e ela se refugiava debaixo da cama da mãe. Mas, ao mesmo tempo, era preciso que o pai não se desse conta da presença da filha no cômodo, pois ele certamente daria um escândalo, um show de fúria... como chegou a acontecer! De manhã, então, era preciso que, estirada sobre os azulejos do piso com seu cobertor, conseguisse acordar antes dos pais para voltar de manhãzinha para o quarto dela. Isso era possível porque, uma vez amanhecido, ela não tinha mais medo.

[*pausa*]

Ela então se sente obrigada a contar um episódio da sua adolescência. Havia ido para a Espanha, aos 16 anos de idade, mandada para longe pelos pais durante o verão, como de costume. Ela era a mais jovem na casa desses amigos dos seus pais, donos de uma danceteria. Ali, passava todas as noitadas com os amigos e amigas da sua idade. Certa vez, esses jovens terminaram a noite na casa de uma amiga. Os modos são deixados de lado e todo mundo transa lá dentro. O mais velho desses jovens – um garoto que tem lá os seus 22 anos – proíbe todo mundo, com uma declaração retumbante, de botar a mão na novinha (a novinha é a Sra. Subdue). No entanto, um pouco mais tarde da noite, ela se encontra num quarto com um garoto que tira a roupa na frente dela. Ela percebe o seu sexo ereto. Nunca tinha visto um pênis na vida, só em pinturas. Tinha consigo a ideia de que não havia perigo, contanto que pudesse se manter vestida. (Conferir o sonho com a necessidade de ir buscar as roupas para se cobrir, a despeito dos perigos de destruição do prédio pelo aparelho mecânico.)

O moço exige da Sra. Subdue uma felação. Ela executa com horror, aterrorizada. Mas essa cena, da qual ela guarda uma eterna vergonha, não alterou sua vida sexual ulteriormente.

Na sessão seguinte, começa dizendo que não pensa no próprio corpo, que ela o esquece. E que às vezes se surpreende, com horror, num espelho ou na rua.

Ela refletiu bastante e avançou muito na compreensão das circunstâncias de sua situação atual, segundo ela. Mas isso não muda nada! Ela não consegue querer emagrecer, não consegue mudar, nem encontrar um corpo que seria suscetível de agradá-la. Anteontem, mesmo, teve duas hemoptises! Está fazendo exames médicos.

Tenho a sensação de que, de repente, ela está desconcertada, desconfortável, deprimida e sem coragem; nesse momento, sinto necessidade de dizer algo para aliviar a situação. E começo uma longa intervenção. A causa dos seus distúrbios, digo a ela, não é a guerra do Líbano, mas talvez a guerra de 1940 e seus efeitos sobre o pai dela. O medo do pai dela! O ódio que a mãe sentia contra ela quando ela era criança. A intolerância de ambos os pais com seu corpo de menina, depois de moça e, por fim, de mulher. A violência do pai, os chutes na bunda etc. Tudo isso significa que ele só pensava em bunda e que provavelmente ficava um pouco aceso com a filha.

Consequência da sua impotência sexual? Essa impotência vinha da guerra? (No final das contas me ocorre, de repente – bem na hora que estou falando –, que era a mãe que não amava o pai e que o castrava. É provável que o pai conseguisse perfeitamente fazer amor com a mulher dele, tão desejável, e que o fizesse sem dificuldade – uma vez que ela o aceitava, por exemplo, em troca de uma promessa de que ele lhe comprasse um carro. O resto do tempo, no entanto, ela lhe recusava o encontro sexual e ia encontrar prazer noutro lugar.) A violência do pai contra esse corpo, esse seu corpo de criança, proscreveu o agir expressivo da sedução ao feminino e dificultou todo e qualquer amor pelo próprio corpo na garota que então ela era. A origem de toda essa trama – sem dúvida, ligada à "castração" do pai pela mãe ou pela guerra, os berros desse pai, os golpes desferidos contra o corpo da filha, o medo sentido pela mãe, o prazer sentido por essa última em cortar suas roupas etc. – representa uma forma bastante típica de acidente da sedução.

A paciente não consegue compreender o que lhe aconteceu na época. Tenta interpretar – ou, retomando o vocabulário laplanchiano, "traduzir" – as mensagens que lhe são assim dirigidas. Ela idealiza a mãe e não chega sequer a imaginar o que poderia significar um amor pelo seu próprio corpo de garota. É impensável.

O mais impressionante nessa questão é a forma como me deixo levar, falando longamente, *sem conseguir me deter*, pensando que não é legal reagir dessa forma – no entanto, eu continuo. E, então, me escuto dizendo coisas que não havia compreendido até tê-las dito. No caso, que os chutes na bunda eram fundamentalmente sexuais. Que o pânico diante do sogro da amiga – que se entregava a jogos sexuais com o corpo da mulher do filho – era, então, o mesmo que ela sentia debaixo da cama da mãe, com a impressão de estar paralisada e enlouquecendo. Então, compreendo que o pai sentia-se seduzido pela filha e que, na ausência de toda e qualquer aproximação física, manifestava-se a impossibilidade de um corpo a corpo com a criança... exceto com a neta, isto é, a filha da Sra. Subdue. E, então, os elos intermediários vão surgindo; e, por causa do meu próprio dizer, de repente, compreendo que quem amarra tudo, nessa trama, é a mãe dela – pelo gozo que ela sente em castrar tanto o pai quanto a filha. E a Sra. Subdue pensando que a mãe talvez tivesse ciúmes do amor que ela suscitava no pai – ela, pobre mãe; supostamente frustrada de toda e qualquer relação sexual –, provocando na filha o desejo fortíssimo de que a mãe enfim encontrasse outro homem, que ela enfim encontrasse o amor e que conhecesse a ternura.

É precisamente essa relação com a minha própria fala, pela qual me deixo levar, que assinala, a meu ver, a existência de um setor amencial na paciente.

Inconsciente amencial e ódio de si

A Sra. Subdue começa a sessão dizendo que ficou chocada e aflita quando me viu de repente, na véspera, na tevê. Mudou imediatamente de canal para escapar da imagem. Habitualmente, ela não me vê, ela não me olha durante as sessões. E me ver na frente dela, de repente, obriga-a a se dar conta de que também há um fato a encarar. Alguns minutos depois, ela consegue se recompor e volta ao canal de televisão.

Evidentemente, se me viu na televisão numa hora tão avançada é porque estava arrastando-se lamentavelmente em frente à tevê, tarde da noite. Ela fala então do seu estado degradado, nos três anos que está nesse apartamento em que ela mora, na periferia – nesse apartamento miserável. Pensa em todos esses objetos que acumulou comprando cacarecos ao longo dos anos. É preciso fazer uma triagem, passar objetos adiante... atualmente, ela se sente como quando era criança. Isso lhe retorna constantemente. No entanto, antes, todas essas lembranças não apareciam; havia sido um período horrível da sua vida, mas havia ficado para trás e era um caso encerrado. Hoje em dia, tudo isso volta constantemente: esse período entre os 10 e os 13 anos, em que ela estava sozinha naquela pensão perdida nos Alpes – onde fazia frio; onde ela estava só; onde não entendia o que as pessoas diziam; onde a comida não tinha o mesmo gosto que no Líbano; onde o sol não esquentava; onde não tinha mar e areia, nem os cheiros do Líbano.

Mas essa solidão, ninguém com quem falar... Ela era rejeitada – quer mais, quer menos – pelos outros, como uma estrangeira... (E vou me deixando levar progressivamente pelas evocações do passado de Sra. Subdue.) E, de repente, ela diz que é preciso deixar essa infância, que é preciso "mandar embora essa criança que está nela para ser uma mulher. Ela não entende direito, mas sabe bem que é uma mulher. Curiosamente, de certa forma, ela não acredita nisso, ela não se sente uma mulher, ela tem até dificuldade em imaginar o seu próprio rosto de adulta. (E aí, de repente, eu volto a pensar na apresentação que vou ter de fazer na EBP e sinto um mal-estar em dizer para mim mesmo que não tenho mais nada pra contar, mais nada para pensar sobre essa paciente. Ela vai um pouco melhor, em termos globais, mas ainda é a mesma, com as mesmas dificuldades. E eu me esforço para encontrar o fio do que estava em causa nessa terceira tópica a ser ilustrada... Volta a me ocorrer, então, a questão dessa agressividade não estruturada, dessa "compulsão não sexual à morte". E as minhas ideias me escapam. *Típico!*)

Daí, de uma só vez, foi como se eu tivesse despertado do meu torpor. Mas o que seria essa forma de falar da criança nela? "Mandar embora a criança"! Tem alguma coisa nessa expressão que bate na trave, e eu lhe faço a pergunta. Ela não percebe o que estou querendo dizer. E quanto menos ela percebe, mais sinto a raiva aumentar em mim: mas, enfim, com uma criança sozinha, triste, descorada, morrendo de frio, perdida, que não reconhece a familiaridade do mundo... o que é que se faz? Nenhuma resposta da paciente, ainda.

"A senhora acha que é uma ideia normal querer mandar embora essa criança que incomoda o adulto para ser uma mulher?"

[*silêncio – nenhuma reação – atonia*]

Mas quando uma criança está nesse estado, um adulto deveria pegá-la no colo, para apertá-la contra ele, para reaquecê-la. Ela olha fixamente para frente; ela não se mexe. Nada! E é como que uma raiva – ou, antes mesmo, uma indignação – que me leva a dizer, sem que me dê conta, que ela age consigo mesma exatamente como os pais faziam: eles a "mandavam embora". E a mãe a "mandava embora" durante as férias para poder ser uma mulher livre. E quando, nesse estado de prostração triste, a Sra. Subdue repentinamente me vê na televisão, é como se ela estivesse vendo o que ela não devia, que pertence ao mundo dos adultos etc.

E como é possível que ela, maltratada desse jeito pelos pais, refaça consigo mesma a mesma coisa que os pais faziam com a garota que ela era? – tanto que ela não vai ser capaz de acudir a criança que vive nela; não vai conseguir amar a si mesma! E como explicar o fato de ela saber fazer isso tão bem quando se tratou de seu filho acidentado, enquanto a família do marido já havia enterrado o menino? De onde é, então, que ela tirava forças para ser, ao mesmo tempo, adulta e mãe? E por que ela age assim consigo mesma? Ela não responde nada disso. Somente que agora compreendeu o quanto seus pais haviam sido injustos e hostis com ela.

A parte clivada, amencial, ainda não pode ser vivida nem reconhecida – e ela tampouco é sonhada. A não vida e o núcleo da compulsão à morte ainda estão ali. E é preciso passar pelo desvio da intervenção que torna visíveis os agires expressivos.

Quididade do inconsciente amencial

O que se pode reter dessa discussão clínico-prática para precisar a quididade do inconsciente amencial? O inconsciente amencial seria a marca ou a entalhadura – até, por vezes, a brecha – produzida pelos acidentes da sedução na formação do "aparelho anímico" ("*Seelenapparat*" ou aparelho psíquico). O acidente da sedução acontece quando um adulto, transbordado pela excitação que vem de seu próprio inconsciente, sob efeito de seu encontro com a criança, reage com um comportamento que ele não controla (compulsão, passagem ao ato, abuso, violência) contra o corpo da criança.

O inconsciente amencial se forma quando, frente ao comportamento compulsivo do adulto, a criança transbordada pela sobrecarga de excitação não pode mais pensar, nem traduzir o que se passa em seu corpo. Para retomar o vocabulário laplanchiano, não há aqui "implantação", mas uma "intromissão" pela violência (direi ainda "intrusão", para frisar seu caráter degradante).

Por conta disso, o inconsciente amencial não tem conteúdo idéico nem simbólico. Ele não tem conteúdo representado. Correlativamente, os jogos do corpo que estão em causa na comunicação com o adulto, e que foram atingidos pela intromissão-intrusão, estão excluídos ou "proscritos" do agir expressivo dali em diante. O inconsciente amencial, por essa razão, traduz-se também em *paresias* e impotências do corpo, de um lado, e numa mutilação do narcisismo, de outro. Narcisismo entendido aqui no sentido de amor por si mesmo, de amor pelo seu próprio corpo. Narcisismo em seu sentido primeiro, como Freud o apresenta, logo de início, em seu texto de 1914:

> *O termo "narcisismo" vem da descrição clínica e foi escolhido por P. Näcke, em 1899, para designar* a conduta em que o indivíduo trata o próprio corpo *como se este fosse o de um objeto sexual, isto é, olha-o, toca nele e o acaricia com prazer sexual, até atingir plena satisfação mediante esses atos.*

Freud faz, em seguida, algumas reservas para escrever adiante: "... por fim apareceu a conjectura de que uma alocação da libido que denominamos narcisismo poderia apresentar-se de modo bem mais intenso e reivindicar um lugar no desenvolvimento sexual regular do ser humano" (Freud, 2010, p. 14).

Inconsciente amencial porque ele se caracteriza pelo não representado e por paresias do corpo: ele não se vê e não consegue se ver. Ele é da ordem da brecha. E, via de regra – isto é, na vida ordinária –, a brecha é dissimulada por uma capa formada pela clivagem, incluindo a submissão-alienação (a normopatia e o conformismo são variantes suas; a apatia é, igualmente, uma forma particular da clivagem, que ocorreria quando, para evitar a experiência da brecha, seria preciso eliminar um a um todos os investimentos pulsionais sobre os quais repousa a vida psíquica ou "vida anímica"). A brecha pode então se revelar quando ela se rompe (ruptura da clivagem).

A forma que reveste a erupção amencial (desestabilização ou descompensação da clivagem), em sua forma príncep, é do foro da fenomenologia do caos simultaneamente vazio obscuro e sem limites, abismo sem fundo[4] e tensões ilimitadas de uma desordem e de uma confusão completas.[5] Experimentados num estado de hiperestesia que confina à dor – incluindo o *pavor nocturnus* –, a confusão mental hiperpirética e as síndromes de desmame, psicoativas, poderiam dar ideias aproximadas disso.

Essa experiência psíquica crítica aproxima-se da amência descrita por Meynert (confusão mental aguda), que se caracteriza pela dissolução cataclísmica das forças de ligação do eu.

A experiência da erupção amencial provoca, primeiramente, a angústia do caos, mas ela pode gerar a formação de um retorno

---

4 Cf. angústia de "vacar". [Ver, neste volume, o Capítulo 10, "Os ferimentos do corpo"]. [N. T.]
5 Cf. Rey, A. *La genèse de la science grecque*: "Um estado indistinto, indeterminado, confuso e imenso que precede toda e qualquer existência diferenciada" (Rey, 1933 apud Rey, 2005, p. 1412).

em direção ao exterior cuja forma príncipes é o estado de furor (furores maníacos, catatônicos, alcoólicos e epilépticos). O receio de ceder ao furor pode levar ao suicídio.[6] A mobilização das forças de ligação psíquicas vindas do eu – isto é, do setor oposto ao setor amencial – permite desviar a furor para outras formas de descompensação psicopatológica.

No caso da Sra. Subdue, a clivagem habitual traduz-se na submissão (e no conformismo profissional acrítico). A descompensação se expressa numa combinação de bulimia e de apatia. A forma "moderada e setorizada" da descompensação resulta do poder da paciente de mobilizar importantes forças de ligação pré-conscientes.

Referências

Freud, S. (2010). Introdução ao narcisismo. In *Obras completas*: introdução ao narcisismo, ensaios de metapsicologia e outros textos (vol. 12, P. C. de Souza, trad., pp. 13-50). São Paulo: Companhia das Letras. Publicado originalmente em 1914.

Laplanche, J. (1999). *Entre séduction et inspiration: l'homme*. Paris: Presses Universitaires de France.

Rey, A. (2005) *Dictionnaire culturel en langue française*. Paris: Éditions le Robert.

---

6 Cf. o furor de Ajax [Após recuperar o corpo de Aquiles na companhia de Odisseu, este recebeu a armadura do herói como prêmio, em detrimento de Ájax – que, por sua vez, degola furiosamente um rebanho de ovelhas, acreditando que se tratava dos gregos que lhe haviam negado a armadura. Ao recobrar a razão, no entanto, dá-se conta do que fizera e comete suicídio. Cf. Sófocles (séc. V a.C., *Ájax: uma tragédia grega* (M. G. Kury, trad.). Rio de Janeiro. Zahar, 2013)]. [N. T.]

12. Psicossomática e teoria sexual[1]

Nesta conferência, eu gostaria de discutir o que implicaria, para a teorização em psicossomática, a escolha de recolocar a sexualidade no centro da análise. O ponto de partida doutrinal dessa pesquisa é o de que a centralidade da sexualidade e do inconsciente sexual recalcado na vida da alma (*Seelenleben*) seria um dado universal que vale para todo e qualquer ser humano, sem exceção.

Começarei por um fragmento clínico tendo como objeto uma descompensação somática aguda em um paciente há vários anos em análise. Depois, remontarei, a partir da análise do sintoma, as questões teóricas colocadas pelo estatuto metapsicológico do corpo, passando por uma discussão sobre a genealogia do corpo erótico. Ao fazê-lo, tentarei isolar aquilo que, constituindo obstáculo à gênese desse corpo erótico, poderia ser caracterizado como

---

[1] Traduzido por Paulo Sérgio de Souza Jr. do original "Psychosomatique et theorie sexuelle" (2009, não publicado). Uma primeira versão brasileira deste texto foi publicada em 2012: "Acidentes da sedução e teoria do corpo". *Psicologia em Estudo*, *17*, 393-401. (L. C. Ribeiro, trad.; M. T. M. Carvalho, P. Carvalho, revisão técnica).

"acidentes da sedução" na comunicação entre a criança e o adulto. Acidentes que marcariam o corpo na forma de uma vulnerabilidade eletiva a descompensações somáticas específicas. Vulnerabilidade cuja identificação em vias de análise seria um meio de ter acesso àquilo que poderia ser um sentido do sintoma somático.

Fragmentos clínicos

O Sr. Rubião – de prenome "Jorge" – faltou a diversas sessões de análise. É que ele acabara de ser vítima de um episódio superagudo de vertigens, sendo necessária a sua hospitalização, por vários dias, na ala de neurologia. Isso aconteceu no dia de São Jorge, precisamente. Ele estava aproveitando um dia de "portas abertas" em uma fazenda de agricultura biológica. Foi depois de um belo almoço, ao ar livre, na fazenda, sob um sol generoso. Após a refeição, com seu carro, ele se dirige às instalações situadas na outra extremidade da propriedade. Deixa sua mulher no local do encontro e volta para parar seu carro no estacionamento, situado nas proximidades.

De repente, é tomado por uma impressão de morte iminente com vertigens medonhas, náuseas, intensas dores abdominais e vômitos. A despeito do mal-estar físico intenso e da sensação de que era o seu fim, teve a ideia de acionar o alarme sonoro de seu veículo para tentar fazer com que viesse alguém. Um senhor de idade se aproxima. O Sr. Rubião pede a ele para chamar sua mulher, cujo nome informa. Alguns minutos depois ela chega, efetivamente, e ele pede a ela para levá-lo ao pronto atendimento do hospital mais próximo. Erram o trajeto. É preciso parar, pois ele começa a ter espasmos durante os quais perde todo o controle – vomita e defeca. A situação piora. Param o carro e chamam o Samu, que envia os bombeiros para buscá-lo na estrada.

No hospital, o eletrocardiograma mostra-se normal. Prescrevem um exame de imagem em caráter de urgência, o qual também resulta normal. O exame neurológico evidencia um nistagmo característico e ele é internado na ala de neurologia. Após três dias de investigações e de observação, em que se sente constantemente entre a vida e a morte, chegam com o diagnóstico de distúrbios neurológicos periféricos: neurite labiríntica aguda de origem desconhecida, provavelmente viral, que devia de ser regressiva.

Depois da crise, regresso à análise

No decorrer da primeira sessão de análise que sucede diversas semanas de ausência, suas associações conduzem-no ao relato detalhado das circunstâncias da crise somática. Ele comeu em uma mesa grande, sob o sol; fazia muito calor naquele dia. Talvez uma insolação?

Daí, vem a ideia da angústia de morte e, sobretudo, o que ele descreve em pormenores: a forma como pensa ter praticamente vivido a sua própria morte. Foi preciso, em seguida, repassar todas as etapas de um retorno à terra ou de um novo nascimento. Foi preciso aprender a se alimentar, primeiro com líquidos; depois, reaprender a andar, como um criança titubeante, sem equilíbrio etc.

Ele se irrita, em seguida, com essa data do aniversário de São Jorge. Tem a impressão de que já teve questões somáticas nessa data vários anos atrás. A história desse nome do avô paterno, que lhe foi dado para que não se esquecessem do referido avô, morto há tempos etc. Há alguns dias ele vem tendo, toda noite, uma atividade onírica intensa.

Seu relato se interrompe sob o efeito de uma ideia incidente e se põe a falar dos seus olhos. Durante vários dias, no hospital, teve de ficar totalmente acamado, *com os olhos fechados*. Se abria os olhos, produziam-se vertigens pavorosas. Atualmente, tem sentido, conforme nos diz, uma grande fadiga ocular. É porque seus olhos, acrescenta ele, fizeram o *tour* completo da morte, da vida, do renascimento... Ele sente que é no ritmo do repouso e da recuperação dos olhos que, talvez, ele se cure.

E então, continuando a associar, ocorre-lhe a seguinte questão: ele se pergunta se esse acidente não seria oriundo de sua máquina fotográfica. Naquele dia, de fato, havia tirado muitas fotos. E sentiu como que uma corrente elétrica que vinha da máquina e que talvez tivesse ocasionado o desencadeamento dos distúrbios neurológicos. Ele, aliás, vai levar sua máquina ao fotógrafo para que a examine.

Aí fico atônito. Não é mais nem menos que uma *ideia delirante*. Associada, pois, a uma descompensação somática!

Então, eu intervenho para dizer que toda essa história de São Jorge e de aniversário não me parece essencial. Que, em contrapartida, essa questão da máquina fotográfica é muito mais preocupante. Faz tempo que sabemos, de modo mais ou menos confuso, que o seu gosto pela fotografia não é independente de seus interesses sexuais (o exibicionismo sádico de seu pai entra aqui em questão, pai que se entregava a verdadeiras carnificinas, abates, diante do filho). (No passado, ele fotografou bastante sua companheira nua, em atitudes e posições escabrosas). É preciso ressaltar, entretanto, que esse novo talento para a fotografia surgiu durante a análise.

Ele fica siderado com o que acabei de dizer. Ainda assim, retoma a palavra: no começo do verão – diz ele –, saiu sozinho para fazer uma viagem. Dirigiu-se à casa de uma amiga que mora no interior. Ela lhe contou todas as dificuldades da sua vida. Em particular, os problemas vasculares muito incômodos de que ela sofre. Ela sangra muito facilmente. Tempo atrás, teve uma CIV (coagulação intravascular disseminada). As sequelas consistem no fato de que as relações sexuais desencadeiam, toda vez, hemorragias vulvo-vaginais. "Não podem me tocar", ela lhe disse. E essa frase o atingiu e impressionou muito. Não podem tocá-la... e, no entanto, ela instalou o Sr. Rubião em sua cama. Obrigou-o, de fato, durante sua estada em sua casa, a deitar-se na cama dela... enquanto ela ia dormir no sofá. Ele não queria esse arranjo, mas ela o impôs. E durante o dia, quando ela ficava trabalhando, ele visitava a região. Foi até uma cidade vizinha ver a exposição sobre os corpos mortos plastificados (*Körperwelten*, de Von Hagens).[2]

Durante a refeição na fazenda, que ocorreu por volta de oito dias depois da visita à casa da amiga que sangra, ele se viu à mesa com um casal em que a mulher era *ruiva*. Muito bonita! E ele a fotografou bastante. Ah, bom! Ele gosta particularmente das ruivas? (eu desconhecia esse detalhe). Sua resposta não se faz esperar. A amiga interiorana é, ela também, ruiva; e é magnificamente bonita.

Ele mandou revelar as fotografias. Mas a pupila ficou vermelha por causa do *flash*!

Curiosamente, quando estava na casa da amiga que sangra, com essa curiosa disposição de espírito – a ruivice, a beleza, o desejo, o não tocar... –, veio-lhe à boca uma espécie de bolha febril: uma herpes labial, provavelmente.

A posteriori *(Nachträglichkeit) e trauma sexual*

Tem-se, então, no fim das contas, um encadeamento em dois tempos que parece bastante com o *a posteriori* (*Nachträglichkeit*)

---

[2] Cf. Martens, F. (2008). Barnum de cadavres. *La libre Belgique*, 18 de setembro de 2008. Nessa exposição, encontram-se conjugados o ver, a morte, o sangue e o "não tocar".

no sentido freudiano do termo, com um primeiro tempo de inscrição e um segundo tempo que revela o alcance daquilo que causou o trauma: o primeiro tempo *traumático* com a amiga interiorana, a ruivice, a beleza, a proximidade, o sangue, as hemorragias, o "não tocar" (somente o direito de olhar?). Aparece a herpes.

E então, oito dias depois, um encontro com uma nova ruiva, beleza, proximidade, não toque, a pupila vermelho-sangue, as fotografias. *Segundo tempo*, portanto, *a posteriori* (*Nachträglichkeit*), desencadeando a crise neurológica (provavelmente sob o fundo de uma virose em vias de evolução que sofre, então, um agravamento crítico).

Algo nessa conjuntura constitui mensagem, mas essa mensagem é intraduzível. Por quê? Porque atinge, no Sr. Rubião, uma zona de "*proscrição*" (voltarei a esse termo mais adiante), precisamente na qual se condensa a violência, associada ao sangue, à hemorragia, ao sadismo, à morte e, sem dúvida, ao assassinato e ao desejo sexual. Em razão do que sei desse paciente, não consigo evitar aproximar essa mensagem das condutas enigmáticas do pai – com seus gestos de violência, sádicos, mortíferos e degradantes, perpetrados no corpo dos animais que eram suas vítimas. Há, então, nas duas mulheres ruivas, algo que, pelos seus semblantes, remete à mensagem intraduzível (ao acidente da sedução); à sideração psíquica do paciente quando ele era criança, frente a uma sedução pelo pai que se enuncia por meio de um agir que diz o voto de morte, de assassinato e de sangue.

O pai era um grande caçador. Ele não se contentava em matar a caça: levava o filho; enchia uma cuia de vinho, que mandava ele carregar; daí, segurando um coelho pelas patas traseiras, *arrancava-lhe o olho* para fazer com que o sangue escorresse diretamente na cuia (cf. os olhos vermelhos da mulher ruiva e o *voyeurismo*).

A outra lembrança encobridora é do dia em que o pai levou o filho para a cocheira, pediu que instalasse dois bancos de través, botou um cachorro *de pelo ruivo* e atirou-lhe um bala na cabeça, bem diante dos olhos do filho.

A *teoria* standard

Esse fragmento clínico levanta, então, a questão das relações entre crise somática, crise psicótica e sexualidade. A teoria psicossomática convencional não permite dar conta da complexidade dos fenômenos em causa. Esse paciente, Sr. Rubião, não é operatório; longe disso. Essa descompensação não acontece no contexto de uma depressão essencial. Uma pesquisa etiológica em termos de mutações e remanejamentos econômicos seria possível, mas ela não se impõe em uma clínica que não coloca a dimensão econômica em primeiro plano. A investigação econômica ou até mesmo o apoio no ponto de vista econômico para interpretar uma conjuntura ou uma configuração clínica por vezes se impõem, é verdade. Mas é sobretudo esse o caso quando, precisamente, as associações do paciente esgotam-se tão logo começada a sessão; quando esse último, atendo-se à estrita descrição dos acontecimentos médico-cirúrgicos, não se deixa apanhar pelas associações, pelas ideias incidentes; quando ele não procura; quando ele não está animado por nenhuma curiosidade pelo seu próprio funcionamento. Isto é, quando o paciente, não testemunhando espontaneamente nenhuma perplexidade sobre a dimensão afetiva e psíquica do seu próprio funcionamento, não oferece ao analista nenhuma entrada à interpretação. Então, o analista formado na teoria psicossomática *standard* desloca sua atenção para os movimentos econômicos que se dão a ouvir, à escuta psicanalítica – que, por conta disso, tende a se degradar em uma observação de semiologia econômica, pela qual Michel Fain e Pierre Marty eram tão aficionados (semiologia que, em alguns aspectos, aproxima-se mais de um olhar médico sobre os sinais do que de uma análise *stricto sensu*). Em suma, a escuta analítica dá então lugar a uma especialização semiológica.

O fragmento clínico que relatei como uma descompensação somática grave está, ao contrário, encrustado em uma conjuntura associativa viva, em que a autoconservação – a qual Freud diz ser subordinada aos interesses do eu – não desmoronou nem um pouco. O Sr. Rubião, em plena crise, sentindo a morte chegar, apertou perdidamente a buzina do seu carro para pedir socorro. E conseguiu!

A *análise do conflito e a hipótese do "fator constitucional"*

Abandonemos, então, a via econômica e adotemos outra perspectiva. Vamos sondar primeiro, é claro, a via clássica da interpretação do conflito. E essa orientação é justificada; ela quase que é convocada pelo episódio crítico que coloca em primeiro plano as questões sexuais efetivamente na ordem do dia. Mas, no presente caso, todavia, o Sr. Rubião não tem uma crise em forma de desmaio. Não se trata de um simples mal-estar vasovagal. Ele não tem uma conversão histérica. E, no entanto, em muitos aspectos, o encadeamento das moções pulsionais parece tremendamente com isso. Em vez de uma conversão, tem-se uma neurite labiríntica e um começo de surto processual psicótico. Tudo se passa, então, em uma primeira abordagem, como se fosse uma histeria "que dá errado", de uma conversão mal-sucedida.

Por que essa derrapagem rumo à doença somática e a ideia delirante? A explicação mais tentadora, por ser a mais simples, consiste em dizer que o movimento psicopatológico em causa seria definitivamente do foro da histeria, mas que a batida retirada na direção do somático-psicótico vem do "local", da idiossincrasia, do fator constitucional, teria dito Freud; ou até – se há uma noção enigmática, é esta – da "complascência somática".

Há, nessa versão, algo que é seguramente verdadeiro, mas também pode ser que essa leitura não passe de um erro. Com efeito, se endireitamos os trilhos rumo à somatose-psicose na conta do fator constitucional, admitimos então, *de facto*, que estamos no domínio do inanalisável, isto é, que o problema das relações entre neurose, psicose, somatose e sexualidade está inteiramente fora do alcance da psicanálise. Isso redundaria em dar mais um passo para trás em relação à teoria psicossomática *standard*, que tem o mérito de propor uma via – pelo intermédio do econômico – para superar o impasse do não analisável em psicossomática ou mesmo em psicanálise.

Não ceder à explicação pelo fator constitucional consiste precisamente em abrir a caixa-preta da constituição. Essa constituição é "constitucional"? Eis a explicação biologizante. Se essa constituição for o resultado de uma "transmissão inata", aí está a explicação pela filogênese invocada por Freud para situar as famigeradas fantasias originárias; logo, o fator constitucional como rastro de uma transmissão transgeracional de uma gênese conflituosa remontando às origens, se não do ser humano, ao menos de uma linhagem, de uma família – como diriam da família dos Átridas:[3] tipo de sortilé-

---

3 "O mito explicava vagamente a cólera dos deuses pelo fato de Tântalo, que seria filho de Zeus, ter ousado pôr à prova a presciência divina, dando-lhes a comer o corpo do próprio filho Pélops, num banquete que lhes ofereceu, para ver se sabiam que aquela carne era humana. Os outros deuses detiveram-se, mas Deméter faminta devorou uma espádua de Pélops, não porque lhe faltasse

gio maléfico abatendo-se sobre a descendência, a partir da história do ancestral genitor da linhagem.

A essa hipótese muitos analistas subscrevem: uns falando abertamente em arquétipos familiares; outros recorrendo mais ou menos precisamente a uma ideia de transmissão transgeracional de inconsciente a inconsciente. A mais sofisticada dessas versões é a de Torok e Abraham, com a tese do *fantasma*.

Não tenho nenhum argumento científico a opor à tese do fator constitucional, que permite ter uma explicação "totalmente local" invocável em caso de impasse interpretativo, mas que tem o inconveniente de ser inacessível à crítica. Em suma, minha reticência vem simplesmente do fato de que não partilho dessa crença.

---

o conhecimento, mas porque a fome a obnubilou. Horrorizados, reconstituíram-lhe o corpo, substituindo a espádua por uma de marfim, que veio a ser venerada na Grécia, como objecto de culto, como algo divino. Tântalo foi punido e é, assim, o primeiro elo da cadeia familiar que leva à maldição divina. Segundo outra versão do mito, Tântalo, por *pietas* em relação aos deuses, teria dado seu filho (como Abraão) para conseguir a solução dos graves problemas dos mortais. Mas Tântalo teria usado o seu filho, no céu, para que de lá trouxesse pedaços de ambrosia divina para a dar aos mortais. Pélops, assistindo às conversas dos deuses, aprendeu segredos que comunicou aos homens. O segundo elo da cadeia da maldição familiar é Pélops, que aspirava à mão da bela princesa Hipodamia, filha do rei Enómao, que não a queria dar em casamento a ninguém. Tinha Enómao os melhores cavalos e convidava os pretendentes da filha a desafiá-lo nas corridas; vencendo-os sempre, matava os derrotados, dependurando-lhes as cabeças à porta do palácio, como aviso de futuros pretendentes. Pélops, com a ajuda do cocheiro Mírtilo, que fragilizou as rodas do carro de Enómao, saiu vencedor das provas que este lhe impusera. Por fim, Pélops paga a Mírtilo com a morte, lançando-o ao mar. Este, antes de morrer afogado, lançou uma maldição sobre a família dos Pelópidas, maldição eterna, ao longo de gerações". Soares, N. C. (2004). O drama dos Atridas: a tragédia *Thyestes* de Séneca. *Ágora. Estudos Clássicos em Debate*, 6(8), 8. [N. T.]

Da "constituição" à genealogia do corpo erógeno

O problema se enuncia, a partir de agora, de uma outra forma. Esse fator constitucional, qual seria a sua gênese na história do Sr. Rubião, e não no nível dos seus ancestrais? Ou ainda: como essa constituição se constituiu (na infância do Sr. Rubião)? Para tentar responder essa pergunta, proponho passar por uma teorização que implique o que indiquei no título; a saber: os *"acidentes da sedução"*.

Os acidentes da sedução não passariam de acidentes que acontecem no decorrer da formação do inconsciente sexual, entendida no quadro da teoria da sedução generalizada, elaborada por Jean Laplanche.

Trata-se, em suma, de uma forma de prestar contas daquilo que, na situação antropológica fundamental, posiciona o adulto como um sedutor e a criança como um hermeneuta; daquilo que, portanto, coloca em xeque o poder de tradução, pela criança, das mensagens comprometidas pelo inconsciente sexual do adulto.

A esse propósito, Jean Laplanche escreveu um texto curto, em 1990, que caracteriza esse processo com o nome de *"intromissão"* – em vez do processo habitual, que é descrito mediante o termo *"implantação"* da mensagem.

O que é a implantação da mensagem? Na teoria da sedução generalizada, a base da *comunicação* entre a criança e o adulto é constituída por um instinto particular do qual muito se fala na literatura contemporânea – a saber, o apego. O apego é uma montagem comportamental inata que leva a criança em direção ao corpo do adulto, no registro estrito da autoconservação. Nessa perspectiva, a autoconservação não é solipsista; ela é, de imediato, comunicacional. Aos apelos que tomam seu ponto de partida no corpo da criança que procura o contato da pele, o calor e o substrato energético, o adulto responde com comportamentos de cuidado (hoje se diria "*care*"), cujo fundamento etológico é o que Bowlby descreve com o nome de "*retrieval*".

Mas, frente ao corpo da criança, o adulto que cuida não consegue reagir unicamente no registro higieno-dietético puro. Ele não consegue permanecer no estrito registro instrumental do cuidado porque ele é um adulto com um inconsciente sexual. De modo que a sua reação ao corpo da criança que apela é, primeiro, certamente instrumental. E é isso que constitui a mensagem – autoconservadora – do adulto para a criança, em resposta a esse apelo trazido pela onda de apego. Mas essa mensagem-resposta é *comprometida* pelo inconsciente sexual do adulto. De modo que a mensagem do adulto, contaminada pelo sexual, assume *nolens volens* a forma de uma mensagem comprometida pela sexualidade inconsciente. A mensagem comprometida é também chamada de "mensagem enigmática".

Quando o adulto entra no corpo a corpo com a criança, que é o registro do "*care*", ele excita o corpo da criança com seus gestos mais ou menos suaves, mais ou menos pesados, mais ou menos carinhosos; com a música de sua voz; com seus cheiros – todo o engajamento do corpo estando impregnado com a sexualidade do adulto.

É esse tempo preciso do corpo a corpo que constitui o tempo da *implantação* da mensagem do adulto. Essa implantação confere à mensagem comprometida uma dimensão sensual que sobrecarrega a mensagem e confere a ela o estatuto de mensagem enigmática.

Quem assume então é a criança: traduzir a mensagem! Nesse segundo tempo da tradução, a criança traduz o que pode, tão completamente quanto possível, mas sempre há um resto não traduzido que é como que a sombra da tradução. Essa sombra, esse resíduo não traduzido, é justamente aquilo que vai se sedimentar para formar o inconsciente sexual da criança: teoria tradutória do inconsciente; teoria tradutória do recalcamento originário. Friso, de passagem, que, nessa perspectiva, o inconsciente sexual recalcado da criança – provindo tanto do seu poder quanto da sua impotência de traduzir – depende fundamentalmente do gênio próprio da criança. Não há, nessa concepção, transmissão direta do inconsciente do adulto para o da criança. Nunca há reprodução transgeracional. Entre o adulto e a criança, sempre se interpõe o gênio próprio da criança, isto é, a forma de traduzir da criança. O que vai acontecer com o comprometimento da mensagem pelo inconsciente desse adulto é absolutamente imprevisível. Tudo depende, no fim das contas, da tradução que a criança fará disso. Logo, nada de transmissão intergeracional; nada de maldição ancestral. (Às vezes, uma rosa pode nascer do estrume).

Esse caminho que acabo de lembrar constitui, então, o destino habitual da mensagem, pela via da *implantação* até a formação do *inconsciente sexual recalcado*.

O conceito de "intromissão" da mensagem na teoria da sedução generalizada

Laplanche, para dar conta das objeções que há tempos lhe são dirigidas, evoca brevemente as situações de fracasso total da tradução, de um intraduzível radical que formaria, de algum modo, a exceção à regra, a exceção à teoria da sedução generalizada. Ele fala, a esse respeito, de *intromissão* em vez de implantação. Intromissão que deixa na criança um "a-traduzir", virgem de toda e qualquer tradução, que estaria no princípio das patologias não neuróticas.

Pois bem!

Proponho retomar essa questão para fazer com que o não traduzido radical apareça como um acidente da sedução da criança pelo adulto. Nessa perspectiva, afirmo que aquilo que a criança tem de traduzir não é a mensagem comprometida do adulto, mas o *efeito* que a mensagem comprometida tem sobre o seu corpo de criança. Em outros termos, o que cabe à criança traduzir seria, antes de mais nada, estados do corpo excitado pelo adulto. Daí, a fórmula: "pensar é sempre originalmente pensar o seu corpo", "pensar a experiência do corpo, que é a minha". E o protótipo do pensamento-ligação seria precisamente a tradução dessa experiência do corpo, que é a minha, e jamais será outra que não a minha. Experiência que não pode ser observada do exterior, que não pode ser objetivada, que está e permanece sempre no não visível, na subjetividade absoluta da vida que se experimenta em si, ao modo de um padecer, de uma paixão, de uma passividade radical que é primeira, originária, anterior a todo pensamento, a todo *cogito*.

Só que entre a experiência prínceps do corpo que se experimenta a si mesmo na noite da não visibilidade subjetiva, de um lado, e a tradução, do outro, é preciso mobilizar o que sobressai do eu – ou desse eu que se constitui pelo próprio movimento da tradução. É preciso, nem mais nem menos, um trabalho psíquico propriamente dito, que é também um trabalho de *ligação* da excitação; dessa excitação que, precisamente, se faz conhecer no corpo sob a forma do prazer sensual. Como escreve Freud, há lugar aqui para o que compete a uma "exigência de trabalho" (*Arbeitsanforderung*) imposta ao aparelho anímico por conta de suas correlações (*Zusammenhang*) com o corpo (Freud, 1915/2013). A formação da pulsão é concomitante à formação do eu. O recalcamento tradutório forma, ao mesmo tempo, de um lado, o inconsciente; do outro, o pré-consciente – isto é, o eu.

É aqui que o corpo intervém como detentor de um poder primevo de tradução. É o corpo, com efeito, que recebe a mensagem por intermédio da implantação; é o corpo que experimenta a excitação sensual; e é ainda o corpo que detém o poder que inicia a tradução, o que Freud apenas entreviu ao dizer que o eu é, primeiramente, um ser de superfície, um eu corporal:

> *o eu deriva, em última instância, das sensações corporais, principalmente daquelas oriundas da superfície do corpo. Pode ser visto, assim, como uma projeção mental da superfície do corpo, além de representar . . . as superfícies do aparelho psíquico.* (Freud, 1923/2011, p. 32, trad. modificada)

> *O eu é sobretudo corporal, não é apenas uma entidade superficial, mas ele mesmo a projeção de uma superfície.* (Freud, 1923/2011, p. 32)

Estou dizendo que Freud não fez outra coisa além de entrever o problema. Ele não o desenvolveu. Foi Anzieu quem deu a ele a sua forma mais consumada, com a teoria do eu-pele.

De minha parte, irei sondar em uma direção um pouco diferente da de Anzieu, rumo à teoria do "corpo pensante" na filosofia dos princípios que se apoia no fato primitivo do "*esforço sensível*" – desenvolvida há dois séculos, de forma genial, por Maine de Biran, a partir do conceito de "apercepção imediata interna".

Não tenho a possibilidade de desenvolver esse ponto aqui; indico apenas a direção da investigação teórica.

Os "acidentes da sedução"

Nessa perspectiva, portanto, de um prototraduzir corporal – que passaria pelo "esforço sensível" como via de apropriação psíquica originária pelo eu daquilo que se experimenta afetivamente no corpo –, os acidentes da sedução sobreviriam quando o adulto é transbordado pela excitação que o corpo da criança suscita nele.

Quando, frente ao chamado do corpo da criança, o adulto é o objeto de uma reação inconsciente, incontrolável e desenfreada, a mensagem torna-se intraduzível para a criança. Por exemplo, quando, frente ao corpo da criança, o adulto experimenta repentinamente uma reação de aversão incontrolável que o impele a bater na criança. Ou quando, ao contrário, para evitar o pior – a violência contra o corpo da criança –, o adulto opõe repentinamente uma atitude glacial de recuo pela qual interrompe a comunicação; ou ainda quando, excitado demais pela criança, ele cede ao abuso sexual do corpo infantil. É essa situação específica que, por fim, Laplanche reteve em seu texto de 2006, em Viena, para prestar contas da intromissão. É também aquela que é salientada no texto de Ferenczi ("Confusão de língua entre os adultos e a criança", 1933), notável no que diz respeito a essa discussão, na medida em que prefigura tanto a teoria da sedução generalizada quanto os acidentes da sedução com, em particular, a formação de uma clivagem na criança.

Os dois inconscientes

Do ponto de vista tópico, quais são as consequências da violência do adulto contra o corpo da criança? A mensagem não é traduzida, decerto, mas talvez isso não seja o mais importante. A experiência do corpo se inscreve, dali em diante, como a de um transbordamento de excitação no corpo que desemboca em uma desestabilização, ou até em uma ruptura do eu – desse eu que está em vias de formação. O que se inscreve então, inscreve-se no corpo unicamente, como registro de funcionamento essencialmente perigoso e ameaçador para a integridade psíquica do eu. Formação, em suma, de uma ilha inabitável do corpo, sob a forma de jogos do corpo impossíveis. Proponho designar esse processo pelo termo *"proscrição"*, para indicar a diferença fundamental com o *recalcamento*. O recalcamento é tradutório e passa pelo pensamento da criança, o que desemboca, topicamente, na diferenciação entre o inconsciente sexual recalcado e o pré-consciente. A proscrição, em contrapartida, está fora de todo pensamento-tradução possível, e contribui para formar registros de funcionamento do corpo impossíveis, zonas de paresias, de paralisia e de morte ou de ameaça de morte nos jogos do corpo, que se traduzem na sexualidade adulta pelos registros que acometem o sujeito de frigidez e fazem com que ele conheça, a cada vez que se as toca, a experiência da morte em si, da vida que se afasta de si, do corpo frio que se furta; experiência atroz da falha, no sentido que tem essa figura nas teogonias de Hesíodo: angústia de vacar[4] – a qual pode degenerar, às vezes, em confusão mental (*amentia*) ou delírio; ou, mais frequentemente, em irrupção de doença somática.

Quando não há tradução possível, em razão da excitação em excesso que coloca a criança em situação de crise, o que vem se inscrever na experiência do corpo não pode dar lugar à tradução; logo, tampouco à formação de inconsciente sexual recalcado. O que se cristaliza ali – que escapa totalmente ao recalcamento e, doravante, ao psicossexual – é uma outra forma de inconsciente, que propus caracterizar por meio do termo "inconsciente *amencial*".

---

4 Ver, neste volume, o Capítulo 10, "Os ferimentos do corpo". [N. T.]

No caso do Sr. Rubião, a análise permite remontar precisamente à formação desse núcleo de inconsciente amencial que é a jazida das reações somáticas e psicóticas, das quais apresentei um episódio.

Em resposta ao apelo do menino que o Sr. Rubião era na época, o pai, tomado por uma reação homossexual feroz, não encontra mais nada a fazer a não ser aterrorizar o filho, convidando-o para assistir a cenas de abate sangrento que estarrecem a criança e a paralisam, chegando a ponto de fazê-la perder todo o controle de si e a defecar – o pai ameaçando-a, em seguida, com as violências que inflige aos corpos dos animais.

Esses acidentes da comunicação entre a criança e o adulto podem sobrevir muito precocemente, mas a experiência clínica sugere que tais acidentes podem chegar a acometer a constituição do corpo erótico de forma devastadora e durável até bem tarde na vida – em particular na puberdade, quando o adulto fica louco frente ao corpo do adolescente.

Com efeito, uma das características essenciais desses transbordamentos de excitação que se abatem sobre a criança é que eles carregam em si uma ameaça incomensurável: o risco de descompensação do adulto, provocado de alguma forma pelos jogos do corpo da criança. A zona de fragilidade do corpo da criança que corresponde, no plano tópico, ao inconsciente amencial é também uma zona marcada pela ameaça de violências físicas sob a forma do estupro ou do infanticídio.

A *perlaboração do inconsciente amencial*

Para consumar essa conferência – mas não para concluí-la, pois não posso fazer referência aqui a todos os elos intermediários –, eu diria que o inconsciente amencial talvez não esteja totalmente fora do alcance de um remanejamento pelo trabalho analítico. A clivagem – entre o setor organizado pelo inconsciente recalcado e o pré-consciente, de um lado, e o setor ocupado pelo inconsciente amencial, do outro – está presente, ao que me parece, em todo ser humano. Em certos arranjos, essa clivagem se mantém por toda uma vida. Em outros casos, às vezes ela é desestabilizada, o que escande os episódios de descompensação como o do Sr. Rubião. Quando o trabalho da análise prossegue de modo conveniente, uma parte do que está escamoteado no inconsciente amencial pode ser rapatriado para outro setor e abrir para um trabalho de tradução que permite reconquistar os jogos do corpo até então "*proscritos*". O importante no processo em causa não repousa na interpretação exaustiva que, um belo dia, o analista entregaria ao paciente, mas em uma forma de trabalho psíquico bem particular realizada pelo próprio paciente. Esse trabalho passa pelo sonho, é uma "perlaboração pelo sonho" cujas características podem ser precisadas.

No caso do Sr. Rubião, algum tempo depois do acidente delirante e somático, ele relata um sonho após ter evocado, durante a sessão, uma dor que está sentindo no quadríceps e que atribui a uma tendinite decorrente de caminhadas a pé demasiado longas alguns dias atrás. Ele se indaga bastante sobre essas dores e associa essencialmente sobre a própria dor. Dor que o remete às dores incansavelmente invocadas por sua mãe, que falava frequentemente d'A dor, como se fosse uma entidade genérica. E ele pensa então que a dor é intrinsecamente um atributo feminino; logo, que ela remete à feminilidade nele. Eis o sonho.

Ele está em um serviço hospitalar dirigido por uma médica que não é ninguém menos que Madeleine (sua mulher). Ela lhe mostra como é preciso fazer para examinar o corpo de um doente.

Daí, se vê tendo de fazer o exame proctológico de um homem. O homem está na posição da prece maometana (*procubitus*). Seu ânus é grande, aberto por um tubo metálico que bem deve ser de um diâmetro "ao menos cinco vezes maior que o de um anuscópio". O ânus é grande e está aberto. O Sr. Rubião tem de se aproximar para examinar, mas seu olhar se atrapalha, ele tem quase uma vertigem e já não vê nada no tubo. Ele tem de introduzir nesse tubo uma pipeta de vidro como aquela que se utiliza em adegas para pipetar o vinho no barril. E a pipeta não pode se quebrar. Então se vê tomado de tremores nas mãos.

Mas, em seguida, ele tem de retirar o cano metálico que dilata o ânus. Só que a margem anal está tão retesada que é difícil e perigoso, pois não se deve provocar ruptura perineal no momento da extração. Isso se apresenta um pouco como o que é preciso fazer para retirar um pneu de seu aro, aos pouquinhos. É preciso fazer com que o tubo avance, fazendo com que a margem anal vá rolando progressivamente. Isso se parece com as dificuldades que o obstetra encontra quando quer tirar a cabeça do recém-nascido da vulva, sem dilacerá-la (cf. a ideia de renascimento que acompanhou sua estada no hospital).

Suas associações vão, primeiro, em direção à cor do vinho na pipeta que, se tivesse uma, seria a mesma cor do sangue. Já não se sabe muito bem, em toda essa cena, o que é do foro do feminino e do masculino, diz ele; a pipeta, decerto, entra, penetra, mas ela é feita também para bombear, para "pitar", ou "pipetar".

A imagem do parto pelo ânus também se impõe, talvez como em um parto difícil em que seria preciso utilizar instrumentos metálicos... os fórceps.

Ele associa, em seguida, sobre as leituras que fez, antes desse sonho, sobre a feminilidade. Pensa também em um filme sobre

Françoise Dolto que viu na televisão. E, por fim, em um texto que leu no "L'indifférence des sexes" [A indiferença dos sexos] (Dejours, 2005), em que há um capítulo no qual falo do menor músculo que se dilata. A imagem do *fist-fucking*. Ouviu efetivamente falar – acredita ele – de práticas sexuais desse gênero que levam a desdiferenciar os sexos.

Tem-se, aqui, a retomada – na forma do agir expressivo – do engajamento em uma manipulação anal, essencialmente destinada a mesclar o ânus, o sangue, os riscos de dilaceramento anal, a manipulação manual e, por fim, o olhar através desse gênero de espéculo, para ir sondar o sangue, retomando a vertigem que se produziu algumas semanas antes e agora está totalmente reabsorvida. O "ver", o sangue, os olhos da mulher ruiva cujas pupilas estão vermelhas na fotografia, a outra ruiva que se pode olhar e ver, mas não tocar...

O que importa do ponto de vista da perlaboração pelo sonho é o *engajamento do corpo*. Em gestos que exprimem o voyeurismo e o sadismo, esses jogos do corpo – cuja simples abordagem fantasística bastariam, anteriormente, para desencadear, toda vez, uma crise somática – são reintegrados ou reapropriados graças ao trabalho de "perlaboração pelo sonho" que metaboliza a descompensação somática e delirante, ampliando os registros expressivos do corpo. É por essa via, ao que me parece, que uma parcela do que estava proscrito ao estado de inconsciente amencial pode ser repatriado pelo inconsciente sexual recalcado. É verdade que essa hipótese confere ao sonho um verdadeiro poder de transformação que ultrapassa aquilo que Freud diz do trabalho do sonho. Entretanto, aí está um outro problema metapsicológico bastante apaixonante, mas que não posso abordar aqui.

Referências

Dejours, C. (2005). L'indifférence des sexes: fiction ou défi?. In J. André (org.) *Les sexes indéfferents* (pp. 39-65). Paris: Presses Universitaires de France. (Petite bibliothèque de psychanalyse).

Freud, S. (2013). *As pulsões e seus destinos* (P. H. Tavares, trad.). Belo Horizonte: Autêntica. (Obras incompletas de Sigmund Freud). Publicado originalmente em 1915.

Freud, S. (1923). O Eu e o id. In *Obras completas: O eu e o id, "autobiografia" e outros textos* (vol. 16, P. C. de Souza, trad., pp. 13-74). São Paulo: Companhia das Letras, 2011.

Martens, F. (2008). Barnum de cadavres. *La libre Belgique*, 18 de setembro de 2008.